PROCÉS VERBAL

DE

L'EXAMEN DES ARTICLES

DE

L'ORDONNANCE

CRIMINELLE

du mois d'Aouſt 1670.

TABLE

DES PRINCIPAUX TITRES

de l'Ordonnance Criminelle de 1670.

TITRE PREMIER.

De la competence des Juges.

O N examine dans ce Titre trois chofes : La premiere, ce qui regle la competence. La feconde, ce que doivent faire les Juges en general. La troifiéme, ce que doivent faire les Juges incompetens.

I. La competence fe regle par le lieu du delit. Art. 1.

Il y a plufieurs exceptions.

Par le fait de l'accufateur, qui ne peut demander fon renvoy, aprés avoir porté fa plainte, devant un autre Juge. Art. 2.

Par le fait de l'accufé, qui étant traduit devant un autre Juge, ne demande point fon renvoy avant la lecture de la dépofition d'un témoin. Art. 3.

Par la negligence des Juges Royaux inferieurs du lieu du delit, d'informer dans trois jours ; & des Juges des Seigneurs dans vingt-quatre heures. Art. 7. 8 & 9.

Par la qualité du Juge, s'il eft Prevoft Royal, & l'accufé Gentilhomme. Art. 10.

Ou Juge inferieur Royal, ou Juge de Seigneur, & que le cas foit Royal, ou Prevôtal. Art. 11. & 12.

Par le privilege de l'accufé, s'il eft

Ecclefiaftique, Gentilhomme, Secretaire du Roy,	Eft jugé en la Grande Chambre du Parlement, où le procés eft pendant. Art. 21.
Officier de la Chambre des Comptes de Paris,	Eft pourfuivi & jugé en la Grande Chambre du Parlement de Paris. Art. 22.

Ce que doivent faire les Juges en general.

II. Eſtant Juges des lieux, ils doivent informer & deoreter contre les criminels pris en flagrant delit ; même les interroger, & avertir les Baillis & Senechaux.   Art. 16.

Eſtant Baillis & Senechaux hors la Prevôté de Paris, informer contre les Officiers de la Chambre des Comptes de Paris ; même decreter & les juger, s'ils procedent volontairement devant eux.   Art. 22.

Eſtant Lieutenans Criminels, envoyer querir les procés & les accuſés de cas Royaux ou Prevôtaux ; faire juger leur competence ſur le vû des charges, & aprés l'interrogatoire ſubi par l'accuſé dans la Chambre du Conſeil ; de quoy, auſſi-bien que des motifs, on doit faire mention dans le Jugement de competence, qu'il faut auſſi-tôt prononcer à l'accuſé, & luy declarer au commencement de l'interrogatoire, qu'il ſera jugé en dernier reſſort.   Art. 16. 17. & 18.

Si ce n'eſt au Chaſtelet, où ils ne le declarent que lors du dernier interrogatoire ſur la ſellette, ou quand l'accuſé a été repris de Juſtice, & eſt vagabond.

Eſtant Prevoſt des Marêchaux, ne juger aucun cas à la charge de l'appel.

Ce que doivent faire les Juges incompetens.

III. Eſtant Juges incompetens, renvoyer les procés & les accuſés dans trois jours aprés la requiſition, aux frais de la Partie civile, du Roy, ou du Seigneur de la Juriſdiction qui en doit connoître ; deſquels frais eſt delivré Executoire. Ledit renvoy à peine de nullité des procedures faites depuis la requiſition ; d'interdiction, & des dommages & intereſts. Art. 4. 5. & 6.

TITRE II.

Des procedures particulieres aux Prevôts des Marêchaux de France, Vice-Baillis, Vice-Senechaux, & Lieutenans Criminels de Robbe-courte, qui ont même juriſdiction.

ON conſidere dans ces Officiers, 1. leur juriſdiction : 2. leur devoir avant d'arrêter les accuſés ; 3. en les arrêtant ; 4. aprés les avoir arrêté ; 5. lors du jugement, & 6. aprés le Jugement.

I. Ils connoiſſent des cas Prevôtaux ſeulement, & non d'autres, à peine d'interdiction, dépens, dommages & interêts, & de trois cens livres d'amende.   Article 1.

II. Ils peuvent recevoir des plaintes, & même informer hors leur Reſſort, dans le cas ſeulement de rebellion à leurs Decrets.   Art. 2.

Ils ne doivent point donner de commiſſion à leurs Archers pour informer, à peine de nullité & d'interdiction.

Les Archers peuvent écroüer les prifonniers arrêtez en vertu des Decrets des Prevôts.   Art. 6.

Ils doivent laiſſer au prifonnier copie du procés verbal de capture, & de l'écroüe, à peine d'interdiction, dépens, dommages & interêts, & de trois cens livres d'amende.   Art. 7.

I I I. En arrêtant, faire inventaire de ce qu'ils trouvent ſur les accuſés; leſquelles choſes ils remettront au Greffe du lieu de la capture dans trois jours, à peine d'interdiction contre le Prevoſt pour deux ans, des dépens, dommages & interêts, & cinq cens livres d'amende, moitié au Roy, moitié à la Partie.   Art. 9.

Sans rien retenir deſdites hardes, ni s'en rendre adjudicataires, à peine de privation de leurs Offices, cinq cens livres d'amende, & du quadruple.   Art. 11.

Conduire les prifonniers dans les prifons du lieu ſans en faire chartre privée, à peine de privation de leurs Charges.   Art. 10.

I V. Aprés avoir arrêté, interroger l'accuſé dans les vingt-quatre heures, en preſence de l'Aſſeſſeur, à peine de deux cens livres d'amende envers le Roy; ou ſans Aſſeſſeur au moment de la capture.   Art. 12.

Luy declarer lors du premier interrogatoire, qu'il le jugera prevôtalement, à peine de nullité, dépens, dommages & intereſts.   Art. 13.

L'envoyer dans les vingt-quatre heures au Juge du lieu du delit, s'il n'eſt pas de ſa competence.   Art. 14.

Faire juger la competence par leſdits Juges, la cauſe prealablement ouïe; de quoy ſera fait mention, & du motif de la competence, à peine de nullité & d'interdiction, cinq cens livres d'amende envers le Roy, & dommages & interêts des Parties,

{ 1. du lieu du delit, s'il s'eſt venu mettre dans les prifons.
{ 2. du lieu de la capture, s'il eſt pris hors le reſſort du lieu du delit.

V. Faire ſigner la minute du Jugement de competence par les ſept Juges qui y ont aſſiſté, à peine contre le Preſident d'interdiction, & contre le Prevoſt de 500. liv. d'amende envers le Roy, & dommages & intereſts. Art. 18.

Faire prononcer ſur le champ, & ſignifier le Jugement de competence à l'accuſé, à peine de nullité, dépens, dommages & intereſts contre le Prevoſt & le Greffier du Siege où la competence aura été jugée.   Art. 20.

Faire juger les recuſations, ſi aucunes ſont propoſées contre luy. Art. 16.

S'il eſt declaré incompetent, faire transferer dans les deux jours le prifonnier en prifon du lieu du delit, à peine d'interdiction pour trois ans, 500. liv. d'amende envers le Roy, dépens, dommages & intereſts.   Art. 21.

S'il eſt declaré competent, inſtruire le procés avec ſon Aſſeſſeur, ou un Conſeiller du Siege, même pour crimes non Prevôtaux. Si aprés le procés commencé il ſurvient de nouvelles charges, elles ſeront jugées prevôtalement.   Art. 22. 23.

Faire aſſiſter lors du Jugement ſept Juges Officiers ou Gradués, qui ſigneront la minute, à peine de nullité, & de cinq cens livres d'amende contre chacun des refufans, même contre le Greffier qui ne les aura pas interpellez.   Art. 24.

Faire dreffer deux minutes des Jugemens Prevôtaux ; l'une qui refte au Greffe du Siege où le procés eft jugé ; & l'autre au Greffe de la Maréchauffée, à peine d'interdiction pour trois ans contre le Prevoft, & cinq cens livres d'amende.   Art. 25.

VI. Aprés le Jugement, affifter à la torture avec le Confeiller Rapporteur, & un autre Confeiller.   Art. 26.

Taxer en prefence du Rapporteur les dépens adjugez par le Jugement Prevôtal.   Art. 27.

TITRE III.

Des Plaintes, Denonciations & Accufations.

CE Titre parle premierement de ceux qui rendent des plaintes : fecondement de ceux qui peuvent les recevoir : troifiémement de la forme des plaintes : quatriémement de leur datte ; cinquiémement des peines de ceux qui les rendent par calomnie.

I. Ceux qui rendent les plaintes directement, font les offenfés, qui ne font reputez Parties civiles, s'ils ne le declarent ; & dont ils peuvent fe defifter dans les vingt-quatre heures.   Art. 5.

Les Procureurs du Roy, ou des Seigneurs, s'il n'y a Partie civile. Art. 8.

Indirectement. Les denonciateurs qui s'infcrivent fur le Regiftre du Procureur du Roy.   Art. 6.

II. Ceux qui peuvent recevoir les plaintes font les Juges, qui ne les peuvent adreffer à Huiffiers, Sergens, Archers & Notaires, à peine de nullité, & interdiction du Juge.   Art. 2.

Le plus ancien Praticien en l'abfence du Juge.   Art. 1.

Les Commiffaires du Chaftelet, à la charge de les remettre au Greffe de ce Siege dans les vingt-quatre heures, où il fera fait mention fi c'eft devant ou aprés midy, à peine de cent livres d'amende, moitié au Roy, moitié à la Partie qui s'en plaindra.   Art. 3.

Forme des Plaintes.

III. Elles font écrites par le Greffier en prefence du Juge.   Art. 2.

Signées, 1. par le plaignant, ou fon Procureur fpecial : 2. par le Juge, ou Commiffaire du Chaftelet qui les reçoit.   Art. 4.

IV. Dattées du jour qu'elles ont efté réponduës par le Juge.   Art. 1.

Peines pour raifon des plaintes calomnieufes.

V. Dépens, dommages & interefts contre les plaignans qui fe feront defiftez ; contre les Parties civiles ; contre les accufateurs & denonciateurs qui fe trouveront mal fondez ; & à plus grande peine s'il y échet : ce qui aura auffi lieu à l'égard de ceux qui ne fe feront rendus Parties, ou qui s'étant rendus Parties, fe feront defiftez, fi leurs plaintes font jugées calomnieufes.   Art. 5. & 7.

TITRE VI.

Des Informations.

ON peut divifer ce Titre en deux Parties, dont la premiere regarde les témoins qui dépofent dans les Informations : & la feconde, ceux qui les redigent.

Les témoins font admis, foit qu'ils foient puberes, foit qu'ils foient impuberes ; fauf aux Juges en ce dernier cas d'avoir tel égard que de raifon à leur dépofition.   Art. 2.

Sont adminiftrez par les Procureurs du Roy, ou les Parties civiles. Art. 1.

Peuvent être contraints à dépofer par amende, même par emprifon-nement, s'ils font Laïcs.   Art. 3.

Montreront leur Exploit, fi ce n'eft qu'ils foient entendus d'office & fans affignation, en cas de flagrant delit.   Art. 4.

Prêtent ferment de dire verité.   Art. 5.

Sont enquis de leur nom, furnom, âge, qualité, demeure, & s'ils font ferviteurs, domeftiques, parens ou alliez des Parties, & en quel degré. Art. 5.

Sont entendus fecretement & feparément. Signent les renvois, s'il y en a ; fignent pareillement le corps de la dépofition, & declarent s'ils y perfiftent.   Art. 11.

Ne reçoivent rien des Parties civiles, ni des Procureurs du Roy, s'il n'eft ordonné par le Juge, qui leur taxe falaire quand ils le requierent. Art. 13.

De ceux qui redigent l'Information.

Ils doivent être Greffiers, ou Commis du Greffe.   Art. 9.

Ne peuvent être Clercs des Juges qui font les informations, s'ils ne font Commiffaires du Roy, ou en cas de legitime empêchement des Greffiers ou Commis ; auquel cas, s'ils font commis par les Officiers des Cours, ils doivent remettre les minutes aux Greffes des Cours trois jours aprés la procedure achevée, ou dans plus long delay, felon la diftance des lieux. Art. 6. 7. 17.

Redigent la dépofition, tant à charge qu'à décharge, en prefence du Juge.   Art. 9. & 10.

Ne doivent faire aucune interligne ; faire approuver les ratures, & figner les renvois par le témoin & par le Juge.   Art. 12.

Signent la dépofition, & font cotter & figner chaque page par le Juge. Art. 9.

Ne peuvent communiquer les pieces fecrettes, ni fe défaifir des minutes qu'entre les mains des Procureurs du Roy, qui les remettent trois jours aprés, à peine contre le Greffier d'interdiction & cent livres d'amende : ou bien les mettront entre les mains des Rapporteurs, qui les rendront dans vingt-quatre heures,   Art. 15. & 16.

Doivent avoir un Regiftre relié, chiffré & paraphé de toutes les procedures criminelles par ordre de dattes, dont ils doivent envoyer un extrait, s'ils font Greffiers de Juftices Royales inférieures, aux Prefidiaux tous les fix mois ; & s'ils font Greffiers de Prefidiaux, au Procureur General du Parlement de leur reffort tous les ans.   Art. 18, & 19.

TITRE VII,

Des Monitoires.

CE Titre explique premierement ce qui regarde le Monitoire : Secondement, la forme du Monitoire : Troifiémement, ce qui fuit l'obtention.

I. Ce qui précede le Monitoire eft,

La permiffion du Juge

    1. Royal.

    2. Ecclefiaftique.

    3. De Seigneur,

L'obtention de l'Official obligé de l'accorder, à peine de faifie de fon temporel.   Art. 2.

Moyennant 30. fols pour luy, & 10. fols pour fon Greffier.   Art. 7.

II. Forme du Monitoire.

Il contient les feuls faits compris au Jugement de permiffion.   Art. 3.

Les perfonnes n'y peuvent être nommées ni defignées, à peine de cent livres contre la Partie.   Art. 4.

III. Ce qui fuit l'obtention,

La publication qui fe fait par le Curé, moyennant dix fols, à peine de faifie du temporel, même de diftribution aux pauvres.   Art. 6. & 7.

Par un Prêtre nommé d'office en cas de refus du Curé.   Art. 5.

S'il n'y a oppofition ; ce qui fe fait en élifant domicile au lieu de la Jurifdiction du Juge qui a permis. Pour proceder, on affigne fans commiffion dans trois jours.   Art. 8.

Sur laquelle le Jugement qui intervient s'execute nonobftant oppofition ou appellation, même comme d'abus,   Art. 9.

Les

Les revelations qui font receuës par les Curés, Vicaires, ou Prêtres nommez d'office à leur refus, doivent eftre envoyées par eux cachetées au Greffe de la Jurifdiction où le procés eft pendant.   Art. 10.
Communiquées aux feuls Procureurs du Roy, ou Promoteurs. Art. 11.

TITRE VIII.

De la reconnoiffance des écritures & fignatures en matiere criminelle.

IL eft icy parlé premierement de la forme en laquelle fe fait la reconnoiffance d'écritures. Secondement, de la maniere en laquelle on procede à leur verification.

I. La reconnoiffance fe fait en cette forme. Le Juge fait prêter ferment à l'accufé. L'écriture ou fignature privée luy eft reprefentée. L'accufé eft interpellé de la reconnoître.   Art. 1.

S'il la reconnoît, elle fait foy contre luy.   Art. 2.

S'il ne la reconnoît point, elle eft verifiée par pieces de comparaifon. Art. 4.

Elle eft paraphée par le Juge & par luy.   Art. 5.

II. La verification fe fait fur des pieces de comparaifon, authentiques ou reconnuës ; fournies par les Procureurs du Roy, ou les Parties civiles. Art. 6.

Prefentées à l'accufé pour en convenir ou les contefter fur le champ.

En cas qu'il en convienne, paraphées par luy & le Juge qui en ordonne la reception.   Art. 7.

S'il les contefte, le Juge dreffe procés verbal pour y pourvoir aprés la communication faite aux Procureurs du Roy & aux Parties civiles. Art. 8.

Par Experts nommez d'office par le Juge.   Art. 9.

Les Experts examinent chacun feparément leurs pieces.   Art. 11.

Seront ouïs, recollez, les pieces à verifier & celles de comparaifon à eux lors reprefentées, enfuite confrontées feparément ; lors de laquelle comparaifon les mêmes pieces leur feront reprefentées, & aux accufés. Art. 12. & 13.

TITRE IX.

Du crime de faux, tant principal qu'incident.

L'Ordonnance rapporte icy les differentes procedures qu'il faut faire pour inftruire le faux principal, & le faux incident.

Crime de faux de deux efpeces.

I. Faux principal, qui s'inftruit,

Comme les autres crimes, par plainte au Juge du lieu du delit Art. 1.

L'inftruction fe continuë aprés la permiffion d'informer, tant par titres que par témoins, & par comparaifon d'écritures, en reprefentant la piece au Juge, qui en dreffe fon procés verbal, la prefente à l'accufé pour la parapher en fa prefence; & puis la met au Greffe. Art. 2.

Dans le crime, les Experts qui procedent à la verification des écritures pretenduës fauffes, & les témoins appellez pour en dépofer, le font chacun de la maniere expliquée au Titre des reconnoiffances d'écritures. Art. 3. & 4.

I I. Faux incident, qui s'inftruit,

Le demandeur donne fa requefte fignée de luy ou du Procureur fpecial, pour faire declarer à celuy qui produit la piece, s'il veut s'en fervir, & qu'en ce cas il s'infcrira en faux. A cette requefte il attache l'acte de confignation qu'il doit avoir faite de cent livres, ou foixante livres, ou vingt livres, felon la jurifdiction. Art. 5. & 6.

Le Juge ordonne que l'infcription en faux fera faite au Greffe; & donne un delay au deffendeur, fuivant la diftance des lieux, pour declarer s'il s'en veut fervir. Art. 7

S'il declare ne vouloir s'en fervir, eft rejettée; s'il declare vouloir s'en fervir, eft l'infcription formée dans les 24. heures. Art. 8. & 9.

La communication de la piece prife par le demandeur, il mettra au Greffe dans trois jours fes moyens de faux, dont il ne donnera aucune copie ni communication au deffendeur. Art. 10. & 11.

Le Juge les prendra, & ou il les joindra au procés, ou les declarera en tout ou en partie pertinens & admiffibles; & en ce cas la preuve s'en fera par témoins, & par comparaifon d'écritures. Art. 12. 13. 14. & 15.

La peine du demandeur en faux qui fuccombe, eft de trois cens livres, y compris les cent livres confignées d'abord, cent vingt dans les Sieges y reffortiffans, & foixante dans les autres; appliquables deux tiers au Roy, & l'autre tiers à la Partie. Art. 17.

TITRE X.

Des Decrets ; de leurs executions ; & des élargiffemens.

IL eft parlé dans ce Titre, des cas dans lefquels les Juges peuvent decreter fans information ; des Decrets en general ; des differentes efpeces de Decrets en particulier ; & enfin des élargiffemens des perfonnes arreftées en execution de ces Decrets.

Cas où les Juges peuvent decreter même prife de corps fans information.

Sur les procés verbaux des Prefidens & Confeillers des Cours ; fur ceux des autres Juges, aprés la repetition de leurs Affiftans.   Art. 5.

Sur les procés verbaux des Huiffiers, en cas de rebellion à Juftice, & dans d'autres cas, aprés qu'eux & leurs Records ont efté repetez. Art. 6.

Sur ceux des Verdiers, Gardes & Sergens des Bois.   *ibid.*

Sur une enquefte, une piece authentique ou reconnuë ; fur l'interrogatoire de l'accufé, & autres prefomptions.

Sur la feule notorieté du duel ; fur la plainte du Procureur du Roy contre des vagabons ; fur celles des Maiftres contre des domeftiques. Article 8.

Decrets en general.

Ils doivent eftre donnez fur les conclufions des Procureurs du Roy ; lefquels doivent envoyer aux Procureurs Generaux de leur Reffort, aux mois de Janvier & de Juillet de chaque année, un eftat figné des Lieutenans Criminels & par eux, des écrouës & recommandations faites pendant les fix mois precedens.   Art. 1. & 20.

Ils peuvent eftre donnez fur des defignations, & executez fur l'indication de l'accufateur.   Art. 18.

Ils s'executent avec le fecours des Gouverneurs, & des Prevofts des Marefchaux, à peine de radiation de leurs gages, en cas de refus. Article 15.

Ils s'executent tous nonobftant oppofitions ou appellations, même comme de Juge incompetent ou recufé, fans permiffion ni *pareatis*, à la charge neanmoins par l'impetrant d'elire domicile au lieu de l'execution. Article 12. & 13.

Quatre efpeces de Decrets.

Le Juge affigné pour eftre ouï, n'encourt point d'interdiction ; mais étant decreté d'ajournement perfonnel, ou de prife de corps, il emporte interdiction contre luy.   Art. 10. & 11.

La prife de corps ne fe decerne point contre des perfonnes domiciliées, fi ce n'eft pour crime puniffable de peine afflictive ou infamante. Art. 19.

Les accufés doivent eftre conduits aux prifons, fans pouvoir eftre detenus en maifon particuliere, fi ce n'eft dans leur conduite, ou en cas de peril d'enlevement, dont fera fait mention dans le procés verbal de capture & de conduite, à peine d'interdiction contre les Prevofts, Huiffiers ou Sergens, mille livres d'amende envers le Roy, & dommages & interefts des Parties.

Défenfes à tous Juges, même des Officialités, d'ordonner qu'une Partie fera amenée fans fcandale.

Elargiffement des perfonnes arrêtées en execution des Decrets.

Il fera fait aprés l'interrogatoire, quand originairement il n'y aura pas eu un Decret de prife de corps, s'il ne furvient de nouvelles charges. Art. 21.

Cet elargiffement fe doit faire fur le vû de l'interrogatoire, des charges, des conclufions, & de la fommation à Partie civile de répondre.   Art. 22.

Il ne fe peut faire que par le Jugement du Juge, quoique les Procureurs du Roy, des Seigneurs, ou les Parties civiles y confentent. Article 23.

Les accufés ne peuvent non plus eftre élargis aprés la condamnation à peine afflictive, quand les Procureurs du Roy en appellent, encore que les Parties civiles y confentent.   Art. 24.

TITRE XIII.

Des Prifons, Greffiers des Geoles, Geoliers & Guichetiers.

L'Ordonnance parle icy 1. de l'état des prifons : 2. Du devoir de ceux qui en ont la garde : 3. Des alimens de ceux qui y font renfermez : 4. De leur élargiffement : 5. Du devoir des Juges.

Etat des Prifons.

I. Elles doivent eftre feures & faines.   Art. 1.

Devoir de ceux qui en ont la garde.

II. Ils ne peuvent eftre Huiffiers, ou autres Officiers de Juftice, à peine de cinq cens livres d'amende, & de peine corporelle.   Art. 3.

Les Concierges & les Geoliers doivent fçavoir lire, écrire, & exercer en perſonne, & non par aucuns Commis. Art. 2.

Il eſt enjoint aux Geoliers de donner des gages raiſonnables aux Gui-chetiers. Art. 4.

Ils doivent avoir un Regiſtre paraphé & cotté par le Juge en tous les feüillets ſeparez en deux colomnes, l'une pour les écroües qui ne ſe peu-vent reïterer, & les recommandations qui doivent eſtre ſignifiées à la per-ſonne du priſonnier; l'autre pour les décharges & élargiſſemens; ſans pou-voir écrire les écroües & décharges ſur feüilles volantes. Art. 6. 9. 12. & 13.

Ils auront un autre Regiſtre en forme d'Inventaire des hardes des pri-ſonniers. Art. 7.

Ils ne laiſſeront aucun blanc. Art. 8.

Ils recevront dix ſols dans les Juriſdictions Royales, & cinq ſols dans celles des Seigneurs, pour les Extraits qu'ils en delivreront. Art. 10.

Ils porteront copie des écroües & recommandations pour crimes aux Procureurs du Roy dans les vingt-quatre heures. Art. 15.

Ils ne doivent rien prendre pour la bien-venuë. Art. 14.

Ils ne doivent permettre aucune communication aux priſonniers pour crime avant l'interrogatoire, ni à ceux renfermez dans les cachots, qu'ils retireront inceſſamment aprés qu'il aura eſté ordonné, ſans rien recevoir, quoiqu'offert. Ils ne ſouffriront auſſi aucune communication des hommes avec les femmes. Art. 16. 17. 18. & 20.

Ils ne laiſſeront vaguer les priſonniers, ſous peine des galeres, ni ne leur mettront les fers aux pieds ſans ordonnance du Juge, à peine de pu-nition exemplaire. Art. 19.

Ils viſiteront les cachots une fois le jour, & donneront avis aux Pro-cureurs du Roy de ceux qui ſont malades. Art. 21.

Ils ne prendront aucun droit de conſignation. Artt 33.

Ils ſont punis, faute d'executer l'Ordonnance de 1670. ſçavoir, les Greffiers, d'interdiction & de trois cens livres d'amende, moitié au Roy, moitié aux neceſſités des priſonniers; les Geoliers & Guichetiers, de deſ-titution, trois cens livres d'amende, & de punition corporelle. Art. 36.

Alimens des Priſonniers.

III. La taxe en eſt faite par le Juge, & il en eſt fait un tarif poſé dans le lieu le plus apparent de la priſon. Art. 11.

Les Geoliers & Guichetiers ne recevront aucunes avances des priſonniers pour leurs giſtes & geolages. Art. 22.

Les alimens ſont fournis par les creanciers ſolidairement, ſauf leur re-cours entr'eux, & dont ſera delivré Executoire. Art. 23.

Faute de fournir les alimens, aprés deux ſommations faites aux crean-ciers à jours differens, & trois jours aprés la derniere; pourra l'élargiſſe-ment eſtre ordonné. Art. 24.

Les priſonniers pour crime ſeront nourris de pain & d'eau pure, & le Geolier leur fournira de la paille. Celuy qui fournit le pain, en eſt rem-

ē iij

bourſé ſur le fonds des Amendes, ou du Domaine, ou ſur celuy des Seigneurs hauts Juſticiers, chacun à leur égard.   Art. 25. 26.

Ils ne peuvent eſtre nourris de viande aux jours deffendus, que par ordonnance de Medecin.   Art. 27.

Leurs nourritures peuvent eſtre apportées de dehors, & viſitées, ſans
que les priſonniers ſoient tenus d'en prendre des Geoliers.   Art. 28.

Elargiſſement des priſonniers.

IV. En conſignant par les condamnés en des peines pecuniaires les
ſommes adjugées pour amendes, aumônes, & intereſts civils ſeulement.
Art. 29.

Leur élargiſſement ne peut eſtre empêché faute de payement d'épices,
ni de nourritures, giſtes & geolages.   Art. 29. & 30.

Les priſonniers pour dettes, en conſignant les cauſes de l'empriſonnement, ou ſur le conſentement des Parties, qui eſt ſignifié aux Geoliers,
ſans qu'il ſoit beſoin de Jugement.   Art. 31, & 32.

Devoir des Officiers du Juſtice touchant les priſons.

V. Les Procureurs du Roy & ceux des Seigneurs viſiteront une fois la
ſemaine les priſons,   Art. 35.

Les Juges paraphent & cottent les feüillets des Regiſtres.   Art. 7.

Les Juges taxent les droits des Greffiers, Geoliers & Guichetiers, pour
les Extraits & le prix des vivres, & ce que les creanciers doivent payer
pour la nourriture de leur debiteur; faute de laquelle ils élargiſſent les
priſonniers aprés deux ſommations.   Art. 11, 23.

Ils font viſiter les malades, & les font transferer dans des chambres.
Art. 21.

Ils informent des exactions faites par les Greffiers, Geoliers & Guichetiers, & de leurs contraventions aux Reglemens.   Art. 37.

Les Juges Royaux ſont preſens aux baux à ferme des priſons Seigneuriales, & en taxent la redevance annuelle.   Art. 39.

TITRE XIV.

Des Interrogatoires des accuſés.

ON examine icy premierement celuy qui interroge : Secondement, la
forme de l'interrogatoire : Troiſiémement, ce qui ſuit l'interrogatoire.

I. Celuy qui interroge eſt le Juge en perſonne, qui doit le faire. Art. 2.

Il peut interroger le priſonnier ſur les Memoires des Procureurs du
Roy, des Parties civiles, ou ſur les faits de l'information, & autres. Art. 3.

Il doit interroger dans les vingt-quatre heures de l'emprifonnement.
Art. 1.

Dans le lieu où fe rend la Juftice, fi ce n'eft en flagrant delit. Articles 4. & 5.

Sans rien recevoir des accufés pour y vaquer.   Art. 16.

Les Commiffaires du Chaftelet peuvent interroger pour la premiere fois les accufés en flagrant delit : les domeftiques accufés par leurs Maiftres, & ceux contre lefquels il y a ajournement perfonnel feulement.   Art. 14.

Forme de l'Interrogatoire.

II. Il fe fait en fecret, fans autre affiftance que du Juge & du Greffier. Art. 6.

L'accufé prête ferment, & il en eft fait mention, à peine de nullité. Art. 7.

Les accufés répondent par leur bouche, fans affiftance de confeil : fi ce n'eft aprés l'interrogatoire pour peculat, concuffion, banqueroute frauduleufe, vol de Commis ou Affociés, crimes où il s'agit de l'état des perfonnes.   Art. 8.

Si l'accufé n'entend pas la Langue Françoife, l'Interprete ordinaire, ou un nommé d'office par le Juge, explique les interrogatoires faits à l'accufé par le Juge.   Art. 11.

Les hardes, pieces & écritures fervans à la preuve font reprefentées, celles-cy paraphées par le Juge & l'accufé.   Ait. 10.

Il ne doit eftre fait aucune rature ni interligne dans la minute. Art. 12.

L'interrogatoire eft lû à l'accufé, figné par luy & par le Juge, & par eux cottée & paraphée en toutes fes pages.   Art. 13.

L'interrogatoire fe fait fur la fellette, quand en premiere inftance les conclufions des Procureurs du Roy, & dans les Cours les Sentences ou les conclufions du Procureur General portent condamnation de peine afflictive.   Art. 21.

Ce qui fuit l'interrogatoire.

III. Les accufés peuvent avoir permiffion de conferer, fi le crime n'eft pas capital.   Art. 9.

L'interrogatoire peut eftre reïteré, s'il eft neceffaire, & il fe met en un cayer feparé.   Art. 15.

La communication des interrogatoires fe fait aux Procureurs du Roy, & à la Partie civile.   Art. 17. 18.

L'accusé fouvent prend droit par les charges, & les Procureurs du Roy & les Parties par l'interrogatoire ; auquel cas la Partie civile donne fes demandes, & l'accufé fes réponfes.   Art. 19. & 20.

L'interrogatoire prêté fur la fellette eft envoyé avec le procés, en cas d'appel, à peine de cent livres contre le Greffier.   Art. 22.

TITRE XV.

Des recollemens & confrontations des Témoins.

L'Ordonnance parle en premier lieu de la forme du reçollement ; & en second lieu de celle de la confrontation.

Recollement.

I. Il est precedé d'une assignation aux témoins, qui sont contraints par amende, & même par corps, en cas de contumace.   Art. 1. & 2.

Il ne se fait qu'aprés un Jugement qui l'ordonne, s'il n'y a necessité urgente.   Art. 3.

Chaque témoin ouï separément est interpellé de declarer s'il veut ajoûter ou diminuer à sa déposition. Le reçollement est paraphé & signé dans toutes ses pages par le Juge & par le témoin.   Art. 5.

Le recollement n'est point reïteré.   Art. 6.

Il est mis dans un cahier separé des autres procedures.   Art. 7.

La repetition du témoin ne vaut pour confrontation ; si le Jugement de defaut de contumace ne l'ordonne.   Art. 3.

Confrontation.

I I. Elle est écrite dans un cayer separé, signé & paraphé dans toutes ses pages par le Juge, les témoins & l'accusé.   Art. 13.

L'accusé mandé, & étant en presence des témoins, ils sont interpellez de declarer s'ils le connoissent.   Art. 14.

Les premiers articles de la déposition des témoins sont lûs à l'accusé, qui est interpellé de fournir de reproches, & averti qu'il n'y sera plus receu ; pourra neanmoins en tout état de cause proposer des reproches, s'ils sont justifiez par écrit.   Art. 15. 16. 19. & 20.

Les témoins sont enquis de la verité des reproches ; & aprés la lecture de la déposition, enquis si elle contient verité, & si c'est de l'accusé qu'ils ont entendu parler dans leurs dépositions & recollemens.   Art. 8.

L'accusé peut requerir le Juge d'interpeller le témoin de reconnoître les contrarietés qui sont dans la déposition.   Art. 22.

En cas de changement par le témoin en circonstances essentielles, il est retenu comme faux témoin.   Art. 11.

TITRE XVI.

TITRE XVI.

Des Lettres d'abolition, remiſſion, pardon, pour eſter à droit, r'appel de ban ou de galeres, commutation de peines, rehabilitation, & reviſion de procés.

IL y a dans ce Titre quelques deciſions communes à toutes les Lettres. Il y en a de particulieres pour les differentes eſpeces de Lettres.

Des Lettres en general.

I. Elles doivent eſtre preſentées dans trois mois de l'obtention. Art. 16.

Elles n'empêchent l'execution des Decrets, ni le Jugement & l'execution de la contumace.   Art. 17.

Le procés & les Lettres ſont inceſſamment mis au Greffe du Juge à qui elles ſont adreſſées.   Art. 18.

Elles ſont ſignifiées à la Partie civile, & copie baillée pour fournir ſes moyens d'oppoſition, & proceder à l'enterinement.   ibid.

Elles ſont communiquées avec le procés au Procureur General. Articles 20. & 25.

Pour leur attache, lecture, publication ou preſentation, les impetrans ne payent aucuns droits.   Art. 23.

L'impetrant eſt interrogé dans la priſon par le Rapporteur ſur les faits reſultans des charges.   Art. 24.

Avant le Jugement les impetrans ſubiſſent l'interrogatoire ſur la ſellette, qui eſt redigée par écrit.   Art. 26.

Lettres d'abolition.

II. Elles ſont expediées en la grande Chancellerie.   Art. 5.

Elles ſont enterinées, ſi elles ſont conformes aux charges.   Art. 1.

Elles ne ſe donnent pour duels, aſſaſſinats prémeditez, à ceux qui ſe loüent pour tuer & exceder, quoiqu'il n'y ait que le ſeul attentat; pour rapt de violence, excés de Magiſtrats, ou Officiers de Juſtice.   Art. 4.

L'impetrant doit eſtre en priſon, & l'écroüe attachée aux Lettres lors de la repreſentation, qui ſe fait tête nuë & à genoux, avec l'affirmation qu'il les a obtenuës & veut s'en ſervir.   Art. 15. & 21.

Lettres de remiſſion & pardon.

III. Les Gentilshommes impetrans doivent les preſenter tête nuë, avec affirmation qu'ils les ont obtenuës & veulent s'en ſervir : lors de laquelle preſentation ſont en priſon, & y reſtent pendant l'inſtruction. Art. 15. & 21.

Nonobſtant les Lettres, on peut informer par addition, & faire recoler

& confronter les témoins.   Art. 22.
Si elles font obtenuës pour d'autres cas que des remiſſibles, c'eſt à dire, celles de remiſſion pour d'autres que pour l'homicide involontaire, ou neceſſaire feulement ; & celles de pardon dans ceux où il échoit peine de mort , ou ſi elles ne font conformes aux charges ; les impetrans en font deboutez.   Art. 2, 3. 27.

Lettres de rappel de ban ou de galeres, commutation, rehabilitation.

IV. Elles s'expedient en la grande Chancellerie.   Art. 5.
Le Jugement de condamnation doit eſtre attaché ſous le contre-ſcel. Art. 6.
Elles font enterinées ſans examiner ſi elles font conformes aux charges. Art. 7.

Lettres pour eſter à droit.

V. Elles s'expedient en la grande Chancellerie.   Art. 5.
Les Gentilshommes doivent exprimer leurs qualités ; en ce cas elles font adreſſées aux Cours.   Art. 11. & 12.
Les impetrans des Lettres d'abolition doivent eſtre actuellement priſonniers, & l'écrouë attachée aux Lettres.   Art. 15.

Lettres de remiſſion.

VI. Pour les obtenir , le condamné expoſe le fait par Requeſte rapportée, & renvoyée, s'il eſt jugé à propos, aux Maiſtres des Requeſtes. Si les Lettres font trouvées juſtes , il ſera ordonné qu'elles ſeront expediées , & ſignées d'un Secretaire d'Etat, l'avis des Maiſtres des Requeſtes attaché ſous le contre-ſcel.   Art. 8. & 9.
Les Parties peuvent produire de nouvelles pieces par Requeſte communiquée à Partie ; ſur leſquelles, & les concluſions du Procureur General, eſt procedé au Jugement des Lettres.   Art. 10.
Les impetrans qui ſuccombent, font condamnez en trois cens livres d'amende envers le Roy, & cent cinquante envers la Partie.   Art. 28.

TITRE XVII.

Des Defauts & Contumaces.

CE Titre a trois parties. La premiere eſt l'inſtruction de la contumace. La ſeconde , l'execution de la contumace. La troiſiéme , la repreſentation des condamnez par contumace.

Inftruction de la contumace.

I. Elle fe fait par la perquifition au domicile ou refidence où le procés verbal a été dreffé ; de laquelle, & du decret, fera laiffé copie ; & s'il n'a domicile ni refidence, la copie du decret fera affichée à la porte de l'Auditoire.   Art. 1. 2. & 3.

Par faifie & annotation de biens, à la regie defquels ne feront établis. Commiffaires qui foient parens ni domeftiques du Receveur du Domaine, ou des Seigneurs.   Art. 1. 4. 5. & 6.

Par affignation à quinzaine au domicile des domiciliés : aux autres elle eft attachée à la porte de l'Auditoire.   Art. 7.

Par cry public à la Place ou refidence, & à la porte de la Jurifdiction; avec affignation à huitaine, non compris les jours de l'affignation & de l'écheance, pour toute affignation & proclamation.   Art. 8. 9. & 11.

Par une feule proclamation à la porte de l'Auditoire, y affichée, alencontre de celuy qui ayant pour prifon la fuite du Confeil, du Grand Confeil, le lieu de la Jurifdiction, ou les grands chemins, ne fe reprefente pas.   Art. 10.

La procedure eft communiquée aux Procureurs du Roy ou des Seigneurs, pour prendre les conclufions preparatoires.   Art. 12.

Si la procedure eft valablement faite, les Juges ordonneront que les témoins feront recollez, & que leur recollement vaudra confrontation. Article 13.

Aprés le recollement le procés fera derechef communiqué aux Procureurs du Roy ou des Seigneurs, qui donnent leurs conclufions définitives. Art. 14.

Le même Jugement de contumace qui la declare bien inftruite, en adjuge le profit, & contient la condamnation de l'accufé, avec deffenfes de mettre le claufe, *fi pris & apprehendé peut eftre.*   Art. 15.

Si l'accufé s'évade des prifons depuis fon interrogatoire, il ne fera ajourné ni proclamé à cri public; fon procés luy eft parachevé, les témoins repetez, & le recollement vaudra confrontation; & auffi le procés luy eft fait pour bris de prifon par contumace.   Art. 24. & 25.

Execution de contumace.

I I. Elle fe fait par effigie attachée dans la Place publique, en cas de condamnation de mort naturelle : Par un tableau attaché au même lieu, dans le cas de condamnation aux galeres, amende-honorable, banniffement, fletriffure & foüet : Par une fignification au domicile, ou à la refidence dans les autres condamnations.   Art. 16.

Le procés verbal de l'execution fe met au pied du Jugement, figné du Greffier feul.   Art. 17.

Reprefentation des condamnez.

III. Si elle fe fait dans un an, main-levée eft faite des meubles & immeubles, le prix des meubles rendu, les frais déduits, & l'amende confignée. Art. 26.

í ij

Si les condamnés ne fe reprefentent dans les cinq ans, les Receveurs du Domaine ou les Seigneurs jouïffent des revenus fans s'en mettre en poffeffion, & fans par le Roy & les Seigneurs faire don des confifcations pendant les cinq années.   Art. 30. & 31.

Les condamnations pecuniaires, aprés ce temps, feront reputées contradictoires & ordonnées par Arreft.   Art. 28.

Les condamnés qui decederont aprés les cinq années fans s'eftre reprefentez, font reputez morts du jour de l'execution de la Sentence de contumace.   Art. 29.

Les Receveurs du Domaine & les Seigneurs doivent fe pourvoir en Juftice avant de fe mettre en poffeffion, & feront un procés verbal des effets mobiliers, & de l'état des immeubles, à peine contre les donataires & les Seigneurs de décheance de leur droit, & contre les Receveurs du Domaine de dix mille livres d'amende.   Art. 32.

Si les condamnés fe reprefentent aprés les cinq ans, les contumaces font mifes au neant, les frais payez par l'accufé, qui fera interrogé, les témoins à luy confrontez, leurs dépofitions rejettées, s'ils font morts avant le recollement; fi depuis, la dépofition fubfifte: auquel cas, & celuy de la condamnation du témoin aux galeres, ou fa longue abfence, fera faite la confrontation litterale.   Art. 18. 19. 20. 21. 22. & 23.

TITRE XIX.

Des Jugemens & procés verbaux de queftion & torture.

IL eft parlé dans ce Titre, 1. des differentes efpeces de queftion : 2. des Jugemens qui l'ordonnent : 3. de l'execution defdits Jugemens.

Trois efpeces de queftion.

La premiere, s'il y a preuve confiderable contre l'accufé d'un crime qui merite peine de mort & qui foit conftant, les Juges peuvent ordonner la queftion, au cas que la preuve ne foit pas fuffifante.   Art. 1.

La feconde, la referve des preuves, aprés laquelle l'accufé qui n'avouë rien peut eftre condamné à toutes fortes de peines, hors celle de la mort.
Art. 2.

La troifiéme, celle qui s'ordonne par le Jugement de mort, pour avoir revelation des complices.   Art. 3.

Jugemens qui ordonnent la queftion.

Ils font dreffez, & fignez fur le champ, & prononcez à l'accufé dans la chambre de la queftion.   Art. 6.

Ils ne peuvent ordonner que l'accufé y fera prefenté feulement, fi ce n'eft dans les Cours.   Art. 5.

Execution des Jugemens de queftion.

Elle ne fe fait qu'aprés la confirmation par Arreft des Cours. Art. 7.

Qu'aprés l'interrogatoire prealablement prefté aprés ferment, & figné du condamné. Art. 8.

Elle fe donne en prefence des Commiffaires, qui chargent leur procés verbal de ce que dit le condamné. Ils peuvent moderer & relâcher une partie des rigueurs, fi l'accufé confeffe ; & le faire remettre à la queftion s'il varie. Art. 9. & 10.

Le condamné étant ôté de la queftion, n'y pourra eftre remis ni appliqué deux fois pour le même fait. Art. 10. & 12.

Aprés la queftion le condamné eft derechef interrogé. Art. 11.

La queftion étant donnée en vertu d'un Jugement de mort émané d'un Prevoft des Maréchaux, les complices revelez & arrêtez pourront eftre confrontez au condamné par le Prevoft, encore que le Prevoft n'ait efté declaré competent; fauf à faire juger dans la fuite fa competence. Art. 4.

TITRE XXV.

Des Sentences, Jugemens & Arrefts.

ON confidere dans les Jugemens en premier lieu leur forme : en fecond lieu leur execution.

Forme des Jugemens.

Ils peuvent eftre rendus fans information, fur les interrogatoires & autres preuves. Art. 5.

Il n'y fera procedé de relevée, fi les Procureurs du Roy ou des Seigneurs ont pris des conclufions à mort, ou qu'il échoit peine de mort ou civile, galeres, ou banniffement à temps. Art. 9.

Ils fe rendent préferablement à tous autres Jugemens, & nonobftant appellation, même comme de Juge incompetent & recufé, fans que les procedures faites avec les accufés depuis leurs appellations, puiffent leur eftre oppofées. Art. 1. 2. & 3.

Aux Jugemens à la charge de l'appel affiftent au moins trois Juges Officiers ou Gradués ; & dans ceux en dernier reffort, au moins fept Juges. Art. 10. & 11.

Les Jugemens paffent à l'avis le plus doux, fi le plus fevere ne furpaffe d'une voix dans les Jugemens à la charge de l'appel, & de deux voix en ceux de dernier reffort. Art. 12.

Tous les Jugemens feront fignez par tous les Juges qui les auront rendus, à peine d'interdiction, des dommages & interefts des Parties, & de cinq cens livres d'amende, fi ce n'eft dans les Cours. Art. 14.

Les peines ordonnées par les Jugemens sont, la mort naturelle ; la question avec reserve de preuve ; les galeres perpetuelles ; le bannissement à perpetuité ; la question sans reserve de preuve ; les galeres à temps ; le foüet ; les amendes-honorables ; le bannissement à temps.

Execution des Jugemens.

Les Jugemens portans condamnation à peine pecuniaire n'excedant pas 40. livres envers la Partie, & 20. livres envers les Seigneurs dans les Justices Seigneuriales ; 50. livres & 25. livres dans les Justices Royales inferieures , & 100. livres & 50. livres dans les Bailliages, Senechaussées, Presidiaux & Pairies ; seront executez par provision, sans que les amendes ainsi payées portent note d'infamie, si elles ne sont confirmées par Arrests, qui ne pourront faire deffenses ou surseance d'executer cette Sentence.   Art. 6. 7. & 8.

Elle se fait en tous lieux sans *pareatis* ni permission.   Art. 15.

Les frais de l'execution sont payez par la Partie civile sur l'executoire des Juges ; ou à defaut de Partie civile, par le Domaine ou les Seigneurs. Art. 16. 17. & 18.

Les Jugemens s'executent le même jour de la prononciation, si ce n'est qu'une femme paroisse ou declare estre enceinte ; auquel cas elle est visitée. Art. 21. & 23.

Au cas de refus par les condamnés à l'amende-honorable d'obeïr aprés trois injonctions, ils seront condamnez à plus grande peine.   Art. 22.

Les Jugemens de mort sont executez aprés le sacrement de Penitence offert aux condamnés, qui sont assistez d'un Ecclesiastique au lieu du supplice.   Art. 24.

TITRE XXVI.

Des Appellations.

IL est parlé icy premierement de la Jurisdiction où elles se portent ; en second lieu, du Jugement des appellations.

Jurisdiction où se portent les appellations.

Dans les accusations de crimes meritans peines afflictives , elles se portent dans les Cours seules ; & pour les autres crimes, dans les Bailliages & Senechaussées , au choix des accusés.   Art. 1.

Les appellations de permission d'informer , decrets , & aussi d'instructions , se portent à l'Audience des Cours , sans qu'elles retardent l'instruction & le Jugement, & sans que les Cours donnent des deffenses de continuer l'instruction que sur le vû des charges , & sur les conclusions du Procureur General ; si ce n'est qu'il y ait un ajournement personnel seulement,

& fans que les Cours puiffent évoquer les procés principaux que pour les juger fur le champ à l'Audience.   Art. 2. 3. 4. & 5.

Soit qu'il y ait appel, ou non, des Sentences de condamnation aux galeres, banniffement & amende honorable ; l'accufé, ou les accufés s'ils font plufieurs, avec le procés, font envoyez enfemble aux Cours, dont fera delivré Executoire à ceux qui les auront amenez. Art. 6. 7. 8. 9. 10. & 14.

Les appellations fe jugent quelquefois aux Enqueftes, fi la Sentence n'ordonne peine afflictive, & qu'il n'y ait appel par les Procureurs du Roy ou des Seigneurs.   Art. 11. & 13.

Du Jugement des appellations.

Pour y proceder, les Greffiers des Geolles, ou les Geolliers, mettent les procés au Greffe. Le Greffier avertit le Prefident, qui le diftribuë. Art. 9.

Le Procureur General le diftribuë à fes Subftituts, ou il eft donné à l'Avocat General, fi l'affaire eft portée à l'Audience.   Art. 10.

Les accufés font tenüs de fe rendre en état lors du Jugement du procés aux Cours de Parlement, s'ils ont efté élargis depuis la Sentence. Article 13.

L'accufé eft prealablement ouï fur la fellette, ou derriere le Bureau. Art. 15.

Aprés le Jugement, les condamnés font renvoyez fur les lieux pour eftre executez, s'il n'y a confideration particuliere qui l'empêche.   Art. 16.

TITRE XXVII. •

Des procedures à l'effet de purger la memoire d'un défunt.

DEux cas aufquels on peut purger la memoire d'un défunt. Le premier, s'il eft decedé avant les cinq ans accomplis du jour de l'execution de la Sentence de contumace.   Art. 1.

Ceux qui en peuvent faire les pourfuites font, la veuve, les enfans, les parens du condamné.   ibid.

Les Juges pardevant lefquels on doit fe pourvoir, fi la contumace a efté jugée par Arreft, ou Jugement en dernier reffort, pardevant les Juges qui les ont rendus.   ibid.

Le fecond cas où l'on peut demander à purger la memoire d'un défunt, eft lorfque le condamné à mort par contumace eft decedé aprés les cinq ans fans s'eftre reprefenté ; auquel cas il faut des Lettres de la grande Chancellerie.   Art. 2.

Le Procureur du Roy, & les Parties civiles, s'il y en a, feront affignez en vertu des Lettres, dont leur fera baillé copie ; & les frais de Juftice avec

TITRE XXVIII.

Des faits juftificatifs.

Fin de la Table.

PROCÉS VERBAL

DES

CONFERENCES

TENUES PAR ORDRE DU ROY

ENTRE MESSIEURS

LES COMMISSAIRES DU CONSEIL,

ET MESSIEURS

LES DEPUTÉS DU PARLEMENT

DE PARIS,

Pour l'examen des articles de l'Ordonnance Criminelle du mois d'Aouſt 1670.

LE ſixiéme Juin 1670. Meſſieurs les Commiſſaires du Roy, & Meſſieurs les Députés du Parlement ſe ſont aſſemblez chez Monſieur le Chancelier, ſur les trois heures aprés midy, & ont pris leurs ſeances dans ſa Gallerie baſſe, en la maniere & diſpoſition qu'ils avoient fait lors de la Conference de l'année mil ſix cent ſoixante-ſept.

Ordonn. Crim. Tom. II.   A

NOMS DE MESSIEURS LES COMMISSAIRES du Conseil,

ET DE MESSIEURS LES DE'PUTE'S du Parlement.

Mrs LES COMMISSAIRES du Conseil.

Monsieur le Chancelier Seguier.

Messieurs les Conseillers d'Etat.

Mr D'Aligre.
Mr De Morangis.
Mr D'Estampes.
Mr De Séve.
Mr Poncet.
Mr Boucherat.
Mr Pussort.
Mr Voisin.
Mr Hotman.

Mrs LES DE'PUTE'S du Parlement.

Monsieur le Premier President.

Messieurs les Presidens.

Mr De Maisons.
Mr De Novion.
Mr De Mesmes.
Mr Le Coigneux.
Mr De Bailleul.
Mr Molé de Champlâtreux.
Mr De Nemond.

Messieurs les Conseillers de la Grand' Chambre.

Mr De Catinat.
Mr De Brillat.
Mr Fayet.
Mr De Refuges.

Mr Pâris.
Mr Roujault.

Messieurs les Députés des Enqueftes.

PREMIERE CHAMBRE.

Mr Potier de Blanc-Ménil, President
Mr De Bermond, Conseiller.

SECONDE CHAMBRE.

Mr De Bragelogne, President.
Mr Mandat, Conseiller.

TROISIE'ME CHAMBRE.

Mr De Fourcy, President.
Mr Faure, Conseiller.

QUATRIE'ME CHAMBRE.

Mr Le Pelletier, President.
Mr Le Vasseur, Conseiller.

CINQUIE'ME CHAMBRE.

Mr Maupeou, President.
Mr Malo, Conseiller.

Requeftes du Palais.

Mr Charton, President.
Mr Le Boult, Conseiller.

Messieurs les Gens du Roy.

Mr Talon, premier Avocat General.
Mr De Harlay, Procureur General.
Mr Bignon, second Avocat General.

PREMIERE CONFERENCE.

MONSIEUR le Chancelier ouvrant la Conference, a dit, que la Compagnie étoit assemblée par l'ordre du Roy, pour conferer sur les Titres & Articles concernans l'instruction & procedure criminelle, qui leur avoient esté communiquez. Que Sa Majesté se promettoit de leur affection ordinaire à son service, qu'ils apporteroient, pour la perfection d'un Ouvrage si utile & si necessaire au Public, les bonnes intentions, les éclaircissemens & l'application necessaires.

Mr le Premier President a dit, que la Compagnie se trouvoit beaucoup honorée du choix qu'il a plû à Sa Majesté faire de leurs personnes ; qu'ils tâcheroient d'y répondre, en proposant avec toute sorte de sincerité & de justice ce qu'ils estimeroient estre necessaire pour son service, & pour le plus grand bien des Sujets de Sa Majesté.

Monsieur le Chancelier ayant convié M. Pussort de proposer à la Compagnie le Titre qui étoit à examiner,

Mr Pussort a dit, que comme il n'y avoit point de plus grand defaut dans un Juge que celuy de la puissance, aussi étoit-il necessaire, avant toutes choses, de bien établir sa competence, particulierement en matiere criminelle, où les longueurs, qui procedoient plus ordinairement des conflicts de Jurisdiction, détruisoient ou affoiblissoient les preuves, & donnoient lieu à l'impunité des plus grands crimes.

Que c'étoit par cette consideration que Sa Majesté avoit estimé que pour parvenir à une veritable reformation de la procedure & instruction criminelle, il falloit la commencer en établissant le pouvoir des Juges ; que sur un fondement si ferme & si solide, l'instruction pouvoit être faite avec certitude & stabilité ; & que c'étoient les motifs qui avoient porté Sa Majesté à mettre à la tête de cette Ordonnance le Titre, *De la Competence des Juges.*

TITRE PREMIER.

DE LA COMPETENCE DES JUGES.

ARTICLE I.

A qui appartiendra la connoiſſance des crimes.

LA connoiſſance des crimes appartiendra aux Juges des lieux où ils auront eſté commis ; & l'accuſé y ſera renvoyé, ſi le renvoy en eſt requis : même le priſonnier transferé aux frais de la Partie civile, s'il y en a ; ſinon à nos frais, ou des Seigneurs.

Lecture faite de l'Article I.

M. le Premier Preſident a dit, que comme ce Titre étoit un des plus importans de la procedure criminelle, auſſi Meſſieurs du Parlement ont apporté, pour l'examiner, toute l'application poſſible.

Qu'à l'égard du premier Article propoſé, il y avoit une obſervation à faire, en ce qu'il donne la connoiſſance du crime au Juge du lieu où il a eſté commis : car s'il n'en étoit pas capable, ſoit par corruption, ſoit par ignorance, ou par defaut d'autorité, il y auroit un grand inconvenient d'ôter aux Juges ſuperieurs le pouvoir de renvoyer le procés devant un autre Juge, quand même le renvoy n'en ſeroit pas requis par les Parties principales.

Qu'en de certains cas on avoit peine à déterminer le veritable lieu où le crime s'étoit commis. Que dans le rapt, dont on pouvoit propoſer l'eſpece, il y avoit une ſucceſſion continuelle de crimes ; que le raviſſeur ayant commencé ſon enlevement dans une petite Juriſdiction comme celle de Goneſſe, par exemple, & continuant ſon crime dans toutes les Juriſdictions où il paſſoit, s'il venoit à être pris à cent lieuës de là, dans le détroit du Senéchal de Lyon, il ne ſembloit pas juſte d'en renvoyer la connoiſſance au Juge de Goneſſe preferablement au Senéchal de Lyon, principalement le dernier étant ſaiſi des preuves que le premier ne pourroit pas avoir.

Q e dans ces cas que la Loy ne peut pas prévoir, il devoit être laiſſé à la prudence des Parlemens d'examiner la qualité du crime, celle des accuſés, & des Juges, pour renvoyer le procés à celuy qui ſe trouveroit le plus capable & le plus en état de faire juſtice aux Parties. Mais que les Parlemens ſe trouvant aſtraints à l'obſervation rigoureuſe des Ordonnances, & leur étant défendu de les expliquer, cela mettroit bien de la confufion entre tous ces Juges qui en voudroient connoître ; on obligeroit de renvoyer le procés pardevant celuy de tous les Juges qui feroit le moins en état & en pouvoir d'en faire juftice ; qu'ainfi les procés criminels iroient à de grandes longueurs, dont les Parties fe prévaudroient, auffi-bien que de la foibleffe du Juge, pour trouver leur evafion ou leur impunité.

Qu'il fe trouveroit même beaucoup de difficulté de faire conduire dans les prifons de Goneffe l'accufé qui auroit efté arrêté à Lyon ; & d'obliger tous les Juges qui en auroient informé, d'envoyer leurs informations, & de faire venir les témoins pour les confronter à l'accufé.

M. Puffort a dit, que les obfervations qui venoient d'être faites fur cet Article, luy fembloient de grande confideration ; neanmoins qu'aprés l'explication qu'on y pouvoit donner, il croyoit que tous les doutes cefferoient, & qu'on feroit fatisfait de l'Article.

Que l'Article 19. de l'Ordonnance de Rouffillon defiroit, pour établir la competence du Juge, que le crime eût été commis dans fon détroit, & que l'accufé y eût été arrêté : que ces deux cas ne fe pouvant pas joindre aifément, & s'étant trouvé des inconveniens dans la difpofition de cet Article, celle de Moulins y avoit dérogé par fon Article 35. qui porte : *En declarant & ajoutant à nos precedentes Ordonnances, Voulons que la connoiffance des delits appartienne aux Juges des lieux où ils auront été commis, nonobftant que le prifonnier ne foit furpris en flagrant délit : & fera tenu le Juge du domicile de renvoyer le delinquant au lieu du delit, s'il en eft requis.* Et ainfi par cette difpofition la premiere partie de l'Article 19. de l'Ordonnance de Rouffillon fe trouve confirmée, & la feconde abolie.

Que quantité d'Ordonnances qui ont été faites depuis, n'y ont point dérogé ; parce que cette difpofition dans tous les temps a été trouvée jufte.

L'Ordonnance qui défend aux Juges de l'expliquer, ne peut être tirée à confequence au fait dont il s'agit ; parce qu'il n'eft pas loifible au Juge de donner quelque explication à l'Ordonnance, mais bien d'appliquer la loy au fait, & de decider, en faifant cette application, fi c'eft au Juge de Lyon, à celuy de Goneffe, ou à quelqu'autre d'en connoître.

Qu'il en eft de même de cet Article comme de ce qui regarde en matiere civile les affaires fommaires & les moyens de Requefte civile ; encore que par l'Article 3. *Des matieres fommaires*, & le 24. *Des Requeftes civiles*, les affaires fommaires foient fpecifiées, & le denombrement fait des moyens de Requête civile : neanmoins lorfqu'il s'agit de fçavoir fi une affaire eft fommaire, & la Requête civile bien fondée, l'application que le Juge fait de l'Ordonnance pour decider, n'en eft plus une interpretation, autrement il n'y auroit point de Juge qui ne tombât par chaque Jugement dans la prohibition de l'Ordonnance qui défend aux Juges d'interpreter.

Qu'au furplus il eft de confequence d'affurer & de fixer la competence

des Juges , pour prévenir les conflits qui favorifent les coupables , & portent à l'impunité ; & que c'eft dans cette intention que l'Article a été conçu , mais non pas pour ôter aux Juges fuperieurs la liberté de juger , qui
leur demeure toute entiere.

M. le Premier Préfident a reparti , qu'aprés cette explication l'Article
paroît bon ; mais qu'il eft queftion de fçavoir qui fera l'application : car
quoique ce crime fucceffif & continu , dans l'efpece qui a été cy-deffus
pofée , ait eu des fuites , il a neanmoins fon principe certain , qui eft le
lieu où la premiere action a été commife : ainfi l'Article étant pofitif
comme il eft , les Juges feront aftraints de renvoyer le procés à Goneffe ,
la liberté d'expliquer ne leur étant pas donnée.

M. le Préfident de Novion a dit , que l'on ne pourroit pas renvoyer la
connoiffance d'un crime à d'autre Juge qu'à celuy du premier delit ; mais
que pour prévenir toute difficulté , on pourroit ajoûter à l'Article cette alternative , *ou au lieu dans lequel la capture aura été faite.*

M. Talon a dit , qu'il étoit important d'avoir un Juge certain pour la
connoiffance des crimes ; que l'on a établi celuy du lieu du delit , & con-
fequemment le Juge , dans le détroit duquel le rapt a été commis , eft celuy
qui eft competent ; & qu'il feroit dangereux d'ajoûter l'alternative , *du
lieu du delit , ou de la capture ;* parce que l'accufé s'en pourroit prévaloir ,
& s'échaper de fon Juge en fe faifant arrêter dans le détroit de la Jurifdiction de celuy qu'il croiroit luy devoir être le plus favorable ; & qu'ainfi
le Juge du lieu du délit eft le plus certain.

M. le Premier Préfident a ajoûté que pourvû qu'on laiffe la liberté aux
Compagnies d'ordonner le renvoy à l'un des Juges du délit , il n'a rien à
dire fur l'Article.

M. le Préfident de Novion a dit , qu'on ne fe fouvenoit donc pas que
le deuxiéme Titre de l'Ordonnance civile défendoit pofitivement d'interpreter : que par le texte de l'Article dont il s'agit , il n'y avoit que le Juge
du lieu du délit qui en pût connoître ; & qu'ainfi les Compagnies ne pouvoient ni évoquer , ni renvoyer.

M. Puffort a dit , qu'il repete encore , que les Juges ne pouvoient interpreter , mais qu'ils étoient en droit d'appliquer : qu'il y avoit dans l'efpece propofée , *terminus à quo , per quem , & ad quem :* que les Juges pouvoient choifir fans donner atteinte à l'Ordonnance.

M. le Préfident le Coigneux a propofé un temperament , qui eft d'ajoûter à l'Article : *s'il n'en eft autrement ordonné en grande connoiffance de caufe.*

M. Puffort a dit , qu'il auroit l'honneur de propofer au Roy les ouvertures de la Compagnie.

☞ *Nonobftant toutes ces obfervations , la difpofition de cet Article a été
confirmée fans aucun changement. Il eft auffi le premier de ce Titre dans l'Ordonnance.*

ARTICLE II.

Accusateur, quand ne pourra demander son renvoy.

L'Accusateur ne pourra demander son renvoy devant le Juge du lieu du delit, s'il a volontairement procedé pardevant un autre.

ARTICLE III.

Accusé, quand ne pourra demander son renvoy.

L'Accusé ne pourra aussi demander son renvoy, aprés que lecture luy aura été faite de la déposition d'un Témoin, lors de la confrontation.

Lecture faite de ces deux Articles,

M. le Premier President a dit, que la disposition de ces deux Articles sembloit contraire au principal motif du premier, qui est d'empêcher les desordres que cause la competence des Juges, & que les Parties n'en puissent choisir de favorables. Que par ces mots, *si l'accusateur a procedé volontairement*, la premiere plainte étant une procedure volontaire, elle engageoit de sorte la connoissance du crime au Juge devant qui elle étoit faite, qu'il n'étoit plus au pouvoir des Juges superieurs de la luy ôter, quand même ils en seroient requis, & que ce Juge seroit suspect ou incapable.

Qu'à l'égard du troisiéme Article, qui porte que *l'accusé ne pourra demander son renvoy aprés la lecture de la déposition d'un témoin, lors de la confrontation*, il peut y avoir beaucoup d'inconveniens & de surprises, en ce qu'on imputera à un accusé, qui souvent est ignorant de son droit, comme une fin de non recevoir invincible, le defaut d'avoir demandé son renvoy.

M. Pussort a dit, que l'accusé ni l'accusateur ne pouvoient se choisir un Juge, moins en matiere criminelle qu'en matiere civile; mais qu'il n'a pas paru raisonnable, aprés que la Partie a rendu sa plainte, & saisi une Jurisdiction, de luy laisser la liberté du choix d'une autre : que ce seroit exposer un accusé à de grandes vexations, que de donner à l'accusateur l'avantage du changement de Jurisdiction, parce que peut-être le premier Juge ne luy aura pas paru favorable; mais que les Procureurs du Roy, ou ceux des Seigneurs, seront toûjours en état de revendiquer leurs justiciables, & de pourvoir à la conservation des droits de la Jurisdiction; & que si le mot d'*accusateur* surabonde, on le peut ôter, & mettre, *celuy qui aura rendu sa plainte*, si on trouve qu'il signifie mieux.

M. le Premier President a dit, que les mots d'*accusateur* ou de *celuy qui aura rendu sa plainte*, sont synonimes, & que ce n'est pas ce qu'il faudroit changer en l'Article : que le mot *volontairement* semble superflu , & que le reste s'entend assez.

M. Talon a dit , que ces deux Articles sont l'exception de l'Article premier , qui établit la regle generale pour la competence des Juges ; & qu'il sembloit que cette exception auroit été mieux placée à la fin du Titre , que dans les premiers Articles.

Qu'au surplus le terme d'*accusateur* n'est pas propre pour signifier la Partie civile , n'y ayant que M. le Procureur General & ses Substituts qui soient les veritables accusateurs.

M. Pussort a dit , qu'ôtant le mot d'*accusateur* , on satisfait à tout.

Et quant à l'exception portée par ces deux Articles , elle se trouve plus naturellement placée immediatement aprés la regle , qu'à la fin du Titre , aprés plusieurs autres differentes dispositions.

M. Talon a dit , que suivant cette ouverture on pourroit ajoûter un Article qui donneroit la faculté aux Substituts de M. le Procureur General de demander le renvoy , & qui enjoindroit aux Juges qui se connoîtroient incompetens , de l'ordonner , encore qu'ils n'en fussent pas requis.

M. Pussort a reparti , que cela seroit bon , mais que cette disposition est tellement de Droit & si naturelle , qu'il semble inutile d'en faire un Article , & qu'il auroit l'honneur d'en parler au Roy.

☞ *Cette derniere addition proposée par M. l'Avocat General Talon n'a pas été faite ; mais suivant les autres observations , on a changé dans l'Article I I. le mot d'*Accusateur *, & l'on a supprimé cette clause , *s'il a volontairement procedé.*

L'Article I I I. a été mis dans l'Ordonnance sans aucun changement. Voicy de quelle maniere le second Article a été arrêté.

A R T I C L E I I. Celuy qui aura rendu sa plainte devant un Juge , ne pourra demander le renvoy devant un autre , encore qu'il soit Juge du lieu du delit.

A R T I C L E　I V,

Dans quel temps les procés & les accusés seront renvoyez.

LEs premiers Juges seront tenus de renvoyer les procés & les accusés qui ne seront de leur competence , pardevant les Juges qui doivent en connoître , dans trois jours aprés qu'ils en auront été requis ; à peine de nullité des procedures faites depuis la requisition , d'interdiction de leurs Charges , & des dommages & interêts des Parties qui en auront demandé le renvoy.

Lecture faite de l'Article I V,

M. le P. President a dit , que dans la procedure criminelle il falloit être

bien

bien plus refervé que dans la civile, à employer le mot de *nullité* ; parce qu'il pou_oit faire perir les preuves, & contribuer à l'impunité des criminels.

Qu'au furplus la peine d'*interdiction* & de *dommages & interêts*, prononcée contre les Juges en cas de contravention, luy femble trop forte, & que l'on pourroit la retrancher ou l'adoucir.

M. Puffort a répondu, que la peine de *nullité* n'eft pas la feule dans l'Article ; mais que l'on a eftimé qu'il la falloit fortifier de quelqu'autre contre les Juges, qui feroient plus circonfpects à faire leur devoir, lors qu'ils feroient retenus par leur propre interêt ; & qu'ainfi les inconveniens qui pouvoient arriver de la peine de *nullité*, ceffoient par celle d'*interdiction* & de *dommages & interêts* contre les Juges qui auroient manqué à leur devoir. Qu'aprés tout, c'étoit faire juftice de caffer une procedure nulle : que chaque jour on ordonnoit qu'elle feroit recommencée, même aux dépens du Juge qui avoit mal procedé; & qu'en tout cas la preuve fubfifteroit toûjours dans les informations, en repetant, à toute extremité, les témoins qui auroient été entendus.

M. le P. Prefident a dit, qu'en multipliant les peines, c'étoit remedier à un inconvenient par un autre.

M. Talon a dit, que les peines paroiffoient dangereufes ; parce qu'un Juge peut avoir une jufte caufe d'ignorer fon incompetence, n'y ayant rien de plus incertain que les limites du détroit d'une Jurifdiction ; & qu'ainfi il n'eft pas jufte, en caffant fa procedure, de le condamner à des peines : & on pourroit les retrancher de l'Article.

M. Puffort a repliqué, qu'un Juge peut être incompetent en bien des manieres ; non feulement par le lieu du délit, mais encore par la qualité du crime, ou par celle du Juge : que lorfqu'on luy aura fait connoître fon incompetence, il eft puniffable s'il paffe outre.

M. le Prefident de Novion a dit, que la propofition de l'incompetence ne fufpendoit pas le pouvoir du Juge ; mais qu'il faloit paffer à l'appel comme de Juge incompetent.

☞ *Nonobftant les raifons alleguées par Monfieur le P. Prefident & par Monfieur Talon contre les peines énoncées dans cet Article, l'on n'y a fait aucun changement : il eft auffi le IV. dans l'Ordonnance.*

ARTICLE V.

Toutes les procedures feront portées au Greffe.

LEs groffes des informations, & autres pieces & procedures qui compofent le procés, ou qui auront été jointes ; enfemble toutes les informations, pieces & procedures faites pardevant tous autres Juges concernant l'accufation, même les informations & charges faites pour raison d'autres crimes, seront portées au Greffe du Juge pardevant lequel l'accusé sera traduit, s'il est ainsi par luy ordonné ; pour être le procés par luy parachevé & jugé sur toutes les accusations.

Lecture faite de l'Article V.

M. le P. Président a dit, que l'Article est de fort grande conséquence, & qu'il contient beaucoup de difficultés.

Qu'il s'en rencontroit deux principales : l'une, en ce que sa disposition détruit le principe du premier Article, qui porte, que *le Juge du lieu où le crime aura été commis, sera competent d'en connoître.* Que l'accusé pouvoit se susciter une legere accusation, pour se choisir un Juge favorable, & le saisir de la connoissance de plusieurs grands crimes dont il seroit chargé.

Et l'autre, en ce que cet Article confond l'ordre des Jurisdictions : car il pourra arriver qu'on dépoüillera un grand Siege, pour saisir un petit Juge, qui par sa foiblesse n'aura pas les qualités necessaires pour rendre la justice avec autorité : cela favorisera l'impunité : il auroit été plus à propos de laisser la chose dans l'usage ordinaire. La Loy ne pouvant pas prononcer sur toutes choses, c'est au Juge à l'appliquer : lorsqu'il y a de la concurrence entre plusieurs Juges, c'est au superieur à regler lequel d'entr'eux est le plus capable de faire le procés.

M. Pussort a dit que l'Article contient deux parties : la premiere ordonne la jonction de toutes les informations, ce qui est sans contredit ; & la seconde donne le pouvoir de les juger. C'est contre cette derniere partie que l'on propose les difficultés, lesquelles bien examinées, ne se trouvent pas considerables : car on ne peut croire qu'un homme qui se trouvera prévenu de crime, prenne le parti d'en commettre un nouveau, ou de se susciter l'accusation d'un crime leger, pour se donner l'avantage du choix d'un Juge ; & l'on sçait assez qu'un homme qui se sent chargé d'un crime, même d'une contrainte pour dettes civiles, n'apprehende rien tant que la prison : & s'il arrive qu'il soit arrêté, il fait tous ses efforts pour s'en dégager, de crainte d'être recommandé.

Mais quand même il se trouveroit un accusé qui prendroit assez de confiance pour se rendre prisonnier és prisons du Juge qu'il se seroit choisi, toutes ses precautions demeureroient inutiles, par les poursuites de la Partie civile, ou du Procureur du Roy ; & où, par l'evenement, un accusé seroit déchargé par le premier Juge, il resteroit toûjours la voye d'appel, qui luy feroit courir le hazard tout entier : & avec tout cela il faut présupposer l'intelligence & la prévarication du Juge. Ainsi ces fictions ne peuvent être apprehendées par leurs consequences. Joint qu'aprés tout, le Juge qui aura fait executer son decret, semble toûjours être le plus digne & le plus favorable dans l'ordre de la justice ; parce qu'il est saisi de son gage, & qu'il a procuré la vengeance publique par sa vigilance & par ses soins ; pendant que les autres Juges, ou par connivence, ou faute d'application, laissent souvent à leur vuë vaguer un accusé, contre lequel ils auront decreté, au mépris de la Justice & de la Magistrature.

Ce n'est pas qu'il n'en puisse arriver quelques inconveniens ; mais il s'en trouvera de plus grands dans la separation des accusations. Les choses unies sont plus fortes que celles qui sont divisées. Chaque crime en particulier ne sçauroit être puni avec la même severité que si toutes les accusations étoient jointes. L'on connoît mieux l'état de la vie d'un accusé, & quelles peines il merite, en examinant d'une même vuë tous ses crimes. Il sera même plus facile à un accusé d'obtenir des Lettres de remission de crimes divisez, que s'ils étoient joints.

D'ailleurs, des instructions separées, & faites pardevant des Juges differens, causeroient de grands frais, qui obligeroient la Partie civile de se relâcher, particulierement s'il faloit faire transferer l'accusé successivement dans les prisons de chaque Juge qui auroit informé & decreté contre luy. Mais ce qui mettoit l'Article hors de toute difficulté, est que l'on laissoit à la liberté du Juge de joindre toutes les accusations par ces mots, *s'il est ainsi ordonné.*

M. le President de Novion a dit, que l'on ne proposoit pas pour remede à la difficulté qui étoit faite, de separer les accusations ; mais que l'intention étoit de laisser aux Juges superieurs la liberté de donner aux Parties les Juges qu'ils estimeroient les plus capables & les moins suspects ; & que c'est ce qu'on appelle *choisir le plus digne.* Que Messieurs du Parlement qui ont assisté aux Grands-Jours, peuvent rendre témoignage que les plus grands desordres provenoient du choix que les Parties faisoient des Juges qu'ils trouvoiet favorables à leurs intentions.

M. Talon a dit, que dans la difficulté qui s'examine, il ne faloit pas chercher à se determiner par l'usage de Paris, où l'on sçait que la conduite des Juges est assez reglée : que même il y avoit peu à craindre pour la Justice dans les grands Presidiaux ; mais que dans les moindres Sieges il y a souvent plus à apprehender des Juges que des Parties ; qu'il n'en a vû que trop d'exemples dans les Grands-Jours de Clermont. Si l'on veut necessairement faire apporter toutes les informations en la Jurisdiction du Juge qui aura le prisonnier dans ses prisons, le Juge se transportera-t-il sur les lieux pour faire l'instruction ? fera-t-il venir les témoins ? L'on ne peut appliquer de regle certaine, cela ne peut être reglé que suivant les differentes circonstances & figures de l'affaire ; & il paroît plus convenable pour le bien de la Justice de laisser la chose à l'arbitrage du Juge.

☞ *Toutes ces reflexions ont donné lieu au retranchement qu'on a fait de la derniere clause de cet article :* Pour être le procés par luy parachevé & jugé sur toutes les accusations.

L'on a encore supprimé cette autre clause, même les informations & charges faites pour raison d'autres crimes.

Au surplus l'Article a été conservé, & on l'a redigé de cette maniere :

ARTICLE V. Les grosses des informations, & autres pieces & procedures qui

compofent les procés, ou qui auront été jointes; enfemble toutes les informations, pieces
& procedures faites pardevant tous autres Juges concernant l'accufation , feront portées
au Greffe du Juge pardevant lequel l'accufé fera traduit , s'il eft ainfi par luy ordonné.

A R T I C L E   V I.

Qui fera les frais de la tranflation.

LEs frais pour la tranflation des prifonniers & le port des informations & procedures , feront faits par la Partie civile,
s'il y en a ; finon par le Receveur de nôtre Domaine , ou du
Seigneur de la Jurifdiction qui en devra connoître ; & pour cet
effet fera delivré Executoire par le Juge qui aura ordonné le renvoy , ou le port des charges & informations.

Aprés la lecture faite,

☞ *Cet Article a été trouvé bon par la Compagnie ; neanmoins dans l'arrêté
on a mis ainfi :* Les frais de la tranflation du prifonnier , *au lieu* , des prifonniers.

A R T I C L E   V I I.

Préventions entre Juges.

NOs Juges n'auront aucune prévention entr'eux.

Lecture faite de cet Article,

M. le P. Préfident a dit , qu'il faloit fçavoir, fi par cette difpofition l'on
entendoit déroger aux Articles 72. d'Orleans, 46. de Moulins, & 201. de
Blois , qui donnent la prévention aux Juges Royaux fur les Prevôts des
Maréchaux.

M. Puffort a rapporté le contenu en ces Articles, & a dit , que le 72. de
l'Ordonnance d'Orleans donne la prévention aux Juges Royaux & ordinaires , fur les Prevôts des Maréchaux : que les Articles 46. de Moulins &
201. de Blois y ont tacitement dérogé, en accordant aux feuls Prefidiaux,
par concurrence & prévention , la connoiffance des cas attribuez aux Prevôts des Maréchaux, fans faire mention des Juges ordinaires. Que l'intention a été de déroger , par l'Article dont il s'agit, à celuy de l'Ordonnance d'Orleans , & de fuivre les Articles de Moulins & de Blois, qui font
conformes.

M. Talon a dit , que fuppofant que l'on ôte la prévention entre les Juges Royaux, au moins faut-il pourvoir à la negligence des Juges Royaux
inferieurs, en permettant aux fuperieurs, comme par droit de devolution,
d'informer, faute de l'avoir fait par l'inferieur dans certain temps.

M. Puffort a dit , que cet Article eft le plus problematique de tous ; mais

que la prévention en matiere criminelle ruinant les affaires, en faisant naître une infinité de contestations qui empêchent la punition des crimes, on
a estimé à propos de la retrancher. Qu'il paroît bon, suivant la proposition de M. l'Avocat General, de donner aux Juges inferieurs un terme de
trois jours pour faire leur devoir; & permettre, à leur défaut, aux superieurs de connoître de l'affaire; & qu'il en faut parler au Roy.

*☞ Suivant l'ouverture faite par M. Talon, & approuvée par M. Pussort,
l'on a ajoûté à cet Article la clause portant le terme de trois jours, pendant
lesquels il n'y aura pas lieu à la prévention. Voicy de quelle maniere l'Article
a été redigé.*

ARTICLE VII. Nos Juges n'auront aucune prévention entr'eux; au cas
neanmoins que trois jours aprés le crime commis, nos Juges ordinaires n'ayent informé
& decreté, les Juges superieurs pourront en connoître.

ARTICLE VIII.

Prévention entre les Juges des Seigneurs.

CE que Nous entendons avoir lieu entre les Juges des Seigneurs, encore que celuy qui auroit prévenu fût Juge superieur, & du Ressort de l'autre.

Aprés la lecture de l'Article VIII.

M. le P. President a dit, que la disposition de cet Article est contraire
à celle de quelques Coûtumes, & neanmoins qu'il paroît bon.

*☞ Le present Article est aussi le VIII. dans l'Ordonnance, sans aucun
changement.*

ARTICLE IX.

Prévention des Juges Royaux sur les subalternes.

NOs Juges préviendront les Juges subalternes & non Royaux
de leur ressort, s'ils ont informé & decreté en même jour.

Lecture faite de cet Article,

M. le P. President a dit, qu'il y avoit bien des choses à considerer en
cet Article : que l'on donnoit en general aux Juges Royaux la prévention sur les Juges subalternes : que cela ruinoit entierement les Justices
subalternes, & renversoit un ordre qui étoit peut-être aussi ancien que la
Monarchie.

Que dans le Droit Romain la prévention n'avoit point de lieu ; & que Juſtinien, en rétabliſſant les Juges des Villes ſous le nom de *Defenſores civitatum*, pour adminiſtrer la Juſtice au nom des Communautés, (ce ſont les premiers qui ne l'ont point exercée au nom de l'Empereur, & l'Empereur Zenon les avoit établis auparavant ;) ordonna par la Novelle 82. que les cauſes qui n'excederoient pas la ſomme *trecentorum ſolidorum*, ne puſſent être portées devant les Juges ſuperieurs, qui étoient les Preſidens des Provinces : *Non valentibus*, dit-il, *noſtris ſubjectis, trahere ſibi obligatos ad clariſſimos Provinciarum Præſides, ſi intra ſummam trecentorum ſolidorum lis conſiſtat.* Et la Novelle 15. porte, *ut ſi quis dolo malo plus petiiſſet, ut cauſam ad Præſidem traheret, litem amittat.*

Que nos anciens Auteurs ſont de cette opinion à l'égard de la France ; & qu'un des plus celebres, qui eſt *Joannes Faber*, ſur le Titre des Inſtituts, *De Attil. Tutore*, dit que la prévention ne doit pas être admiſe en France : *Non obſtat*, dit-il, *L. 1. C. de off. Præf. Urb. quia tunc juriſdictio pertinebat ad unum ſolum Imperatorem, nec erat alterius propria.* Il ajoûte ces mots qui ſont remarquables : *Hîc autem (nempe in Gallia) eſt propria Baronum* ; pour montrer que les Seigneurs & les Gentilshommes ont poſſedé de tout temps en France ces Juriſdictions dans leurs Terres, comme leur propre patrimoine.

Que ſi cette prévention n'avoit point lieu dans le Droit Civil, elle en avoit encore moins dans le Droit Canon, où nul Archevêque n'a de prévention ſur l'Evêque. *Can. Nullus, & Can. Conqueſtus 9. q. 3.* Ce qui étoit ſi veritable, que quoique l'Archidiacre fût un Officier de l'Evêque, neanmoins dans les lieux où les Archidiacres ont juriſdiction, l'Evêque ne les peut prévenir, comme remarque la Gloſe *ad Cap. Paſtorali, Extr. de Off. Jud. ordin.*

Que dans le Droit François, & dans l'ancien Uſage du Royaume, ſans s'arrêter à l'origine des Juſtices, qui eſt tres-obſcure, & dont on trouveroit peut-être des veſtiges du temps même de Jules Ceſar ; on voyoit que rien n'étoit plus défendu par les Ordonnances de nos Rois, que cette prévention des Juges Royaux ſur les Juges des Seigneurs particuliers.

Qu'entre pluſieurs on pouvoit rapporter l'Ordonnance de Saint Louïs en 1254. celle de Philippe le Bel en 1302. de Philippe de Valois en 1338. du Roy Jean 1355. & de Charles V. 1357. que celle-cy eſt remarquable, en ce que le préambule porte, *voulant que chacun uſe de ſon droit* ; ce qui marque le ſoin que les Rois ont pris de conſerver aux Gentilshommes la jouïſſance de leurs Juſtices : & en ce que Charles V. donne par cette Ordonnance aux Juges des Seigneurs la qualité de Juges ordinaires. Nos Auteurs les traitent de même, *Judices ordinarii, Judices publici* ; pour les diſtinguer des Juges Eccleſiaſtiques, qu'ils appellent *Judices privatos*, qui n'ont qu'une ſimple notion, une ſimple connoiſſance de cauſe, & non pas une veritable juriſdiction.

Qu'il y a encore d'autres Ordonnances, comme celles de Charles VI. en 1408. de Charles VII. en 1443. de Charles VIII. en 1490. & celle de

François I. en 1536. qui est la Declaration sur l'Edit de Cremieu.

Qu'à l'égard des Coûtumes, il y en a tres-peu qui admettent cette prévention.

Qu'il y a deux fortes de préventions ; la premiere, qui est la prévention parfaite & sans renvoy, est admise veritablement par la Coûtume de Vermandois, & par quelques autres Coûtumes de Picardie ; mais que les Seigneurs s'y sont toûjours opposez. Qu'elle est aussi observée dans la Ville de Paris, le Prevost de Paris ayant le droit de prévention sur les Justices inferieures des Seigneurs particuliers, comme l'Abbé de Saint Germain, l'Archevêque de Paris, les Chanoines & Chapitre de Saint Marceau, & autres : mais que le besoin qu'il y a de rendre la Police uniforme dans une grande Ville, l'a introduite dans celle-cy par un ancien usage.

La seconde, qui est la prévention imparfaite à la charge du renvoy, lorsque le Seigneur reclame ceux qui sont sujets à sa Justice ; & elle est admise encore dans les Coûtumes du Maine, d'Anjou & de Poitou.

Qu'il est vray que les Justices se rapportent uniquement au Roy, & qu'elles remontent necessairement par degrés jusqu'à l'autorité Royale, qui est le centre de toutes les Justices du Royaume : mais qu'il est certain aussi qu'elles font patrimoniales, & attachées inseparablement aux Terres ; & que si cette prévention des Juges Royaux avoit lieu, ce seroit ruiner entierement la Justice des Seigneurs particuliers, & les dépoüiller de la principale partie de leur bien, sans laquelle les Terres n'auroient plus de consideration, étant certain que les Gentilshommes n'ont rien plus à cœur que la conservation de leurs Justices ; parce qu'il n'y a rien qui les distingue plus d'avec les autres Sujets du Roy, que l'avantage de faire rendre la justice en leur nom.

Que si les Juges subalternes ne font pas leur devoir, & font negligens à faire leurs Charges, il est aisé d'empêcher le mauvais effet de cette negligence, en fixant un terme à ces Juges, après lequel le Juge Royal auroit la prévention : qu'enfin il étoit persuadé que le Roy y apporteroit quelque temperament, pourvû qu'on luy representât bien que cette prévention de ses Juges ruineroit tous les autres ; qu'elle renverseroit ce que tant de Rois ses predecesseurs ont conservé inviolablement ; & qu'elle dépoüilleroit les Gentils-hommes, qu'il cherit si fort, de la plus importante & plus chere partie de leur patrimoine.

M. le Chancelier a dit, que si la prévention a lieu, ce ne sera donc plus le Juge du delit qui en prendra connoissance.

M. Pussort a dit, que comme il n'y a rien qui forme plus de contestations que les préventions, qui retombent toûjours sur les Parties ; aussi le Roy s'est particulierement appliqué à en arrêter le cours. Mais encore que cela ait été decidé par le Droit Civil & Canonique, neanmoins il se trouve un Titre, *De suppl. in la negligentia Prælatorum*, qui est le Titre X. du premier Livre des Decretales.

Qu'en France il y a deux fortes de préventions ; l'une absoluë, & l'autre conditionelle.

L'abfoluë eft celle qui fe fait fans revendication, comme dans les Coûtumes de Vermandois, Senlis, Compiegne & autres. Et la conditionelle,
à la charge de revendication, comme dans Anjou, Touraine, le Maine,
Poitou & autres ; & même dans aucunes de celles-cy il faut que le Seigneur revendique luy-même.

Les Juges Royaux vont plus avant, & font autorifez par les Arrefts,
contre les Juges des Seigneurs : ainfi il eft vray de dire que cette difpofition ne refifte pas à l'efprit general du Royaume.

La prévention non feulement a lieu dans la ville & fauxbourgs de Paris,
mais encore dans toute l'étenduë de la Prevôté de Rheims, dans laquelle
le Lieutenant Criminel prévient toûjours le Juge de l'Archevêché, quoique ce foit la premiere Pairie de France. Et la plus grande partie de l'E-
tat s'en trouve bien, parce que la plûpart des Juges des Seigneurs étant
fans aucune capacité, les crimes demeurent impunis, ou par leur foibleffe,
ou par l'autorité des Seigneurs, dont ils dépendent abfolument : la juftice
eft incomparablement mieux renduë, & avec plus de feverité & de décence,
par les Juges Royaux.

Les Seigneurs fouffrent peu de cette prévention, la Juftice leur étant
onereufe, par les frais qu'ils font obligez de faire pour l'inftruction des
procés des accufés, & pour l'execution des condamnés. Et à l'égard des
droits utiles qu'ils en pourroient retirer, par les adjudications d'amendes
& par les confifcations, il n'eft pas neceffaire que les procés foient jugez
par leurs Officiers, pour les emporter ; parce que c'eft une fuite de la mou-
vance & du reffort,

Que les Juftices des Seigneurs font ou mêlées avec celles du Roy, ou
elles en font feparées : fi elles en font feparées, & établies dans des lieux
differens, les Juges des Seigneurs peuvent aifément prévenir ; & s'ils ne le
font pas, ils doivent s'imputer leur negligence. Que fi elles font mêlées,
c'eft aux Officiers à veiller à leur devoir. Et lorfque le Roy a établi des
Juges Royaux, ce ne peut avoir été qu'à condition qu'il n'y auroit pas
entr'eux de concurrence, mais que la prévention appartiendroit à fes Officiers : il y auroit même de grands inconveniens que le Juge d'un Seigneur pût connoître du differend de fes enfans, de fa famille, & de fes
domeftiques.

Quant aux Ordonnances, celles qui ont été cy-deffus rapportées ne dé-
fendent pas la prévention ; mais elles confirment chacun dans fon droit.

L'on pourroit dire davantage, & faire une grande diftinction entre la
Juftice civile & la Juftice criminelle. La civile a pû paffer pour patrimo-
niale, & c'eft le fondement de toutes les Ordonnances qui ont été alleguées ;
mais quant à la criminelle, elle eft d'une nature bien differente : la veritable proprieté de cette Juftice, qui s'appelle *jus gladii*, eft un droit de fang
fur les Sujets du Roy, refidant, à proprement parler, en la main de Sa
Majefté, qui le communique à fes Officiers.

Si le Roy énerve fouvent la Juftice civile des Seigneurs, quoique patri-
moniale, par la conceffion des *Committimus*, qui fouftrayent à ces Juftices

Seigneuriales

Seigneuriales leurs principales matieres , & qui font plus naturellement
de leur competence , il femble qu'il y a bien plus de raifon que les Officiers du Roy ayent du moins la prévention dans les affaires criminelles,
dont la vengeance appartient particulierement au Souverain , comme étant
un droit Regalien de fa Couronne , qu'il n'eft jamais prefumé abandonner entierement : en forte que les conceffions qui ont été faites des hautes
Juftices à fes Sujets, ne s'entendent avoir été faites qu'à cette condition ,
que fes Officiers pourront toûjours exercer la Juftice , fi les Officiers des
Seigneurs ne font pas affez diligens de faire leur devoir. Qu'en effet , lors
de la reformation de la Coûtume de Paris en 1579. les trois Etats ayant
redigé les Articles en leur faveur, pour l'établiffement de ces Juftices, ils
furent rejettez, fans que les Commiffaires vouluffent permettre qu'il en fût
fait mention dans leur procés verbal.

Qu'au furplus la jurifprudence de ces préventions n'eft pas fi inconnuë
au Parlement, qu'il n'ait rendu plufieurs Arrefts & Reglemens fur cette
matiere. Il s'en trouve un rendu en faveur du Juge de Ribemont, contre
le Juge du Duché de Guife; & un autre en faveur du Bailli de Noyon ,
contre le Juge de la Pairie du même lieu. Il eft vrai que c'eft dans la Coûtume de Vermandois ; mais cela prouve clairement qu'on n'a pas toûjours
fi favorablement confideré les Juftices particulieres des Seigneurs. Et
neanmoins on pourroit apporter quelque temperament à cet Article , en
donnant le temps de vingt-quatre heures aux Juges des Seigneurs qui ont
leur Juftice mêlée avec celle du Roy , fans déroger à la poffeffion des Juges Royaux. ·

M. le P. Prefident a reparti, que du moins il faloit un temps fuffifant,
dans lequel les Officiers des Seigneurs puffent exercer les fonctions qui leur
appartiennent ; qu'il ne pouvoit pas être moindre de trois jours : que l'e-
xemple des *Committimus* ne convient pas à la matiere ; parce qu'ils ne font
pas accordez aux perfonnes des Officiers , mais en confideration du fervice du Roy, pour un temps feulement , & tant que l'Officier fe trouve
revêtu de la Charge, & obligé de faire fon fervice.

· M. Puffort a repris, que ce n'eft pas ce qu'il en veut induire ; mais
qu'encore que les Juftices foient patrimoniales, on n'a pas laiffé d'en détacher les jufticiables.

M. Talon a dit , que fi l'on donnoit indiftinctement la prévention à
tous les Juges Royaux fur ceux des Seigneurs hauts Jufticiers, cela pourroit apporter du trouble dans l'ordre de la Juftice ; mais que la prévention
n'étant accordée qu'aux Baillis & Senéchaux, les Seigneurs n'ont pas fujet
de s'en plaindre. Qu'il demeure d'accord que la prévention a lieu dans la
Coûtume de Vermandois, & dans la plûpart de celles qui en dépendent,
fans que le Juge Royal qui a prévenu foit obligé au renvoy. Il eft vray
qu'il y a d'autres Coûtumes qui permettent aux Seigneurs de revendiquer
les affaires criminelles quand le Juge Royal a prévenu ; mais l'on peut dire
que l'ufage les a réformées, & que les Juges Royaux joüiffent de la prévention , fans jamais renvoyer les affaires criminelles dont ils font une fois faifis. ·

Ordonn. Crim. Tome II.   C

Dans les Provinces dont les Coûtumes ne parlent point de prévention, elle ne laisse pas d'y être pratiquée, & il y a peu de Lieutenans Criminels qui n'en soient en possession paisible ; quelques-uns ayant obtenu des Arrests par lesquels ce droit leur est confirmé. En effet, toutes les Justices étant émanées du Roy, il y a assez d'apparence de croire qu'il n'a pas voulu exclure ses principaux Officiers de connoître, du moins par prévention & concurrence, des crimes commis dans l'étenduë de leur ressort ; & que s'il a communiqué à quelqu'un de ses vassaux le droit d'une jurisdiction criminelle, que les Loix appellent *merum imperium, jus gladii*; ce n'a été que cumulativement, & non pas privativement. Et sans examiner les Justices Seigneuriales, & les plaintes qui en ont été tant de fois renouvellées, peut-on douter qu'une affaire criminelle ne soit mieux jugée dans un Bailliage, que dans une Justice de Village ?

Mais la consideration la plus importante est que la prévention n'aura lieu qu'en faveur des Baillis & Senéchaux qui ont les Sieges de leur Jurisdiction dans les principales Villes du Royaume. Les Juges des Seigneurs répandus dans la campagne ne recevront point de préjudice de la prévention, s'ils sont assez diligens pour informer d'un crime aussi-tôt que la plainte leur en est renduë.

D'ailleurs rien n'étant plus important pour rendre une Loy durable, que de la faire uniforme, il faudroit ôter absolument la prévention aux Officiers du Roy, & dans Paris, & dans tous les autres lieux où ils en jouïssent par titre ou possession ; & ainsi l'Ordonnance feroit une breche notable à l'autorité Souveraine : ou bien il faut laisser les choses dans l'incertitude & la confusion où elles ont été par le passé, & ainsi autoriser tous les déreglemens des Juges particuliers, qui sont si frequens, & qui empêchent si souvent la punition des crimes.

Quant à ce que l'on propose, de faire distinction des Villes où la Justice Royale & la Seigneuriale sont mêlées, c'est-à-dire où il y a des Bailliages & Senéchaussées, & des Justices patrimoniales, dont le ressort s'étend sur une partie de la Ville. Quelque juste que paroisse d'abord cette distinction, elle seroit d'autant plus dangereuse, que les Seigneurs hauts Justiciers de la ville de Paris pretendroient s'en prévaloir, & par là secoüer le joug de prévention, dont les Officiers du Châtelet de Paris sont en paisible possession ; ce qui seroit entierement ruiner la Jurisdiction Royale dans Paris, & dans toutes le Villes considerables de Champagne & de Picardie, de plusieurs desquelles les Archevêques & Evêques sont Seigneurs. Et une raison tres-decisive pour ne point admettre cette distinction, est, qu'il se trouvera presque point de Villes où il y ait Bailliage ou Senéchaussée, & en même temps Justice Seigneuriale, sans que cette Justice Seigneuriale appartienne à des Evêques, lesquels, pour beaucoup de raisons qu'il seroit trop long d'expliquer, pourroient être justement privez de la Justice criminelle.

Mais comme un des principaux motifs pour lesquels on feroit quelque scrupule de dépoüiller les Seigneurs d'une portion de leur jurisdiction, n'eſt pas l'utilité que leur rapporte l'exercice de la Juſtice ; parce qu'elle eſt toûjours onereuſe à ceux qui n'en abuſent pas ; mais la conſideration de ce que ce droit de juriſdiction augmente le prix de leurs Terres : ces raiſons ne doivent pas, ce ſemble, avoir le même poids à l'égard des Eccleſiaſtiques : & n'y ayant point de milieu entre ôter abſolument la prévention aux Officiers du Roy ſur ceux des Seigneurs (ce qui ſeroit une playe irreparable à l'autorité Royale) & étendre cette prévention par tout le Royaume, où l'uſage l'a inſenſiblement introduite : ce dernier parti paroît le meilleur & le plus ſeur. Et ſi l'on établit la moindre diſtinction, il eſt à craindre que l'on ne retombe dans l'embarras & dans la confuſion où l'on a été par le paſſé.

M. Puſſort a dit, qu'il eſt bon de ne donner la prévention qu'aux Baillis & Senéchaux, & qu'il falloit le réformer dans l'Article ; mais qu'on pourroit donner vingt-quatre heures, comme il a été propoſé cy-deſſus, dans les Villes où les Juſtices du Roy & celles des Seigneurs ſont mêlées ; ſans neanmoins déroger à la poſſeſſion des Juges Royaux dans les Villes où ils jouïſſent de la prévention ; & qu'il en falloit parler au Roy.

☛ *Cette derniere propoſition de M. Puſſort a été ſuivie, & l'Article a été reformé de cette maniere :*

ARTICLE IX. Nos Baillifs & Senéchaux ne pourront prévenir les Juges ſubalternes & non Royaux de leur reſſort, s'ils ont informé & decreté dans les vingt-quatre heures après le crime commis. N'entendons neanmoins déroger aux Coûtumes à ce contraires, ni à l'uſage de nôtre Châtelet de Paris.

ARTICLE X.

De quels crimes les Juges Prevôts ne peuvent connoître.

NOs Juges Prevôts ne pourront connoître des crimes commis par des Gentilshommes, ou par des Officiers de Judicature ; ſans rien innover neanmoins en ce qui regarde la Juriſdiction des Seigneurs.

Aprés la lecture faite,

☛ *Cet Article a été trouvé bon. Il eſt auſſi le X. dans l'Ordonnance, ſans aucun changement.*

ARTICLE XI.

Cas Royaux, & quels Juges en peuvent connoître.

NOs Baillifs, Senéchaux & Juges Preſidiaux connoîtront privativement à nos autres Juges, & à ceux des Seigneurs, des cas Royaux, qui font, le crime de leze-Majefté en tous fes chefs, rebellion aux mandemens émanez de Nous ou de nos Officiers, malverfations par eux commifes en leurs Charges, crime d'herefie, troubles publics fait au Service Divin, rapt & enlevement de perfonnes par force & violence.

Lecture faite de l'Article XI.

M. le P. Prefident a dit, que cet Article étoit de grande étenduë, & que la matiere qu'il traite étoit plus importante que tout le refte de l'Ordonnance ; dautant qu'il y a un rapport neceffaire entre les cas Royaux en matiere civile, & les mêmes cas en matiere criminelle : de forte qu'on ne peut fe difpenfer de parler de tous les deux enfemble.

Que la premiere confideration confifte à examiner s'il eft expedient de declarer quels font les cas Royaux, & de les fixer à un nombre certain, foit en matiere criminelle, foit en matiere civile, ou en toutes les deux : car il eft difficile de faire aucune regle pour l'une de ces matieres, qui ne tire à confequence pour l'autre.

Qu'aucune Loy, aucune Ordonnance, aucune Coûtume ne les a fixées à un nombre certain. On a bien declaré qu'un tel cas étoit un cas Royal ; mais on n'a point voulu decider qu'il n'y a que tels & tels cas qui foient Royaux ; parce que cette reftriction ne fe pouvoit faire fans donner à l'autorité Royale des bornes qu'elle ne doit point recevoir.

Qu'il en eft de même pour les cas Royaux que pour les cas privilegiés, qui regardent la Jurifdiction Ecclefiaftique, & tout ce qui peut donner lieu aux appellations comme d'abus. Jamais on n'a voulu décider quels ils étoient ; prévoyant bien que quand on en feroit le denombrement, le Roy n'augmenteroit pas l'autorité ni la jurifdiction de fes Officiers : outre qu'il fe peut prefenter tous les jours des cas finguliers & imprévus, qu'il faut neceffairement traiter comme des cas Royaux ; & qu'il s'en rencontre auffi de nouveaux à l'égard de la jurifdiction Ecclefiaftique, dont les Juges Royaux doivent connoître.

Que par cette raifon, lorfque le Comté de Champagne fut réuni à la Couronne en 1315. les Seigneurs de cette Province ayant fait de grandes inftances à Louïs Hutin de fpecifier quels étoient les cas Royaux, & s'étant plaints que les Juges Royaux entreprenoient de connoître de toutes fortes de caufes, le Roy ne leur fit d'autre réponfe que celle-ci, *que les cas Royaux s'entendent des cas qui de droit & d'ancienne coûtume peuvent competer & apartenir à Souverain Prince, & à nul autre.*

Et quand le Duc de Bourgogne fe plaignit en 1463. des entreprifes des Officiers Royaux de la ville de Sens, le Procureur du Roy en ce Siege répondit fort à propos, *que les Officiers du Roy donnoient leurs Ordonnances dans les cas qui dépendoient de la Souveraineté du Roy, dans les crimes les plus atroces, & en d'autres articles qui contenoient les cas defquels la connoiffance appartient au Roy feul.*

Que jamais il n'y eut moins de neceſſité d'entrer en ce détail, & de déterminer quels ſont les cas Royaux; parce qu'aujourd'huy il ne ſe forme
preſque point de conteſtation ſur ce ſujet : l'autorité des Arreſts, & le
ſoin que le Parlement a pris de conſerver la juriſdiction de tous les Officiers du Roy, ayant établi les choſes de telle ſorte qu'on n'en diſpute preſque plus.

Que s'il ſurvient quelque difficulté, s'il ſe preſente quelque nouveau cas,
la deciſion eſt toûjours en la main du Roy, & en celle de ſes Parlemens,
qui ſont extrémement ſoigneux de conſerver l'autorité Royale ; & s'ils y
manquoient, *Vous, Monſieur,* (a-t-il dit en s'adreſſant à M. le Chancelier) *qui eſtes le Chef de toute la Juſtice de France, y mettriez la main avec
l'autorité que le Roy vous a donnée.* Mais que cet ordre eſt preſentement ſi
bien établi, qu'on n'a plus à craindre ſur cette matiere aucune de ces fâcheuſes conteſtations, qui alloient autrefois juſqu'à troubler le repos des
Sujets du Roy, & la tranquillité de l'Etat.

Que la ſeconde conſideration eſt, qu'en voulant ſpecifier quels ſont les
cas Royaux, il faudroit d'abord établir la regle ſur laquelle on les peut connoître, afin de ſçavoir leur définition, & leur difference eſſentielle.

Que la peine qu'il y a de trouver cette regle, fait connoître avec combien de prudence les Rois ont jugé à propos de s'en rapporter à leurs Officiers, & principalement aux Officiers de leurs Parlemens, qui doivent être
chargez non ſeulement du ſoin de faire obſerver ces maximes, mais encore
de l'envie qu'attire ſur ceux qui les pratiquent, l'exactitude avec laquelle
ils ſont obligez d'agir.

Qu'ainſi cete regle ne pouvant être tout-à-fait certaine, elle devoit s'é-
tendre & ſe racourcir ſelon les occaſions; & qu'en ces occaſions de la racourcir ou de l'étendre, les Rois s'étoient contentez de conſulter leurs
Officiers, ſans rien decider eux-mêmes; & que s'il y avoit eu quelque diverſité de ſentimens entr'eux ſur ces matieres, cette diverſité alloit toûjours à l'avantage de l'autorité Royale.

Qu'il n'en eſt pas de cela comme des droits qui regardent les actions &
les interêts des Particuliers, où il eſt important qu'il n'y ait rien d'incertain, & qu'on établiſſe autant qu'il eſt poſſible des regles aſſeurées, ſur
leſquelles les Sujets du Roy puiſſent jouïr de leurs biens & de leurs patri-
moines. Car encore que la Loy ait mis au nombre des regles de Droit, comme une des plus importantes, celle qui dit : *Omnes definitiones in Jure peri-
culoſa;* elles ne laiſſent pas d'être neceſſaires, quoiqu'elles ſoient difficiles
& perilleuſes; & les difficultés qui s'y rencontrent ne vont qu'à obliger le
Legiſlateur à les conſulter & à les examiner avec plus de ſoin. Mais à l'é-
gard de certaines parties du Droit public, comme eſt celle dont il s'agit,
ces ſortes de définitions préciſes, qui reſtraignent les maximes generales à
une application particuliere, ne ſemblent pas neceſſaires, & ſont toûjours
difficiles, & même tres-perilleuſes.

Que la difficulté qui s'y rencontre, ſe voit dans les differentes opinions
de ceux qui ont traité de ces matieres, & même dans l'incertitude des
principes ſur leſquels ils ſe fondent.   C iij

Qu'il y a fur ce fujet un avis donné au Roy par M. le Procureur General de la Guefle , & Meffieurs de Pibrac & de Thou , qui rempliffoient alors tres-dignement les places du Parquet : qu'en cet avis ces grands Perfonnages , fuivant le zele que leurs Charges leur donnoient , porterent fort loin l'autorité de la Juftice Royale ; & que s'il les en faut croire , il n'y a prefque aucun cas qu'on ne doive mettre au nombre des cas Royaux.

Que plufieurs de nos Doꞔteurs, bien éloignez en cela du fentiment de ces Meffieurs , reftreignent extrêmement les cas Royaux , & veulent qu'ils ne s'étendent qu'en ce qui concerne la confervation du Domaine du Roy; parce qu'il ne feroit pas bien-féant que le Roy demandât juftice à fes Sujets pour conferver ce qui luy appartient.

Qu'ils en ôtent tout ce qui regarde la Police, même la generale & la punition des crimes, fi ce n'eft ceux qui fe commettent contre l'autorité des Juges Royaux ; parce qu'ils pretendent que les Juges des Seigneurs étant reputez Officiers publics, *Judices publici* , ils doivent connoître de tout ce qui eft public. Cependant le Parlement ne pourroit pas fouffrir qu'on bornât de la forte les cas Royaux.

Que quelquefois on les confidere, non feulement par la qualité des caufes , mais encore par celle des perfonnes : par exemple, qu'en Champagne on avoit autrefois introduit un ufage de Bourgeoifie Royale ; que ceux qui en obtenoient des Lettres du Roy, ou même qui faifoient une fimple declaration au Greffe , *qu'ils fe mettoient dans la Bourgeoifie du Roy* , en payant un certain droit par chacun an , étoient exempts de la Juftice des Seigneurs, & ne répondoient que devant les Juges Royaux.

Que ce privilege dure encore en quelques endroits de cette Province, & que celuy des Bourgeois de Paris, qui eft porté dans la Coûtume , a quelque rapport avec cette exemption ; mais que cette Bourgeoifie Royale de Champagne , qui aneantiffoit la Juftice des Particuliers, fut reftrainte par Philippe le Bel.

Qu'on voit auffi que la Coûtume de Boulogne, art. 156. attribuë aux Juges Royaux la connoiffance des caufes des perfonnes miferables, des Veuves & des orphelins, que leur mifere met en la protecꞔtion particuliere du Roy, *Patris orphanorum, & Judicis viduarum.* Et même qu'il croyoit que par tout ailleurs les Juges Royaux feroient bien fondez à prendre quelquefois , & en de certaines occafions , la connoiffance de ces fortes de caufes, pour le foulagement des perfonnes qui n'ont point d'autre fecours. Que Sa Majefté leur en donne tous les jours un exemple admirable , lorfqu'elle reçoit elle-même les plaintes & les demandes de fes Sujets : & que fi dans cette occupation toute Royale, où tout le monde a la liberté de l'approcher , il fait quelque diftinꞔtion des perfonnes, entre ceux qui luy parlent, c'eft toûjours pour preferer les plus miferables, & ceux qui ont le plus befoin de fon fecours, à ceux qui n'en ont pas tant de befoin.

Qu'on pouvoit faire encore une confideration fur les cas Royaux, tant en matiere civile qu'en matiere criminelle, qui eft, que la conjonéture des temps & la fuite des affaires obligent bien fouvent de mettre au nombre des cas Royaux des matieres qui originairement n'y étoient pas comprifes : par exemple, que les Juges des Juftices Seigneuriales connoiffoient autrefois des matieres Beneficiales ; mais que depuis l'Ordonnance de Louïs XI. en 1464. fur le poffeffoire des Benefices, qui fut faite en confequence de la Bulle de Martin V. cette connoiffance a été refervée aux Juges Royaux.

Qu'il y a tant de chofes à dire fur ce fujet, qu'on ne fçauroit l'expliquer en fi peu de temps. Et puifque le Roy a fait l'honneur à la Compagnie de luy en demander fon avis, & que le Parlement eft le principal dépofitaire de ces grandes maximes, qui paroîtront toûjours d'autant plus importantes qu'on les approfondira davantage, & qu'on en pefera plus mûrement toutes les confequences : cette Compagnie eft obligée par fon devoir, & par le zele qu'elle a pour le fervice de Sa Majefté, de luy reprefenter qu'il n'eft point du tout expedient de jamais determiner quels font tous les cas Royaux. Mais que fi Sa Majefté jugeoit qu'il fallût abfolument les fixer à un nombre certain, elle la fupplieroit que cela fe fift avec une grande connoiffance de caufe, & non pas incidemment, comme il le feroit dans l'Article dont on vient de faire la lecture.

Qu'il feroit à propos pour cela de voir tous les anciens apanages, où les cas Royaux ont été refervez. Que dans les Regiftres du Parlement il y a une infinité de Pieces, de Titres & de Reglemens qu'il faudroit examiner ; & entr'autres un Reglement celebre fait en confequence de l'échange de Montpellier par Charles V. avec le Roy de Navarre en 1371. Un autre Reglement fait entre le Bailli de Touraine, en qualité de *Juge des Exemptions & des cas Royaux*, & le Senéchal de Touraine, qui étoit le Juge de l'apanage de Louïs I. d'Anjou, fils de Charles V.

Qu'il faudroit auffi examiner plufieurs autres Reglemens & Traités faits avec les anciens Pairs & Grands Seigneurs du Royaume, où l'on voit que ces matieres ont été amplement traitées.

Que la Chambre des Comptes, qui eft auffi fort riche dans fes Regiftres, pourroit fournir bien des pieces de confequence ; mais que comme il étoit impoffible d'entrer dans cette grande difcution, en examinant l'Article dont il s'agit, il étoit bien plus à propos d'en ôter tout le détail, qui, pour vouloir marquer quels font les cas Royaux, fembleroit en fixer le nombre, & retrancher tout ce qui n'y feroit point fpecifié.

M. le Chancelier a dit fur ce fujet, que dans la Province de Bretagne, même lors qu'il y avoit des Ducs, l'on a toûjours diftingué les cas Royaux appartenans au Roy feul, des autres matieres, dont eft venu le nom de *Regaires*, qui eft demeuré jufqu'à prefent.

M. le P. Prefident a reparti, que cela le faifoit fouvenir des longues & anciennes conteftations avec les Ducs de Bretagne pour les cas Royaux. Que ces Ducs pretendoient avoir une Cour Souveraine, & ne pouvoient fouffrir que les Bretons appellaffent à la Cour Souveraine du Roy, qui eft le Parlement.

On leur foûtenoit au contraire, que n'étant point Souverains, mais vaſſaux de la Couronne, ils ne pouvoient avoir de Cour Souveraine, qui tire ſa denomination de la Souveraineté du Roy, dont elle exerce la Juſtice : y aïant une relation neceſſaire de l'une à l'autre. Et comme il n'y a point de Souverain ſans Cour Souveraine, il n'y a point de Cour Souveraine ſans Souverain. Qu'ainſi le Parlement, non ſeulement recevoit toûjours les appellations de Bretagne, mais encore connoiſſoit des cas Roïaux dans l'étenduë de cette Province.

Que les Evêques de Bretagne aïant plus d'autorité que les autres Seigneurs du païs, ſe maintenoient mieux dans cet ordre contre les entrepriſes de leur Duc, & ne ſouffroient jamais que les appellations de leurs Juges fuſſent relevées à ſa pretenduë Cour Souveraine ; mais qu'au contraire ils les faiſoient toûjours porter au Parlement, comme ne reconnoiſſant point de Juſtice ſuperieure que la Cour Souveraine du Roy. Et c'eſt pourquoy ces Juſtices du Domaine temporel des Evêques avoient pris en ce temps-là le nom de *Regaires*, qu'elles ont conſervé juſqu'à cette heure.

M. Puſſort á dit, que l'intention du Roy n'a pas été d'étendre ſon pouvoir, étant Maître abſolu ; mais qu'il a voulu pourvoir à une infinité de conteſtations qui arrivent pour les cas Roïaux, & qu'il eſt impoſſible de prévenir : il n'a pas ſuffi de dire quelles étoient les matieres ſommaires, & les moyens de Requeſte civile ; il a fallu encore les définir & les circonſcrire.

L'Edit de Cremieu a ſpecifié quatre ou cinq cas Roïaux, & a ajoûté, *& autres* ; mais ce n'eſt rien dire, & c'eſt une matiere de procés.

La difference eſt grande entre les appellations comme d'abus, & les cas Roïaux. Les appellations comme d'abus ont été introduites pour empêcher les entrepriſes des Eccleſiaſtiques ſur les droits du Roy & de l'Etat, ſur les libertés de l'Egliſe Gallicane, & ſur l'autorité des Cours & Juriſdictions Roïales. Mais comme ce Corps a relation à une puiſſance étrangere, il auroit été dangereux de ſpecifier & limiter les cas d'abus, qui doivent être étendus ſelon les occurrences, pour empêcher les entrepriſes de la Cour de Rome.

Il n'y a rien de ſemblable pour les cas Roïaux, les Juſticiables & les Juriſdictions étant abſolument dépendans du Roy, & de l'autorité des Compagnies.

Que pour remplir cet Article, on a recherché avec le plus d'exactitude qu'il a été poſſible tous les cas Roïaux ; l'on y a travaillé avec tres grande application pendant un fort long temps ; & cependant il en peut être échapé : & c'eſt dans cette prévoïance que le Roy a ordonné la conference qui ſe tient, pour tirer des lumieres de la Compagnie dans une matiere ſi étenduë.

Que ſi l'Edit de Cremieu n'a pas expliqué les cas Roïaux, ils ont été ſuppleez par les Arreſts & Reglemens du Parlement. Chopin en ſon Traité *de Domanio*, *lib. 6. tit. 2.* rapporte un Reglement de 1499. qui marque tous les cas Roïaux. Il y en a encore deux autres, l'un de 1614. pour Noyon, & l'autre

de

de 1621. dans lefquels il eft auffi marqué, *que les cas Roïaux font proprement ceux qui regardent la perfonne du Roi, fa dignité & fon Office.* Que ces termes generaux comprennant tous les cas Royaux, il n'y a point de peril de les fpecifier : le dénombrement qui en eft fait, ne pouvant en aucun cas préjudicier à l'autorité Royale.

M. Talon a dit, qu'encore que par les anciennes Ordonnances il femble que l'on ait affecté de ne pas fpecifier en détail tous les cas Royaux, il ne s'enfuit pas que l'on doive eftre à prefent dans la même retenuë. Les cas Royaux ont efté diverfement étendus, pour limiter le pouvoir des Seigneurs, avec lefquels les Reglemens ont efté faits, ou felon que l'autorité Royale s'eft trouvée plus ou moins puiffante. Les Ducs de Bretagne & de Bourgogne, & les autres Grands Seigneurs de la Couronne, fouffroient avec peine que les Juges Royaux exerçaffent aucune Jurifdiction dans l'étenduë de leurs Terres ; & il a fallu de grandes difputes pour les obliger à reconnoître les cas Royaux.

Dans les Provinces données en appanage aux enfans de France, par les lettres de conceffion, les Rois fe font toûjours refervez la connoiffance des cas Royaux, & ont établi pour cet effet des Juges particuliers. Il eft vrai que quand on a voulu énoncer ces cas, il s'y eft quelquefois trouvé de la diverfité ; mais la puiffance Royale reprenant infenfiblement toutes fes forces, les cas Royaux font acrûs à proportion. Et quoique l'on ait foûtenû orignairement que le cas Royal devoit eftre reduit aux affaires, où le Roi étoit partie pour les Droits de fa Couronne : neanmoins depuis, l'extenfion en a efté faite à tous les crimes, dans lefquels la Majefté du Prince, la Dignité de fes Officiers, & la fureté publique, dont il eft le protecteur, ont efté yiolées. Et dans la crainte que l'on a euë, en faifant cette énumeration, de donner des bornes trop étroites à l'autorité Souveraine, l'on y a ajoûté ces mots, *& autres* ; déterminant par là certain nombre de cas Royaux, fans neanmoins exclure les autres, qui par la conformité d'une même raifon, peuvent être d'une même nature.

Cela étant, il eft tres-important de décider qui font les cas Royaux, & de les fpecifier en détail ; autrement il n'y a point d'affaires, dont les Juges des Seigneurs n'entreprennent la connoiffance, au préjudice des Jurifdictions Royales ; & ils diront toûjours que le cas ne leur a pas paru cas Royal.

L'experience nous fait connoître que cet abus fe pratique tous les jours, même dans Paris ; & quand un Procés eft porté à la Tournelle, encore que l'on juge que ce foit un cas Royal, on ne détruit pas toute la procedure qui a efté faite, & l'on prononce fur l'appel par le merite des charges.

Il faut donc prévenir ce defordre ; & fi l'on craint de faire quelque préjudice aux droits du Roy, on pourroit y ajoûter la claufe des anciennes Ordonnances. Mais en verité, pour éviter les conflits, il feroit meilleur de comprendre dans l'Article qui fera dreffé, tous les cas Royaux fans referve, & de faire que les Juges ne puiffent à l'avenir, ni les reftraindre, ni les étendre. Ce que l'on peut faire pour conferver la Jurifdiction Royale dans fon luftre, eft de comprendre dans les cas Royaux tous ceux qui ont efté jufqu'ici dans quelque forte de doute & d'incertitude. Et cette décifion generale préviendra un nombre infini de reglemens de Juges, qui empêchent, plus que toute autre chofe, la punition des crimes.

DEUXIE'ME CONFERENCE

Du Samedi 7. Juin 1670. aprés midi,

Meſſieurs les Commiſſaires du Conſeil, & Meſſieurs les Députez du Parlement, preſens.

LA Compagnie s'étant aſſemblée à l'heure ordinaire : M. le P. Prefident a dit, que plus il fait réflexion fur l'Article XI. qui fait le dénombrement des cas Royaux, plus il fe confirme dans le fentiment, qu'il eft non feulement inutile, mais même préjudiciable de les fpecifier, par l'incertitude qui s'y rencontre ; & qu'il feroit bien plus à propos d'en laiſſer la définition à l'arbitrage des Juges.

Que l'on voit fouvent des conflits, pour juger des cas Préfidiaux & Prevôtaux dans les crimes ; mais qu'à l'égard des cas Royaux, il ne fe prefentoit des conteftations que tres-rarement ; les Arrefts & l'ufage ayant prefque tout reglé fur cette matiere, & les Juges fubalternes déferant beaucoup aux Juges Royaux.

Que dans les cas qui ont efté inferez dans l'Article, l'on a compris celui d'*Incendie*, que les Ordonnances n'en parlent point. Que neanmoins il y auroit une diftinction à faire ; car tel incendie peut eftre cas Royal, & tel autre peut ne l'eftre pas. L'on demeure d'accord qu'un incendie fait avec deſſein prémedité, pour exciter une émotion & un defordre dans une Ville, eft proprement un cas Royal, felon fa définition veritable, & felon l'efprit de l'Ordonnance : mais s'il arrivoit que dans un Village on mît le feu à une grange, fans aucun deſſein qui pût regarder le public, on ne pourroit pas prétendre que ce fût un cas Royal ; & c'eft aux Juges à faire ces diftinctions, & d'appliquer la Loi felon les occurrences particulieres : d'autant plus que ce n'eft pas l'attrocité qui fait le cas Royal, mais la confequence.

M. le P. Prefident a ajoûté qu'il y auroit encore de la diftinction à faire fur le port d'armes, qui ne peut eftre pris pour un cas Royal, que lorfqu'il eft fait avec attroupement, & à deſſein de commettre une violence publique. Que de même le Rapt & l'Enlevement n'eft pas un cas Royal, non plus que le fimple vol, quand il feroit fait dans l'Eglife. S'il étoit fait neanmoins avec violence & effraction , il pourroit paſſer pour cas Royal. Mais par une clauſe generale l'on pourroit accommoder toutes choſes, en ajoûtant ces mots : *Et autres*, qui ſont dans les anciennes Ordonnances.

M. Puſſort a dit, qu'à l'égard de l'*incendie*, on le pourroit ôter ; mais que pour le port d'armes, l'Article X. de l'Edit de Cremieu en fait mention indéfiniment. Que le Rapt & l'Enlevement fait avec violence & à main armée, eſt un cas Royal, comme étant une violence publique ; mais que le Rapt fait par ſeduction, ne peut eſtre qu'un cas ordinaire. Qu'on peut ajoûter dans l'Artile le Sacrilege ; & qu'il en faut parler au Roy.

☞ *De toutes les obſervations qui ont eſté faites ſur l'Article XI. il reſulte, que l'avis de M. le P. Preſident alloit à ne point ſpecifier les cas Royaux ; & qu'au contraire, le ſentiment de M. l'Avocat General Talon, & de M. Puſſort, étoit d'en faire le dénombrement. Cette derniere opinion a prévalu, & l'on a ajoûté les cas ſuivans à ceux qui étoient déja énoncez dans l'Article* : Sacrilege avec effraction ; police pour le port des armes ; aſſemblées illicites ; ſeditions ; émotions populaires ; force publique ; fabrication, alteration, & expoſition de fauſſe monnoye ; & correction des Officiers. *Aprés le dénombrement de tous ces cas, l'on a encore ajoûté la clauſe generale :* Et autres cas expliquez par nos Ordonnances & Reglemens.

Cet Article eſt auſſi le XI. de ce Titre dans l'Ordonnance. Voici de quelle maniere il a eſté redigé.

ARTICLE XI. Nos Baillifs, Senéchaux, & Juges Preſidiaux connoîtront privativement à nos autres Juges, & à ceux des Seigneurs, des cas Royaux ; qui ſont le crime de leze-Majeſté en tous ſes chefs, ſacrilege avec effraction ; rebellion aux mandemens émanez de Nous ou de nos Officiers ; la police pour le port des armes ; aſſemblées illicites ; ſeditions ; émotions populaires ; force publice ; la fabrication, l'alteration, ou l'expoſition de fauſſe monnoye ; correction de nos Officiers ; malverſation par eux commiſes en leurs Charges ; crime d'hereſie ; trouble public fait au ſervice divin ; rapt & enlevement des perſonnes par force & violence ; & autres cas expliquez par nos Ordonnances & Reglemens.

ARTICLE XII.

Des Cas Prevôtaux.

LEs Prevôts de nos Couſins les Maréchaux de France, les Lieutenans Criminels de Robe-courte, les Vice-Baillifs, & Vice-Senéchaux connoîtront en dernier reſſort de tous crimes commis par vagabonds, gens ſans aveu, & ſans domicile, ou qui auront eſté condamnez à peine corporelle, banniſſement, ou amende honorable. Connoîtront auſſi des oppreſſions, excés, & autres crimes commis par Gens de guerre, tant dans leurs marches, lieux d'étapes, que d'aſſemblée & de ſejour ; des de-

D ij

ferteurs d'armées ; affemblées illicites avec port d'armes ; levées de gens de guerre fans commiffion de Nous ; & des vols
faits fur les grands chemins. Connoîtront auffi des vols faits
nuitamment dans les Villes qui ne feront point celles de leur
refidence ; comme auffi des Sacrileges avec effraction ; affaffinats prémeditez ; feditions ; émotions populaires ; fabrication,
alteration, ou expofition de monnoye contre toutes perfonnes :
en cas toutefois que les crimes ayent efté commis hors des Villes de leur refidence.

Lecture faite de cet Article.

M. le P. Prefident a dit, que l'intention qu'on avoit lorfqu'on a inftitué
les Prevôts des Maréchaux, étoit bonne ; mais qu'il fe peut dire que le
plus grand abus qui fe rencontre dans la Juftice criminelle, a procedé de
ces Officiers, qui font naître en toutes les affaires, des conflits de Jurifdiction, qui oppriment les innocens, & déchargent les coupables. Que la
plufpart font plus à craindre que les voleurs mêmes ; & qu'on a reconnu
aux Grands-Jours de Clermont, que toutes les affaires criminelles les plus
attroces, avoient efté éludées & couvertes par les mauvaifes procedures des
Prevôts des Maréchaux.

Que le nombre en eft trop grand, & leurs gages petits ; ce qui fait qu'ils
ne cherchent qu'à gagner dans les affaires des particuliers. Qu'ils ne s'em-
ployent ordinairement qu'à empêcher que la Juftice ne foit faite.

Leur premier établiffement a efté fait pour eftre à la fuite des Troupes,
recevoir les plaintes, & empêcher les defordres des Gens de guerre : que
depuis on a augmenté leur pouvoir, & ils ont efté employez pour donner
la fureté aux grands chemins, prêter main-forte à la Juftice, & empêcher
les violences publiques. Mais ce qui a fuivi n'a pas répondu au motif de
leur inftitution : car pour la plufpart, ils fçavent fi peu les formes de la
Juftice, que toutes leurs procedures en confondent l'ordre.

Les Juges ordinaires font en perpetuelle conteftation avec eux pour leurs
entreprifes, & cela fait naître une infinité de conflits. Ils n'ont qu'une
fonction limitée : qu'on devoit plûtôt retrancher du pouvoir qu'on leur
attribuë par les Ordonnances, que d'y ajoûter. Cependant que par cet Article, il femble qu'on augmente leur competence, & qu'on leur attribue
des cas qui ne leur appartiennent point. Par exemple, le vol fait nuitamment, qui n'eft point un cas Prevôtal, doit être Royal, y ayant plus de
cas Royaux que de Prevôtaux.

Dans les Regiftres du Parlement, il fe trouve un Arreft rendu fur un
vol fait nuitamment, dans l'étenduë de la Juftice de S. Benoift : les Officiers du Châtelet voulurent en prendre connoiffance ; le prifonnier fut re-
vendiqué & renvoyé pardevant le Juge de S. Benoift.

M. le Chancelier a dit, que l'on convenoit des abus & des defordres que
commettoient les Prevôts des Maréchaux : qu'il ne falloit pas pour cela
ruiner leurs fonctions, dont le public pouvoit tirer de l'avantage.

M. Puſſort a dit, que les Prevôts des Maréchaux ayant vêcu avec peu d'integrité, leur mauvaiſe conduite les a fort décriez, & les a rendus peu dignes des attributions & des pouvoirs qui leur ont eſté donnez : mais qu'en y apportant la reformation neceſſaire, on en peut tirer de grands ſervices pour la ſureté publique.

Que leur origine eſt fort ancienne. Dés l'an 1221. les Rois, pour exterminer les voleurs, qui tenoient les champs aprés les guerres civiles, & maintenir la liberté publique, créerent un Connêtable des Maréchaux de France, pour connoître de tous les crimes qui ſe commettoient dans les Armées.

En l'an 1356. le Roi Jean leur attribua, & à leurs Lieutenans, la connoiſſance contre les Eſpions, Traîtres, Transfuges, & Deſerteurs. De tems à autre leur pouvoir & leur Juriſdiction ont eſté augmentez, ſuivant les beſoins de l'Etat.

Le Roi François I. en 1535. leur attribua la connoiſſance des crimes commis par les gens de guerre, les vagabonds, & même les domiciliez, de quelque état & condition qu'ils fuſſent, qui tenoient les champs, pilloient & voloient leurs Hôtes, forçant & violant femmes & filles, détruiſant & meurtiſſant les paſſans. Il leur attribua encore la connoiſſance des contraventions aux Ordonnances ſur le fait des Chaſſes.

Le Roi Henri II. leur confirma les mêmes attributions, & y ajoûta la connoiſſance par prévention avec les Preſidiaux, de toutes voleries faites és chemins publics & maiſons des Sujets du Roi, ſoit en flagrant delit ou autrement, les Guetteurs des chemins tant aux Villes qu'aux Champs, les ſacrileges avec fracture, les aggreſſions faites avec port d'armes, tant aux Villes qu'aux champs, ſoit que les délinquans fuſſent domiciliez ou non ; & les faux monnoyeurs.

L'Ordonnance d'Orleans, en leur permettant d'informer & decreter contre toutes ſortes de perſonnes, les obligea de renvoyer les domiciliez, & ceux qui ne feroient pas leurs juſticiables, par les Edits & Arreſts.

Par un Arreſt du Conſeil d'Etat de 1564. le Roi y étant, & qui a eſté inferé dans le corps des Ordonnances, on a ajoûté à la connoiſſance qui leur avoit eſté donnée par l'Ordonnance de 1535. des gens ſans aveu, bannis & eſſorillez, des accuſations de fauſſe monnoye, ſeditions & voleries publiques, contre toutes ſortes de perſonnes, même domiciliées ; au cas toutefois que les Accuſez ſoient pris, & les delits commis hors les Villes de leur reſidence : & ce par prévention avec les Juges ordinaires.

L'Ordonnance de 1566. a augmenté leur pouvoir, & leur a permis de connoître en dernier reſſort de tous les cas à eux attribuez, contre toutes ſortes de perſonnes domiciliées ou autres ; ſauf à eux de laiſſer ceux qui ne feroient pas leurs juſticiables.

Que ces grandes attributions ſi étenduës, leur ont donné occaſion de vexer les Sujets du Roi, en prenant connoiſſance de toutes matieres. Que Sa Majeſté ayant eſté informée que ces deſordres procedoient du grand nombre de Maréchauſſées, a pris reſolution de les reduire ; de ne conſerver que les grandes, & supprimer le reste : de les composer de cinquante Archers, & de leur donner la même solde qu'aux Gardes du Corps, & aux Compagnies d'Ordonnance. Que cette reformation s'execute par le remboursement que l'on commence à faire aux Officiers supprimez. Qu'on en a usé de même à l'égard des Chevaliers du Guet, qui ont tous esté supprimez, à l'exception de celui de Paris. Et comme ces Compagnies ne seront plus remplies que de gens d'élite, & qui auront une subsistance reglée, l'on en doit esperer un grand service dans le public. Ils ne traverseront plus les Jurisdictions ordinaires ; & comme il leur est défendu de resider plus de trois jours dans les Villes, ils seront souvent prévenus.

Au surplus, il ne se trouve dans l'Article que deux cas qui soient combattus : sçavoir *l'assassinat prémedité, & le vol fait nuitamment.*

Quant à *l'assassinat prémedité*, ou de guet-à-pens, (ce sont termes synonimes ; mais ce dernier n'étant pas François, on a proposé d'user du premier, ou de mettre le mot, *préparé*, qui semble signifier davantage ; mais qui est moins d'usage) ce cas est jugé Prevôtal : c'est la Jurisprudence du Grand-Conseil ; & lors qu'il se trouve des conflits entre le Parlement & le Grand-Conseil, pour raison de ce, les Arrests qui interviennent au Conseil du Roy, décident toûjours en faveur des Prevôts des Maréchaux, & jugent l'assassinat prémedité estre un cas Prevôtal.

Le dernier Arrest, qui est public, est celui qui est intervenu en présence du Roi, en l'affaire de Ligneris Garde du Corps, qui fut renvoyé au Châtelet, pour y estre jugé Presidialement ; & l'Arrest du Parlement, qui l'avoit jugé cas ordinaire, cassé.

Pour ce qui est du *vol fait nuitamment*, il est vrai qu'il ne se trouve point dans les Ordonnances : mais les vols faits tant dans les Villes, que dans les grands chemins, sont cas Prevôtaux ; & les Prevôts des Maréchaux prétendent qu'il n'y a point de plus grands chemins, que les ruës des Villes.

Qu'en ôtant la connoissance de ces matieres aux Prevôts des Maréchaux, il la faudroit attribuer aux Lieutenans Criminels, qui deviendroient Prevôts des Maréchaux eux-mêmes, & tomberoient dans les mêmes inconveniens ; & l'on en a vû qui ont publiquement commis de grands desordres, & abusé des fonctions de leurs Charges.

Que ce que l'on a pû faire de mieux pour apporter un correctif aux entreprises que pourroient faire les Prevôts des Maréchaux, a esté de leur faire défenses de prendre aucune connoissance des crimes arrivez dans les Villes de leur residence ordinaire, & de demeurer plus de trois jours dans les autres lieux.

M. le P. Président a reparti, que ce que l'on vient d'apprendre des intentions du Roi, sur le sujet du retranchement des Prevôts des Maréchaux, est grand & avantageux pour le public ; mais que le dessein n'étant pas de les supprimer entierement, il est toûjours necessaire d'assurer & de regler les fonctions de ceux qui demeureront conservez.

Qu'un vol, de quelque qualité qu'il soit, & en quelque lieu & maniere qu'il ait esté commis, sera toûjours cas Prevôtal, si on les en veut croire :

neanmoins l'Ordonnance ne leur donne pas le pouvoir de connoître du fimple vol fait nuitamment, s'il n'eft commis avec port d'armes, violence & force publique.

Que les Prevôts des Maréchaux ne pouvant connoître des cas qui arriveront dans les lieux de leur refidence, n'y feront pas grand féjour ; mais leur refidence fe trouvera par tout ailleurs où ils continuëront leurs entreprifes, au lieu de tenir la campagne, pour donner la fureté aux grands chemins : ce qui eft le veritable motif de leur premiere inftitution. Les ruës des Villes clofes ne paffent point pour grands chemins, & les Prevôts des Maréchaux n'y peuvent pas exercer leur Jurifdiction.

A l'égard de l'affaffinat de *guet-à-pens*, ce terme femble eftre dérivé de cette ancienne forme de parler, *d'aguet-à-pensé*. Cujas a cru en avoir trouvé l'origine dans fes Obfervations fur la Loi 6. au Code, *De Dolo malo*, où il dit que ces mots, *Infidiis perfpicuis probandum*, ont pû donner lieu à la verfion faite il y a plus de fix cens ans ; car ces termes, *Infidiis perfpicuis*, font traduits : *Par aperts aguets*.

Mais pour ne s'arrêter qu'à la fubftance du crime, il ne femble pas être de la competence des Prevôts des Maréchaux ; particulierement dans les Villes où les Juges ordinaires font fuffifamment autorifez, & où chacun prête volontiers main-forte à la Juftice.

A l'égard de la campagne, il femble qu'il y auroit moins d'inconvenient de le leur accorder ; parce qu'elle n'a pas les mêmes fecours qui fe trouvent dans les villes : ainfi l'on pourroit reduire leur competence à cet égard, aux affaffinats prémeditez, commis à la campagne ; autrement il n'y auroit point d'affaffinats dont ils ne pûffent prendre connoiffance, parce qu'il n'y en a point qui fe commettent fans préméditation. De forte que la competence Prevôtale fe trouvant renfermée dans le terme, *prémedité*, ils ne manqueroient jamais de le faire mettre dans les Informations, dont ils font les maîtres. C'eft en effet ce qui a donné lieu au Lieutenant Criminel de declarer à un des complices de l'affaire de Ligneris, qu'il feroit jugé Prefidialement ; parce qu'il avoit prétendu qu'il y avoit de la préméditation ; quoiqu'en effet, par les circonftances de l'affaire, ce particulier ne pût eftre fujet à la Jurifdiction Prevôtale.

Mr Talon a dit qu'il y a deux chofes à obferver dans cet Article : l'une regarde la fonction des Prevôts des Maréchaux en general ; l'autre, les cas particuliers, dont la connoiffance leur eft attribuée. Les Prevôts des Maréchaux font non feulement utiles, mais neceffaires, & leur établiffement eft fort ancien. Ils étoient dans leur origine, à la fuite des Armées, & ne connoiffoient que des crimes commis par les gens de guerre, & dont le châtiment appartient aux Maréchaux de France, & à ceux qui commandent les armées.

Le Roi François I. commença d'établir les Prevôts, qui furent appellez *Provinciaux*, parce qu'ils avoient leur refidence dans les Provinces du Roïaume. Et comme ces Officiers étoient prépofez pour la fureté publique, l'on étendit leur Jurifdiction, même fur les perfonnes domiciliées, lors qu'elles étoient prévenuës des crimes que commettent ordinairement les gens de guerre, quand ils ne font point retenus dans une exacte difcipline.

Depuis, par les Edits Burfaux, le nombre des Prevôts des Maréchaux a efté notablement augmenté. L'on a créé des Prevôts Generaux, des Lieutenans Criminels de Robe-courte, des Chevaliers du Guet, & des Maréchauffées particulieres dans plufieurs petites Villes du Royaume. Et comme ces Officiers, ni leurs Archers n'ont point de gages pour fubfifter, il n'y a point de malverfations aufquelles ils ne fe foient abandonnez. Ils ne font aucune fonction, s'ils n'efperent en retirer de l'émolument; & toutes les oppreffions que peuvent commettre ou les voleurs, ou les perfonnes puiffantes qui s'engagent à mal faire, n'approchent point des concuffions des Prevôts des Maréchaux, & de leurs Officiers fubalternes.

Cette verité a efté reconnuë aux Grands-Jours de Clermont, où l'on a fait le procés à plufieurs Officiers de Maréchauffées; mais l'on a efté perfuadé d'ailleurs qu'il n'y en avoit pas un feul, dont la conduite fût innocente, & exempte de reproche.

L'unique moyen de remedier à tous ces abus, eft de fupprimer un grand nombre de Maréchauffées; & dans celles qui feront confervées, donner aux Prevôts & aux Archers, des gages fuffifans pour fubfifter, tenir la campagne, & eftre inceffamment à cheval; & en même temps leur défendre de tirer aucun émolument des procés qu'ils inftruiront, quand même il y auroit partie civile. C'eft la difpofition de l'Article 45. de l'Ordonnance de 1566. qui porte en termes formels; *Ne pourront lefdits Prevôts, Vice-Baillifs, Vice-Senechaux, ou leurs Lieutenans & Archers, prendre ni exiger de nos Sujets aucuns deniers pour leurs dépens, frais, falaires, & vacations, foit pour informations, decrets, captures des delinquans, ou autres caufes quelconques; nonobftant que nofdits Sujets y euffent intereft, comme parties civiles; & ce fur peine de privation de leurs Offices. Et où ils feroient negligens, même aprés la requifition & fommation de nofdits Sujets, de monter à cheval, informer, & aller là part où les crimes auront efté commis, ou les delinquans retirez, nous voulons qu'ils foient condamnez en tous les dépens, dommages & interefts des Parties, & privez de leurs états.*

En effet, tant que les Prevôts des Maréchaux recevront quelques falaires de leurs inftructions, ils feront avides de connoître des affaires où il y aura partie civile, & abandoneront la recherche des crimes, où le public feul fe trouvera intereffé.

Il faut, outre cela, apporter quelque remede aux Greffes des Maréchauffées, n'étant que trop notoire, avec combien de facilité le Prevôt, avec fon Affeffeur & le Greffier, change, altere, & fupprime les minutes des informations, interrogatoires, & autres procedures criminelles. Quand il plaira au Roy, on propofera les expediens que l'on eftime les plus convenables pour arrêter le cours d'un defordre fi pernicieux, & qui eft affurément tres-frequent.

Il faudroit auffi fupprimer entierement les Affeffeurs : ces Charges font
poffedées

poſſedées par des perſonnes qui n'ont ni ſuffiſance ni probité, & qui étant entierement dévoüées aux Prevôts, bien loin de veiller ſur leurs actions, ils partagent la proye avec eux, & commettent ſouvent pluſieurs malverſations de leur chef.

L'on dira ſans doute, que ces Charges étant ſupprimées, & leurs fonctions réunies à celles des Conſeillers des Preſidiaux, il ne s'en trouvera point qui veüillent faire la dépenſe de monter à cheval pour ſuivre les Prevôts lorſqu'ils vont faire une inſtruction à la campagne; mais comme l'intention du Roy eſt d'augmenter les gages des Officiers des Maréchauſſées, & de leur donner moyen de ſubſiſter avec honneur, l'on peut deſtiner les gages que l'on donneroit à l'Aſſeſſeur, pour les frais du voyage du Conſeiller qui aſſiſtera le Prevoſt dans les inſtructions. Et même le Roy pourra commettre pour un, deux ou trois ans un Conſeiller du Preſidial, pour faire la fonction d'Aſſeſſeur; & il y a moins à craindre de corruption d'un Officier qui poſſede d'ailleurs une Charge conſiderable, qui n'étant nommé que par commiſſion, pourra être revoqué, ſi l'on a quelque ſoupçon de ſa conduite, que d'un Aſſeſſeur de la Maréchauſſée, qui ne peut jamais être une perſonne qualifiée, ſoit du côté de la ſuffiſance, ſoit du côté de l'integrité.

Quant aux cas ſinguliers énoncez dans l'Article, il faut encore obſerver que nul cas ne peut être reputé Prevôtal, ſi auparavant il n'a été jugé cas Royal. Les Rois ayant choiſi entre les cas dont la connoiſſance appartient à leurs Officiers, privativement à tous autres, ceux qui regardent particulierement la ſeureté publique, pour en attirer la connoiſſance aux Prevôts des Maréchaux. Et ſi l'on decidoit autrement, il s'enſuivroit que non ſeulement les Prevôts Royaux, mais les Officiers des Hauts-Juſticiers, pourroient connoître par concurrence & prévention des cas Prevôtaux qui ne ſeroient pas Royaux: les Rois n'ayant jamais eu deſſein, ni par l'établiſſement des Prevôts des Maréchaux, ni par les ampliations de pouvoir qu'ils leur ont données, de faire aucun prejudice à la juriſdiction de leurs Sujets. Cependant il y a dans cet Article pluſieurs cas énoncez comme Prevôtaux, qui dans le precedent ne ſont point mis au nombre des cas Royaux. On peut remarquer entre les autres les *vols de nuit*, & les *aſſaſſinats prémeditez*.

Pour les *vols de nuit*, il eſt difficile de s'imaginer ſur quoy l'on s'eſt fondé pour les reputer cas Prevôtaux. L'on ne doute pas que les vols faits ſur les grands chemins, tant de jour que de nuit, ne ſoient de la competence des Prevôts des Maréchaux: ſçavoir ſi les rües des grandes Villes ſeroient miſes au nombre des grands chemins, ce peut être une queſtion. Mais ſi l'on examine l'eſprit de l'Ordonnance, qui oblige les Prevôts des Maréchaux d'être continuellement à la campagne, pour y maintenir la ſeureté publique: l'on n'a pas eu intention de leur attribuer la connoiſſance des vols faits dans les Villes, ſoit de nuit ou de jour, dans les maiſons & dans les rües.

Il faut obſerver que les Lieutenans Criminels des Sieges Preſidiaux ne jugent des cas Prevôtaux en dernier reffort, qu'à l'exemple des Prevôts. Cette jurifdiction qui leur eft communiquée ne fait point partie de la Jurifdiction Prefidiale ; ainfi tous les cas qui ne font point Prevôtaux en la perfonne du Prevôt des Marêchaux, ne le peuvent être en la perfonne du Lieutenant Criminel. Il n'y a point d'Ordonnance qui mette au nombre des cas Prevôtaux l'*affaffinat prémedité* ou *de guet-à-pens.*

Quand les Ordonnances ufent de ces mots, *Guetteurs de chemins*, elles ne fe peuvent entendre que de ceux qui commettent des vols & des meurtres fur les grands chemins, qui attendent les paffans & leur dreffent des embûches. Et fi dans quelques Ordonnances on s'eft fervi des termes d'*aggreffion avec port d'armes*, cela ne peut encore s'appliquer aux affaffinats prémeditez. L'aggreffion avec port d'armes eft proprement ce qu'on appelle en Droit civil, *vis publica, convocatis hominibus*, quand plufieurs perfonnes attroupées commettent une violence publique. En quoy il faut remarquer que l'Edit de 1564. qui attribuë aux Prevôts la connoiffance de ces aggreffions avec port d'armes, a été fait dans la plus grande chaleur des guerres de la Religion : car alors l'animofité des differens partis formez dans l'Etat, étoit caufe fouvent que les Gentilshommes, ou autres, s'affembloient, & attaquoient leurs ennemis avec une violence ouverte : & comme ce crime offenfoit la feureté publique, & étoit capable de renouveller les defordres paffez, on en laiffa la connoiffance aux Prevôts des Marêchaux.

Et bien qu'il y ait de la difference entre les *Affemblées illicites*, & les *aggreffions avec port d'armes*, il eft pourtant veritable que dans l'Edit de 1564. le terme d'*Affemblée illicite* n'y eft point emploïé, apparemment parce qu'on craignoit de donner de l'ombrage à ceux qui faifoient profeffion de la Religion Pretenduë Reformée ; l'aggreffion avec port d'armes a été fubrogée à fa place.

Mais enfin il n'y a point d'Ordonnance qui mette au nombre des cas Prevôtaux, ni l'affaffinat prémedité, ni l'affaffinat concerté, ni l'affaffinat de guet-à-pens. Si les Prevôts des Marêchaux & les Prefidiaux ont étendu leur Jurifdiction fans un titre legitime, le Parlement y a toûjours refifté ; & l'intention du Roy n'étant point d'augmenter la Jurifdiction Prevôtale, qui devroit plûtôt être refferrée dans des bornes étroites, par le mauvais ufage que l'on en fait tous les jours, il faut s'en tenir aux expreffions des anciennes Ordonnances ; & ce d'autant plus que l'intention principale du Roy étant d'empêcher les conflicts de Jurifdictions, & de faire que les Prevôts ne connoiffent point d'autres affaires que celles qui font de leur competence, fi on les rend Juges des affaffinats prémeditez, il n'y a point d'homicide de rencontre, de duels, ni même de rixe, dont ils n'entreprennent de connoître. Les rencontres les plus inopinées, les duels les plus concertez, feront des affaffinats prémeditez ; & par la plainte qui leur fera renduë, & par l'adreffe qu'ils auront de rediger la depofition des témoins, de forte qu'il paroiffe toûjours quelque querelle ou menace précedente, dont on puiffe induire la prémeditation.

Que si l'on dit qu'ils font obligez de faire juger leur competence, outre qu'il est dangereux que les Presidiaux n'étendent leur jurisdiction Prevôtale, c'est que d'ailleurs les Prevôts decreteront leurs informations, adjugeront des provisions, feront des saisies & annotations de biens, instruiront les procés par contumace, tant que les accusés n'auront pont rempli le decret.

D'autre part le Juge ordinaire informera comme d'une rixe, ou d'un simple homicide, & il sera indispensable de venir au Grand Conseil pour terminer le reglement de Juges. Il est de notorieté publique qu'il n'y a point de querelles où il y ait des coups donnez, dont le Prevôt n'informe, & n'instruise le procés, même dans Paris, si la plainte luy en est portée; parce qu'il dira toûjours que ç'a été un assassinat prémedité : & quoiqu'il ny ait ni mort, ni blessure considerable, il ne laissera pas de pretendre d'être competent, parce que ce n'est pas l'evenement, mais la préméditation, qui peut fonder sa jurisdiction, aux termes de l'Article.

Il faudroit encore éclaircir, si l'intention du Roy est, qu'un Officier des Troupes, en quelque lieu qu'il se trouve, soit sujet au Jugement dernier, à cause qu'il est dit, que *les Prevôts connoîtront des crimes commis par les gens de guerre, tant dans leurs marches, assemblées, que sejour :* & bien qu'il semble que cela ne regarde que les crimes commis dans les lieux où les Troupes sont en garnison, ou en quartier d'hyver ; neanmoins le terme de *sejour* est equivoque ; & il ne sera pas, ce semble, inutile d'y ajoûter quelque chose, pour en ôter l'ambiguité.

M. le President de Novion a dit, que ce n'étoit pas établir le repos public, que d'étendre le pouvoir des Prevôts des Marêchaux : qu'aux Grands-Jours de Clermont, le Marquis de Canillac, qui fut condamné à mort, s'étoit jusques-là soustrait à la Justice, parce que se voyant poursuivi par les Juges ordinaires, il se pourvut pardevant un simple Exemt de Prevôt des Marêchaux. Ces differentes procedures ayant fait naître un conflict de Jurisdiction, le Grand Conseil donna des défenses qui arrêterent la procedure, laquelle demeura sursise pendant quatorze années jusqu'aux Grands-Jours.

M. Pussort a reparti, que ces Ordonnances font pour les Prevôts des Marêchaux ; que l'usage les interprete en leur faveur. Il y a l'exemple de l'assassinat prémedité, dont étoit accusé le Marquis de l'Hôpital, qui fut declaré Prevôtal. Mais toutes ces difficultés peuvent être terminées en deux mots, & le tout consiste à ôter aux Prevôts des Marêchaux la connoissance des vols commis dans les Villes, & les assassinats prémeditez, cas Prevôtaux tant en la Ville qu'aux champs ; & qu'il en parleroit au Roy.

M. le P. President a dit, que l'Article porte, que les Prevôts des Marêchaux connoîtront des cas y mentionnez, *contre toutes sortes de personnes;* & a demandé si les Ecclesiastiques seroient compris dans cette condition generale.

M. Pussort a répondu, que le Roy a voulu que les Ecclesiastiques y fussent compris , & declarez sujets aux cas Prevôtaux ; mais qu'il n'a pas crû qu'il fût necessaire de les y denommer , & que la clause generale pouvoit suffire.

M. le P. Président a dit , qu'ils avoient l'Edit de Melun de 1580. contraire à cette disposition , & encore une Declaration faite en leur faveur.

M. Talon a dit , qu'il ne se trouvera point d'exemple qu'un Official ait fait le procés à un Ecclesiastique avec aucun Prevôt des Marêchaux.

☞ *Sur toutes les observations qui ont été faites au sujet de cet Article, l'on n'y a fait que deux changemens : le premier est dans la seconde partie de l'Article, à l'égard des crimes commis par les gens de guerre dans les lieux de leur sejour; car pour ôter l'ambiguité qui est dans ces derniers mots, suivant la reflexion de M. l'Avocat General, l'on y a ajoûté ceux-cy,* pendant leur marche.

Le second changement est dans la troisiéme partie de l'Article, à ces mots, connoîtront aussi des vols faits nuitamment : *au lieu desquels on a mis :* connoîtront aussi des vols faits avec éfraction, port d'armes, & violence publique. *Au surplus l'Article a été conservé.*

Outre ces changemens, on a dressé un Article nouveau, par lequel il est dit qu'on n'a entendu déroger par l'Article XII. aux privileges dont les Ecclesiastiques ont accoûtumé de jouïr. Les dernieres reflexions que Monsieur le Premier Président a faites sur l'Article XII. au sujet de ces termes, contre toutes personnes, *ont donné lieu à ce nouvel Article, qui est le XIII. de ce Titre dans l'Ordonnance. Voicy de quelle maniere l'un & l'autre ont été redigez.*

A R T I C L E XII. Les Prevôts de nos Cousins les Maréchaux de France, les Lieutenans Criminels de Robbe-courte, les Vice-Baïllifs , Vice-Sénéchaux connoîtront en dernier ressort de tous crimes commis par vagabons , gens sans aveu & sans domicile, ou qui auront été condamnez à peine corporelle, bannissement, ou amende-honorable. Connoîtront aussi des oppressions , excés ou autres crimes commis par gens de guerre tant dans leur marche , lieux d'étapes , que d'assemblée , & de sejour pendant leurs marchés ; des deserteurs d'armées , Assemblées illicites avec port d'armes ; levées de gens de guerre sans commission de Nous ; & de vols faits sur grands chemins. Connoîtront aussi des vols faits avec éfraction , port d'armes , violence publique dans les Villes qui ne seront point de leur résidence ; comme aussi des sacrileges avec éfraction ; assassinats prémeditez , seditions , émotions populaires , fabrication , alteration ou exposition de monnoye , contre toutes personnes ; en cas toutefois que les crimes ayent été commis hors des Villes de leur résidence.

A R T I C L E XIII. N'entendons déroger , par le precedent Article , aux privileges dont les Ecclesiastiques ont accoûtumé de jouïr.

A R T I C L E XIV.

Défenses aux Prevôts de juger à la charge de l'appel.

LEs Prevôts des Marêchaux , Vice-Baïllifs , Vice-Senéchaux ne pourront juger en aucun cas , à la charge de l'appel.

Aprés la lecture faite ,

☞ *Cet Article a été trouvé bon, & on l'a inséré dans l'Ordonnance, où il est le XIV. de ce Titre.*

ARTICLE XV.

Extension en faveur des Juges Presidiaux.

NOs Juges Presidiaux connoîtront aussi en dernier ressort des personnes & crimes mentionnez és Articles precedens, & préferablement aux Prevôts des Marêchaux, Lieutenans Criminels de Robbe-courte, Vice-Baillifs & Vice-Senéchaux, s'ils ont decreté avant eux, ou le même jour.

Lecture faite de cet Article,

M. le P. President a dit, que le Lieutenant Criminel de Robbe-courte du Prevôt de Paris a des attributions singulieres, dont il se trouve en possession: qu'on le peut excepter, & ajoûter à l'Article, *sans prejudice de ses droits & possessions.*

M. Pussort en est convenu.

☞ *Il n'a été fait aucune mention dans cet Article de l'exception proposée par M. le P. President ; elle a été renvoyée au dernier Article du Titre II. Des procedures particulieres aux Prevôts des Marêchaux, &c. Ainsi le present Article a passé dans l'Ordonnance sans aucun changement : il est le XV. de ce Titre.*

ARTICLE XVI.

Cas auquel le Juge des lieux pourra informer & decreter des cas Royaux & Prevôtaux.

SI les coupables de l'un des cas Royaux ou Prevôtaux ci-dessus, sont pris en flagrant délit, le Juge des lieux pourra informer & decreter contr'eux, & les interroger : à la charge d'en avertir incessamment nos Baillifs & Senéchaux, & Juges Presidiaux, par acte signifié à leur Greffe : aprés quoy ils seront tenus d'envoyer querir le procés & les accusés, qui ne pourront leur être refusez, à peine d'interdiction, & de trois cent livres d'amende contre les Juges, Greffiers & Geoliers, applicable moitié à Nous, & moitié aux pauvres, & aux necessités de l'Auditoire de nos Baillifs & Senéchaux, & Juges Presidiaux, ainsi qu'il sera par eux ordonné.

Lecture faite de l'Article X V I.

M. le P. Prefident a dit, que cette Ordonnance eft trop penale ; qu'il en fera comme des excommunications de Cour de Rome, qui ont paffé en ftile, & n'ont plus été confiderées comme ayant effet, parce qu'elles étoient appofées prefque dans tous les Actes.

M. Puffort a reparti, qu'il ne repetera point icy ce qui a été dit en d'autres endroits fur cette matiere ; mais qu'il en parlera au Roy.

M. Talon a dit, qu'il femble qu'en ces deux Articles XIV. & XV. au lieu des termes de *Juges Prefidiaux*, il faudroit mettre ceux de *Lieutenans Criminels des Sieges Prefidiaux*. Il a déja été remarqué que la connoiffance des cas Prevôtaux attribuez aux Lieutenans Criminels des Sieges Prefidiaux, ne fait en rien partie de la Jurifdiction Prefidiale, foit au premier ou au fecond chef de l'Edit.

Il eft vray qu'avant qu'il y eût des Affeffeurs, c'étoit un Confeiller du Siege qui inftruifoit avec le Prevôt ; mais quand le Prevôt eft prévenu, il ne le peut être que par le Lieutenant Criminel du Bailliage & Siege Prefidial, & c'eft au Lieutenant Criminel auquel l'inftruction appartient : le procés enfuite eft jugé au Prefidial, & il n'y a point d'apparence que le Prefidial donnât permiffion d'informer, ni qu'il decretât une information. Tout cela fait partie de la fonction des Lieutenans Criminels, & on ne fçauroit y faire aucun changement fans faire un notable prejudice à l'ordre de la Juftice.

☞ *L'obfervation faite par M. l'Avocat General a été approuvée, & l'on a mis dans cet Article, les Lieutenans Criminels, au lieu de Juges Prefidiaux. Il eft le X V I. dans l Ordonnance, & il a été ainfi redigé :*

ARTICLE XVI. Si les coupables de l'un des cas Royaux ou Prevôtaux cy-deffus, font pris en flagrant délit, le Juge des lieux pourra informer & decreter contre eux & les interroger ; à la charge d'en avertir inceffamment nos Baillifs & Senéchaux, ou leurs Lieutenans Criminels, par acte fignifié à leur Greffe : aprés quoy ils feront tenus d'envoyer querir le procés & les accufés, qui ne pourront leur être refufez, à peine d'interdiction & de trois cens livres contre les Juges, Greffiers & Geoliers, applicable moitié à Nous, & l'autre moitié aux pauvres & aux neceffités de l'Auditoire de nos Baillifs & Senéchaux, ainfi qu'il fera par eux ordonné.

ARTICLE XVII.

Ce qui doit être obfervé pour faire juger la competence.

LEs Lieutenans Criminels de nos Prefidiaux, & ceux de nos principaux Bailliages & Senéchauffées, des Provinces où il n'y a point de Prefidial, & tous autres Juges Prefidiaux, feront tenus, dans les cas énoncez dans les Articles XI. & XII. cy-deffus, faire juger leur competence par Jugement en der-

nier reſſort ; & pour cet effet porter à la Chambre du Conſeil
du Preſidial, Bailliage & Senéchauſſée, les charges & informations, & y faire conduire les accuſés, pour être ouïs en preſence de tous les Juges, dont ils feront tenus de faire mention
dans leurs Jugemens, enſemble des motifs ſur leſquels ils feront fondez, pour juger la competence.

Lecture faite de cet Article,

M. le P. Preſident a dit ; que les Lieutenans Criminels ſont Lieutenans
des Baillifs & Senéchaux, & non pas des Sieges Preſidiaux ; & que c'eſt
une choſe à réformer dans l'Article.

Mais ce qui eſt plus important, eſt que l'attribution ſouveraine qu'on
leur donne eſt ſans fondement ; ce pouvoir n'ayant jamais appartenu aux
Baillifs & Senéchaux, mais ſeulement aux Preſidiaux.

Que d'ailleurs cette attribution faite aux Baillifs des Provinces, dans les
reſſorts des Parlemens où il n'y a point de Sieges Préſidiaux établis, comme dans la Provence & dans la Bourgogne, eſt nouvelle & ſans neceſſité.
Il n'y a que trop de Sieges qui jugent en dernier reſſort.

Mais de plus il y a de l'ambiguité & de l'incertitude dans l'Article,
en ce qu'il donne cette attribution aux *principaux Bailliages & Senéchauſſées
des Provinces :* & comme chaque Siege peut avoir quelque conſideration
particuliere qui le diſtingue & qui le releve au deſſus d'un autre, la queſtion ſera grande pour décider qui ſera le Bailliage principal, dont on aura
voulu parler dans l'Ordonnance ; quoique l'intention ſoit de n'inſerer
point dans l'Ordonnance de choſes generales qui puiſſent faire naître de la
conteſtation.

M. Puſſort a dit, qu'il faudra retrancher du commencement de l'Arti-
cle ces mots, *nos Preſidiaux*, & mettre au lieux d'iceux, *les Lieutenans
Criminels des Sieges où il y a Preſidial, & ceux des principaux Bailliages &
Senéchauſſées.*

Et quant à l'autre difficulté, qui regarde l'augmentation du pouvoir en
dernier reſſort, cette attribution eſt fondée ſur ce que n'y ayant point de
Preſidaux dans les Provinces de Bourgogne & de Provence, mais y ayant
de Grands Bailliages & Senéchauſſées, compoſez de pluſieurs Officiers,
l'on a cru que pour rendre l'Ordonnance uniforme par tout le Roïaume,
ces Baillages & Senéchauſſées pouvoient bien tenir lieu de Preſidiaux, &
qu'ils étoient aſſez diſtinguez en les nommant *Principaux.* En Bourgogne
il y en a ſept diſtinguez des autres par la denomination de *Bailliages principaux :* la même diſtinction peut être en Provence ; neanmoins qu'il ſeroit
bon de les ſpecifier plus particulierement, afin d'ôter tout pretexte d'ambiguité.

M. Talon a dit, que cet Article étoit nouveau, & que jamais juſqu'icy
les Lieutenans Criminels n'ont fait juger leur competence. Il oblige les
Lieutenans Criminels à faire juger non ſeulement ſi le cas eſt Prevôtal, mais

même s'il est Roïal; puisqu'il porte, qu'ils feront juger leur competence *dans les cas mentionnez aux Articles XI. & XII.* & il n'y a point d'apparence à obliger un Lieutenant Criminel de faire juger, si un crime dont il prend connoiſſance, est du nombre des cas Roïaux : & si l'on veut l'aſſujettir à examiner si le crime est ou n'est pas Prevôtal, le mot de *competence*, qui est en uſage à l'égard des Prevôts des Marêchaux, ſe trouvera tres-impropre pour les Lieutenans Criminels. Mais les Prevôts des Marêchaux, si les cas ne ſont pas Prevôtaux, ceſſent d'en connoître, & ils ſont declarez incompetens.

Il n'en est pas de même d'un Lieutenant Criminel : si le cas n'est pas Prevôtal, il en continuë l'inſtruction, & en demeure Juge, à la charge de l'appel : comme lorſque l'on a parlé des principaux Bailliages & Senéchauſſées des Provinces où il n'y a point de Preſidial, l'intention n'a pas été de donner la concurrence & la prévention aux Lieutenans Criminels des Bailliages, que dans les reſſorts des Parlemens où il n'y a point de Preſidiaux établis : cet Article doit être conçu en d'autres termes; parce qu'il y a des Provinces, même dans le reſſort du Parlement de Paris, dans leſquelles il n'y a point de Preſidiaux, & dont les Lieutenans Criminels des Bailliages pretendroient, en conſequence de l'Article, s'il demeuroit aux termes qu'il est conçu, juger tous les cas Prevôtaux en dernier reſſort. Nous en avons l'exemple dans la Province du Perche, où il n'y a point de Preſidial, & qui reſſortit à Chartres pour les cas Preſidiaux, & qui neanmoins a deux Bailliages, Mortagne & Beleſme.

M. Puſſort en est demeuré d'accord, & qu'il faloit ôter le mot d'*Article XI.*

M. Talon a ajoûté, que l'Article ſeroit plus concis, & paroîtroit plus intelligible, si au commencement de l'Article on mettoit, *dans les Parlemens dans le détroit deſquels il n'y a point de Preſidial.*

Cette ouverture a été approuvée.

☞ *Cette derniere obſervation n'a pas été ſuivie ; mais les autres l'ont été : ainſi l'on a fait des changemens conſiderables à cet Article , qui est le XVII. dans l'Ordonnance , en ces termes:*

ARTICLE XVII. Les Lieutenans Criminels des Sieges où il y a Preſidial, ſeront tenus, dans les cas énoncez en l'Article XII. cy-deſſus, faire juger leur competence par Jugemens en dernier reſſort; & pour cet effet porter à la Chambre du Conſeil du Preſidial, les charges & informations, & y faire conduire les accuſés, pour être ouïs en preſence de tous les Juges, dont ils ſeront tenus faire mention dans leurs Jugemens, enſemble des motifs ſur leſquels ils ſeront fondez pour juger la competence.

A R T I C L E　X V I I I.

Ce qui ſera fait aprés le Jugement de la competence.

LEs Jugemens ſeront prononcez auſſitôt aux accuſés, & baillé copie; & procedé enſuite à leur interrogatoire, au commencement

cement duquel fera encore declaré, que le procés leur fera fait en dernier reffort.

Lecture faite de cet Article.

☞ M. le P. Prefident a dit, que l'Article étoit bon ; mais qu'il s'y trouvoit de la contrarieté avec celui qui fuit, qu'il expliquera incontinent.

☞ Nonobftant la contrarieté que M. le P. Prefident a trouvée entre cet Article & le fuivant, il a efté confervé fans aucun changement, & il eft le XVIII. dans l'Ordonnance.

ARTICLE XIX.

Quand les Juges pourront declarer à l'accusé, fur la fellette, qu'il fera jugé en dernier reffort.

SI neanmoins, aprés avoir commencé l'inftruction du procés à l'ordinaire, les Juges reconnoiffent dans la fuite, par les preuves furvenuës au procés, ou par la confeffion des accufez, qu'ils euffent efté repris de Juftice, ou qu'ils fuffent vagabonds & gens fans aveu, ils pourront leur faire la même declaration, lors du dernier interrogatoire fur la fellete; & en confequence les juger en dernier reffort.

Aprés la lecture faite de l'Article XIX.

M. le P. Prefident a dit, qu'il y aura des inconveniens dans l'execution de cet Article, qui fe trouve contraire au précedent; qui veut qu'*au commencement de l'Interrogatoire il foit declaré à l'accufé, que le procés luy eft fait en dernier reffort;* & par celui-cy il eft porté, qu'en certains cas *ils pourront. faire pareille declaration à l'accusé, fur la fellette.*

Que les Juges en pourront abufer pour l'intereft de leur Jurifdiction, en n'avertiffant l'accusé de leur competence, qu'à la derniere extremité, pour lui ôter la liberté de fe pourvoir. Cependant qu'il fe trouvera furpris; parce que la défenfe d'un accufé eft differente auprés des Juges, qu'il fçait le devoir juger en dernier reffort, d'avec celle qu'il employe, lors que la faculté de l'appel lui eft refervée. Qu'il n'y aura plus pour lui de remede, & ne fçaura qui reclamer; parce que le Jugement fuit immediatement l'Interrogatoire fur la fellette, & l'execution incontinent aprés. Et comme il n'y a rien de plus precieux que la vie des hommes, la Juftice y apporte de grandes circonfpections, & les Juges de grands égards, pour garantir les accufez de toutes furprifes.

M. Puffort a dit, que la prévoïance de l'Article XVII a efté neceffaire, pour conferver à l'accufé la liberté toute entiere d'une legitime défenfe ;

mais la difpofition de l'Article XVIII. eft fort bonne & bien entenduë.
Qu'il n'eft pas contraire à l'Article qui précede. Qu'il a efté refolu fur la
remontrance des Officiers du Châtelet, qui ont fait entendre, que lors
qu'il s'agit de juger un accufé, fufpect d'avoir efté repris de Juftice (&
neanmoins le cas dont il s'agit, étant à l'ordinaire) pendant le rapport
du procés, un des Juges a devant lui & parcourt un Regiftre, que l'on
appelle *le Livre rouge*, dans lequel les noms des condamnez font inferez :
Et s'il arrive que celui qui répond fur la fellette, foit du nombre de ceux
qui font infcrits dans le Regiftre, on l'interroge fur le fait ; & enfin fi par
les éclairciffemens que les Juges tirent, foit de fa bouche, foit du Greffe,
il fe découvre qu'il ait déja efté repris de Juftice, on lui declare qu'il fera
jugé en dernier reffort.

M. de Novion a dit, que cette maniere de declarer la competence,
lui paroft bien précipitée & fort extraordinaire. Que les Ordonnances y
font contraires, & que cet ufage eft abufif. La jaloufie fera rendre
beaucoup de Jugemens en dernier reffort, qui ne le devroient pas eftre ;
& quoique l'on n'en marque pas les inconveniens, il eft impoffible qu'il
n'y en ait d'infinis. Mais ils font tous couverts par les fupplices des miferables, dont on n'a jamais revû aucun procés. Que c'eft aux loix à
les fecourir par leur prévoyance, en y apportant les temperamens neceffaires.

M. Talon a dit, que cet Article eft d'une confequence d'autant plus
dangereufe, qu'il détruit entierement la difpofition de l'Article XVI. Et
encore qu'elle ne régarde que ceux qui font fujets au jugement dernier,
pour raifon de leurs perfonnes, il eft tres-important que celui qui doit être
jugé en dernier reffort, au moins lors du premier interrogatoire, en foit
averti.

Il eft vrai qu'autrefois au Châteloit on opinoit fur la qualité du jugement, aprés que le procez avoit efté vû, & que l'on ne declaroit point
aux accufez qu'ils feroient jugez par jugement dernier. Mais c'eft un defordre qui a efté reformé par les Arrefts ; & depuis que l'on a obligé le
Lieutenant Criminel de declarer à l'Accufé, à la fin du premier interrogatoire, qu'il prétend le juger par jugement dernier, il n'en eft point arrivé
d'inconvenient, & l'on n'a point vû qu'il ait efté obligé de juger à la
charge de l'appel, ni des vagabonds, ni des gens repris de Juftice : Et rien
ne paroît plus dangereux que d'inftruire un procez à un accufé, qui croit
avoir le benefice de l'appel ; & à l'inftant de fa condamnation, lors qu'il
ne peut plus reclamer ni fe pourvoir, ni fuppléer ce qui a pû manquer à
fa défenfe, lui prononcer qu'il va eftre jugé en dernier reffort. L'humanité
que nos Rois ont toûjours euë pour leurs Sujets, & la précaution qu'ils
ont apportée pour empêcher qu'ils ne foient injuftement opprimez, & fur
tout lors qu'il s'agit de leur vie, femble ne pouvoir pas compatir avec
cette propofition.

M. Puffort a dit, qu'il a vû des interrogatoires, dans le premier article
defquels la declaration n'a point efté faite.

M. le Prefident de Novion a dit, que le Juge n'a point de droit de dire qu'il va juger prevôtalement ; mais que c'eſt au Preſidial à le declarer & à juger.

M. Talon a dit, que les Prevôts des Maréchaux en ont ainſi uſé.

M. le P. Preſident a dit, que la competence ne peut eſtre valablement jugée que par la compagnie ; mais qu'abuſivement ils declarent leur competence à l'accuſé, & puis la font juger par la compagnie.

☞ *La diſpoſition de cet Article a eſté reſtrainte au Châtelet de Paris, & l'article eſt le X I X. dans l'Ordonnance. Il a eſté arrêté de cette maniere :*

ARTICLE XIX. N'entendons neanmoins rien innover à l'uſage de nôtre Châtelet de Paris, dont les Juges pourront declarer aux accuſez dans leur dernier Interrogatoire ſur la ſellette, qu'ils ſeront jugez en dernier reſſort ; ſi par la ſuite des preuves ſurvenuës au procez ou par la confeſſion des accuſez, il paroît qu'ils ayent eſté repris de Juſtice, ou ſoient vagabonds & gens ſans aveu.

ARTICLE XX.

Quels Juges pourront connoître des inſcriptions de faux, & rebellions, &c.

TOus les Juges, à la reſerve des Juges Conſuls, & des bas & moyens Juſticiers, pourront connoître des inſcriptions de faux, incidens aux affaires pendantes pardevant eux, & des rebellions commiſes à l'execution de leurs jugemens.

Lecture faite de l'Article, il a eſté trouvé bon.

☞ *L'on n'y a fait aucun changement, & il eſt le X X. de l'Ordonnance.*

ARTICLE XX.

Eccleſiaſtiques ſeront renvoyez aux Juges d'Egliſe, en quels cas.

LEs Eccleſiaſtiques qui ſeront Prêtres, Diacres, Soûdiacres, ou ſimples Clers portant l'habit Eccleſiaſtique, & actuellement reſidant & ſervant dans l'Egliſe, ou qui en ſeront diſpenſez pour cauſe d'étude, ſeront renvoyez aux Juges d'Egliſe, pour les crimes qui ne peuvent être punis que de peines canoniques ; mais s'ils ſont accuſez des cas mentionnez en l'Article XI. ci-deſſus, ou s'ils ſont pris avec armes, ou avec habits qui ne conviennent pas à leur profeſſion, ou s'ils ſont accuſez d'aſſaſſinats, de vol, de ſortilege, d'empoiſonnement, ou de quelqu'autre

F ij

crime capital , ils seront jugez par nos Baillifs & Senéchaux ,
& par appel en nos Cours , chacun à son égard sans être renvoyez aux Juges d'Eglise.

A R T I C L E X X I.

S'ils ne sont condamnez à mort, les Juges d'Eglise pourront les
juger derechef.

SI par le Jugement qui sera rendu contr'eux, ils sont bannis
ou condamnez à faire amende honorable, ou à quelque autre peine afflictive , d'où ne s'ensuive point mort naturelle, les
Juges d'Eglise pourront derechef instruire & juger pour les peines canoniques ; sans toutefois que l'execution du jugement de
nos Juges puisse être sursise.

Aprés la lecture faite de ces deux Articles.

M. le P. President a dit , qu'il sembloit qu'on pouvoit bien s'en rapporter à Messieurs les Evêques & aux autres Ecclesiastiques, qui sont pre-
sentement assemblez à Pontoise , pour faire connoître au Roi ce qui les
concerne dans ces deux Articles.

Neanmoins que l'on devoit consideres , que comme l'intention de Sa
Majesté est de conserver à l'Eglise ses anciens privileges & exemptions , le
Parlement aussi ne doit pas seulement maintenir la Jurisdiction Roïale &
ordinaire , contre les entreprises de Cour d'Eglise, quand il y en a ; mais
encore conserver aux Juges Ecclesiastiques ce qui est de leur connoissance ,
& de leurs privileges.

C'est pourquoi les appellations comme d'abus , sont introduites comme
un secours mutuel pour l'une & pour l'autre de ces Jurisdictions : & les
Eccesiastiques ne s'en servent pas seulement avec avantage , pour entrete-
nir la discipline Ecclesiastique, & empêcher que les Evêques & le Clergé
ne soient traittez en France , comme ils le sont audelà des Monts ; mais
encore ils en peuvent user pour se défendre contre les Juges ordinaires. Et
quoique cet usage ne soit pas frequent, il est certain neanmoins qu'ils peuvent interjetter appel comme d'abus, des Juges ordinaires , quand ils
blessent leurs privileges : de même que les Laïcs peuvent aussi appeller
comme d'abus, quand les Ecclesiastiques entreprennent sur la Justice Se-
culiere. Et c'est pour conserver cet ordre, qui a contribué beaucoup à la
tranquillité de l'Etat, qu'il y a un grand nombre d'Evêques & d'Ecclesiastiques du corps du Parlement.

C'est pourquoi il étoit obligé de representer au Roi, que ces deux Articles touchent beaucoup au privilege clerical , & semblent presque l'aneantir
: car si on ne renvoïe les Clercs aux Juges d'Eglise , que pour les crimes qui ne peuvent être punis que par des peines canoniques , il n'y aura

plus de difference entr'eux & les Laïcs, puifqne les Juges ordinaires les
jugeront, & les condamneront en tous les cas aufquels ils peuvent juger &
condamner les Laïcs. Car d'ordonner qu'ils ne feront renvoïez aux Juges
d'Eglife, que pour les crimes qui ne peuvent être punis que de peines canoniques, c'eft dire la même chofe, que fi on ordonnoit qu'ils ne feront renvoïez aux Juges d'Eglife, qu'aprés qu'ils auront efté abfous par le Juge
Laïc, qui aura declaré qu'ils n'ont encouru aucune des peines qu'il a accoûtumé de prononcer contre les coupables.

Cependant ce privilege clerical eft obfervé par tout le monde, où il y a
des Etats Catholiques; & l'on peut dire que cet ufage general eft comme
attaché à l'Autel.

Il a efté accordé ou reconnu par les Empereurs, prefque auffi-tôt qu'ils
ont embraffé la Religion Chrétienne. L'Empereur Conftance fils du premier Empereur Chrétien, en a fait une Loi, qui eft la XII. au Code, *De
Epifc. & Clericis.* Il eft vrai qu'elle ne parle que des Evêques, mais l'Empereur Honorius & Theodofe le jeune, dans la Loi quatriéme du Code Theod,
au même titre, l'étendent à tous les Ecclefiaftiques. La Novelle 121. de Ju-
ftinien établit bien particulierement les formes avec lefquelles on doit ufer
de ce privilege. Elle marque le renvoi du Juge Seculier à l'Ecclefiaftique,
& le délaiffement du Juge Ecclefiaftique au bras feculier, prefque dans les
mêmes termes qu'il eft obfervé. Il y eft auffi parlé de la dégradation, qui
n'eft abolie parmi nous que depuis quelque temps.

Ce privilege clerical eft donc confirmé par une poffeffion de prés de 1400.
ans. Nos Rois mêmes l'ont trouvé établi dans les Gaules, lors qu'ils les
ont conquifes: ils n'y ont jamais voulu déroger; & Charlemagne, par
une celebre Conftitution qui fe trouve entre les Loix des Lombards, l. 3.
c. 1. l. 11. qu'il adreffe à tous les peuples fujets à fon Empire, veut expreffément que, *nulli clerici de perfonis fuis ad publica trahantur judicia, vel
diftringantur; fed à fuis judicentur Epifcopis.*

Il eft vrai que l'ufage de ce privilege a efté different, & qu'il a efté porté quelquefois jufqu'à un abus & un excés infupportable; mais il n'a jamais
efté plus refferré qu'il l'eft préfentement, ni moins fujet aux inconveniens,
qu'on veut empêcher par la difpofition de cet Article.

L'Article fuivant eft encore bien plus fort que le XX. contre ce privilege.
Il a voulu imiter fans doute le quarante-neuviéme Article de l'Ordonnance
de 1539. qui a aboli la connoiffance du petitoire pour les matieres beneficiales, en ordonnant qu'*on ne pourra fe pourvoir pardevant le Juge d'Eglife fur
le petitoire, jufqu'à ce que le poffeffoire ait efté entierement vuidé par jugement de
pleine maintenüe; & que les parties y ayent fatisfait, tant pour le principal, que
pour les fruits, dommages & interefts.*

Mais peut-eftre n'a-t-on pas pris garde à la difficulté qui fe rencontre
dans l'execution de cet Article XXI. qui veut, que *Si les Ecclefiaftiques
font bannis ou condamnez à autres peines afflictives, les Juges d'Eglife jugeront
dereché les peines canoniques; fans toutefois que l'execution du jugement des Juges
Royaux, foit furfife.* Car en ce cas comment un Official peut-il faire le pro-

cez à un Clerc banni, ou condamné aux Galeres ? Il faudroit de necessité, ou que cet Official allât au lieu du bannissement, ou même se transportât sur les Galeres pour faire le procez à l'accusé, ou bien qu'il le jugeât sans l'entendre.

Que le Parlement se trouve obligé de representer au Roi toutes ces difficultez, afin que Sa Majesté y fasse les reflections qu'elle trouvera necessaires.

M. Pussort a dit, que l'intention du Roi n'est pas de restraindre la Jurisdiction Ecclesiastique, mais de la regler. Que le privilege des gens d'Eglise est fort ancien. Que dans les premiers temps ils ont esté jugez par les Juges Ecclesiastiques ; dans la suite ils ont esté soûmis à la Jurisdiction des Juges Royaux ; puis les uns & les autres les ont jugez. Ce n'est pas pour donner atteinte à leurs privileges ; mais pour rétablir la pureté de la Justice dans tous les Ordres du Royaume. Qu'un Ecclesiastique est né Sujet du Roi, avant que de s'être engagé dans l'Eglise : ainsi son caractere ne le soustrait pas à la Justice Royale.

A l'égard du spirituel, on en laisse absolument la discipline aux Juges d'Eglise ; mais que le temporel appartient aux Juges Royaux. L'on voit dans l'Ecriture, que S. Paul a appellé à Cesar ; & l'Histoire Ecclesiastique nous apprend que saint Athanase s'est adressé à Constantin le Grand dans des matieres temporelles. C'est cet Empereur qui est l'Auteur des plus grands privilege des Ecclesiastiques, & par consequent ils tiennent toute l'autorité de leur Jurisdiction, de la concession, & de la grace du Prince.

Il est vrai que l'Article est contre l'usage : mais il est tres-conforme à la raison. Il n'y a pas d'apparence que le Clergé voulût demander au Roi la conservation d'un privilege, dont l'usage est abusif, & contre la dignité Ecclesiastique ; puisque les gens d'Eglise ne sçauroient faire voir aucun avantage, qu'ils puissent tirer d'estre jugez par l'Official, après avoir esté capitalement condamnez ; & qu'au contraire cela ne pourroit operer aucune protection à ceux qui se sont rendus indignes de leur caractere, & qui scandalisent leur Ordre.

Il importe donc de reduire ce privilege, & de le regler, afin que tous les Sujets du Roy, sans exception quelconque, de quelque ordre & qualité qu'ils puissent estre, soient une fois convaincus, qu'ils peuvent estre jugez par les Magistrats du Royaume dont ils sont Sujets. Il est bon que l'on soit persuadé de la consideration que le Roy a pour les Ecclesiastiques ; mais il est encore plus à propos qu'on le soit de leur probité.

Il importe aussi d'empêcher l'impunité : elle se trouveroit favorisée par la multiplicité & par la longueur des procedures, dont les frais consument les parties par les differens Tribunaux, qui n'ont aucun rapport ensemble dans leurs maximes, dans leurs peines, ni dans leur maniere de juger.

Il y a même de l'indécence au Magistrat Royal d'être Assesseur d'un autre Juge ; & quoiqu'il soit assisté de son Greffier, il ne luy est pas

libre d'interroger , & il n'y fait aucune fonction : ainſi l'Article eſt
juſte.

Quant à ce qui eſt du contenu en l'Article XXI. il croit qu'il eſt à propos d'accorder aux Juges d'Egliſe un temps de quinzaine , pour inſtruire
& juger le condamné.

M. le Preſident de Novion a dit , que l'Article luy paroiſt bon ; &
s'il plaît au Roy l'authoriſer , il ſera fort bien executé dans le Parlement.

M. Talon a dit , que ces deux Articles XX. & XXI. aboliſſent entierement le privilege donné aux Eccleſiaſtiques , quand ils ſont prévenus
de crimes , d'être jugez par leurs Evêques ou par leurs Officiaux. Il eſt
vrai que ce privilege eſt une grace que les Princes ont faite au Clergé par
des motifs de pieté , & par le reſpect qu'ils ont eu pour la ſainteté de
leur miniſtere : ainſi l'on ne peut pas douter qu'il ne ſoit au pouvoir
du Prince , de revoquer ou limiter un privilege accordé par ſes préde-
ceſſeurs.

Il eſt encore certain que l'on a ſouvent abuſé de ce privilege , &
qu'il a long-temps ſervi aux Eccleſiaſtiques d'un titre d'impunité , lors
qu'il falloit trois Sentences conformes dans les Tribunaux Eccleſiaſtiques , avant que le Juge ſeculier pût rendre & faire executer ſon Jugement.

Quand on pratiquoit les formes d'une dégradation ſolemnelle , il y
avoit peu de Prêtres qui pûſſent être punis , quoique convaincus de crimes
les plus énormes. Mais l'uſage a reformé une partie de ces abus ; & quoique le renvoi à l'Official cauſe encore beaucoup de frais & de longueurs,
& qu'il y ait quelque indécence que le Lieutenant Criminel ſoit obligé
de ſe rendre dans le Tribunal de l'Officialité , & ne faſſe que la fonction
d'un Aſſeſſeur , toutes ces conſiderations pourtant ne paroiſſent pas aſſez
fortes pour revoquer entierement le privilege des Eccleſiaſtiques ; particulierement ſi l'on conſidere qu'il eſt auſſi ancien que la Monarchie : que
l'Egliſe en joüit dans toute l'étenduë de l'Empire Chrétien ; & que nous
n'avons point d'exemple que l'on ait juſqu'ici conçû la penſée d'y donner
atteinte.

Il ſeroit ſans doute plus court , que les perſonnes engagées dans les
Ordres ſacrez , fuſſent traittez en matiere criminelle devant les Juges ordinaires , comme tous les autres Sujets du Roy ; & cela éviteroit beaucoup de circuits , d'embarras & de détours. Mais le Roi étant protecteur
des immunitez de l'Egliſe , & celle-là étant une des principales & des
plus anciennes , il y a peu d'apparence qu'il veüille ſuivre les traces des
Princes peu religieux , qui n'ont pas fait ſcrupule d'enfraindre en quelques
rencontres ces immunitez , & dont nous ne voyons point d'exemple dans
nôtre Hiſtoire , quoiqu'il s'en trouve pluſieurs dans celles des Royaumes
étrangers.

Il ſuffit de donner des bornes à ce privilege , telles que la pratique les
a introduites depuis un ſiecle. Par-là on corrigera autant qu'il ſera poſſi-

ble, le mauvais effet qu'il produit en quelques rencontres : on préviendra les plaintes que les Evêques & tout le Clergé du Royaume , & le Pape même , ne manqueroient pas de faire , fi d'un feul trait on renverfoit un privilege fondé fur les Conftitutions des Empereurs Romains, renouvellées par Charlemagne, & confirmées par quatorze çens ans de poffeſfion.

Comme ces raifons paroiffent tres-puiffantes , il feroit inutile d'examiner l'Article X X I. Mais fi le Roy trouve bon de retrancher aux Ecclefiaftiques leurs peivileges , & de ne leur en conferver que l'ombre & l'apparence, il faudra concerter d'autres Articles , pour abreger l'inftruction des procez, qui fe fera conjointement par l'Official & le Lieutenant Criminel , pour en diminuer les frais.

M. le P. Prefident a dit, qu'en confequence de cet Article le privilege clerical demeure aneanti ; & qu'au furplus en le laiffant fubfifter, le Juge Royal ne laiffera pas de faire fon devoir. Toutes les ceremonies qui confervent la dignité du caractere, apportent bien quelques longueurs ; mais au fonds elles n'empêchent pas qu'on ne faffe la juftice des crimes.

☞ Les raifons propofées contre les Articles XX. & XXI. par Monfieur le P. Prefident, & par M. l'Avocat General , ont paru confiderables ; c'est pourquoy l'on s'est déterminé à fupprimer ces deux Articles ; & l'on a dreffé un Article nouveau , qui maintient les Ecclefiaftiques dans les privileges dont ils avoient accoûtumé de joüir. Il est le XIII. de ce Titre dans l'Ordonnance. Voyez ci-devant , aprés l'Article XII.

A R T I C L E XX I,

De ceux qui pourront demander d'être jugez à la Grand'-Chambre.

LEs Gentils-hommes & nos Secretaires pourront demander en tout état de caufe d'être jugez, toute la Grand'-Chambre du Parlement, où le procés fera pendant, affemblée ; pourvû toutefois que les opinions ne foient pas commencées ; & s'ils ont requis d'être jugez à la Grand'-Chambre, ils ne pourront demander d'être renvoyez à la Tournelle,

Lecture faite de cet Article.

M. le P. Prefident a dit, que la poffeffion en laquelle les Gentils-hommes font d'être jugez en matiere criminelle, par la Grand'-Chambre affemblée , ne doit pas être confiderée comme un privilege, mais comme la continuation de l'ancien ufage ; parce qu'autrefois , & dans la premiere inftitution du Parlement, toutes les affaires criminelles tant des Gentilstils-hommes, qu'autres indirectement, étoient jugez en la Grand'-Chambre. Mais que dans la fuite du temps ayant efté établi une Chambre de la Tournelle, pour connoître particulierement de ces matieres, la Grand'-Chambre a continué de prendre connoiffance des procez des Gentils-hommes. Ainfi c'eft bien moins un privilege, que la confervation d'un ancien ufage.

Il eft à obferver d'ailleurs, que dans l'Article il n'étoit point fait mention des Ecclefiaftiques, quoiqu'ils foient dans cette poffeffion; & qu'il faudroit fçavoir l'intention du Roy fur le fujet des Secretaires de Sa Majefté, & des Officiers Royaux de Judicature : comme les Officiers des Bailliages, Senechauffées & Prevôtez Royales, qui ont auffi toûjours confervé cette ancienne poffeffion.

M. Talon a dit, que jufqu'icy les Secretaires du Roy ont efté en poffeffion de n'être jugez qu'au Parlement, même en premiere inftance ; & ce privilege eft fondé fur une Ordonnance de Loüis XII. Il dépendra du Roi de declarer fi fon intention eft de reftraindre cette grace ; auquel cas il femble qu'il feroit neceffaire de le marquer précifément.

M. Puffort a dit, que fi les Ecclefiaftiques font en cette poffeffion, il les y faut maintenir.

☞ *On a mis au commencement de cet Article, les Ecclefiaftiques, avec les Gentils-hommes, &c.*

L'on a auffi ajoûté à l'Article, une claufe qui étend la difpofition à l'égard des Officiers de Juftice, dont les procez criminels ont accoûtumé d'être jugez à la Grand'-Chambre des Parlemens.

Cet Article eft le XXI. dans l'Ordonnance, en ces termes :

A R T I C L E X X I. Les Ecclefiaftiques, les Gentils-hommes, & nos Secretaires pourront demander en tou. état de caufe, d'être jugez, toute la Grand'-Chambre du Parlement, où le procez fera pendant, affemblée, pourvû toutefois que les opinions ne foient pas commencées : Et s'ils ont requis d'être jugez à la Grand'-Chambre, ils ne pourront demander d'être renvoyez à la Tournelle. Ce qui aura lieu à l'égard des Officiers de Juftice, dont les procez criminels ont accoûtumé d'être jugez és Grand'-Chambres de nos Parlemens.

A R T I C L E XXIII.

Le même, des Officiers de la Chambre des Comptes.

NE pourront les Prefidens, Maîtres ordinaires, nos Avocats & Procureurs Generaux de nôtre Chambre des Comptes à Paris, être pourfuivis és caufes & matieres criminelles, ailleurs qu'à la Grand'-Chambre de nôtre Cour de Parlement de Paris. Pourront neanmoins pour crimes commis hors la Ville, Prevôté & Vicomté de Paris, nos Baillifs & Senechaux informer ; & s'ils font capitaux, decreter à l'encontre d'eux, à la charge de renvoyer les procedures à la Grand'-Chambre, pour leur procez

être inftruit & jugé ; & au cas que les parties ayent volontairement procedé pardevant eux , elles ne pourront fe pourvoir
à la Grand'-Chambre que par appel.

Lecture faite de cet Article.

M. le P. Prefident a dit , que les Correcteurs & Auditeurs joüiffent des
mêmes privileges que les Maîtres des Comptes : qu'ils font du corps de la
Chambre : qu'ils ont toûjours efté compris dans les Declarations qui ont
efté accordées à la Chambre, excepté en celle qui fut accordée il y a prés
de 50. ans , aux Prefidens, Maîtres, & Gens du Roy de la Chambre des
Comptes , pour être jugez par les trois Chambres affemblées. Qu'il y eut
de grandes oppofitions à la verification de cette Declaration , de la part
des Officiers du Châtelet, fur lefquelles les parties furent appointées. Il y
eut juffion expediée pour les faire paffer : elles furent enfin verifiées, &
jufques-là il n'y a point eu de diftinction : comme en effet les Correcteurs
& Auditeurs étant du même corps , & joüiffant en toutes autres chofes
des mêmes privileges, il ne femble pas jufte de les diftinguer en ce point
feulement.

M. Talon a dit , que les Auditeurs & Correcteurs de la Chambre des
Comptes ont toûjours joüi des mêmes privileges que les Prefidens & Maîtres. Il eft pourtant vrai qu'ils ne font pas compris dans les Lettres Pa-
tentes, qui donnent droit aux Prefidens & Maîtres de n'être jugez qu'au
Parlement, même en premiere inftance. Mais comme dans toutes les autres conceffions qui ont précedé & qui ont fuivi, les Auditeurs & les Correcteurs ont eu les mêmes privileges que les Maîtres ; qu'il n'y a qu'en cette
feule occafion où l'on les ait diftinguez , il dépendra de la bonté du Roy,
de declarer s'il veut qu'ils joüiffent de la même grace , ou s'ils en doivent
être exceptez.

M. Puffort a dit , qu'il y a procez à fon rapport au Confeil , entre les
Maîtres des Comptes , & les Correcteurs & Auditeurs , pour raifon de
leurs privileges, dont celui , dont il s'agit, fait partie. Qu'au furplus, il
croit que Sa Majefté voudra bien conferver aux Correcteurs & Auditeurs ,
la poffeffion des privileges dont ils joüiffent actuellement ; mais qu'elle ne
leur en accordera pas de nouveaux.

☞ *Sur l'obfervation faite par M. le P. Prefident , l'on a ajoûté dans l'Ar-*
ticle , les Correcteurs & les Auditeurs de la Chambre des Comptes.

L'on a encore changé ces mots , pour leur procez être inftruit & jugé ;
cet Article eft le XXII. de l'Ordonnance , en ces termes :

A R T I C L E XXII. Ne pourront les Prefidens, Maîtres ordinaires, Correcteurs,
Auditeurs, nos Avocats,& Procureurs generaux de nôtre Chambre des Comptes à Paris,
être pourfuivis és caufes & matieres criminelles ailleurs qu'en la Grand'-Chambre de nôtre Cour de Parlement à Paris. Pourront neanmoins pour crimes commis hors la Ville,
Prevôté & Vicomté de Paris, nos Baillifs & Senechaux informer ; & s'ils font capitaux,
decreter à l'encontre d'eux, à la charge de renvoïer les procedures à la Grand'-Chambre,
pour être inftruites & jugées : Et au cas que les parties ayent volontairement procedé
pardevant eux , elles ne pourront fe pourvoir à la Grand'-Chambre que par appel.

TITRE II.

Des procedures particulieres aux Prevôts des Maréchaux de France , Vice-Baillifs, & Vice-Senechaux , & Lieu-tenans Criminels de Robbe-Courte.

ARTICLE I.

De quels cas connoîtront les Prevôts.

LEs Prevôts de nos coufins les Maréchaux de France ne connoîtront d'autres cas , que de ceux énoncez dans l'Article XII. du Titre *De la Competence des Juges* ; à peine d'interdiction, de tous dépens, dommages & interefts , & de trois cens livres d'amende, applicable moitié envers Nous , & moitié envers la partie.

☞ *Cet Article & les trois fuivans , font dans l'Ordonnance fans aucun changement.*

ARTICLE II.

Ne recevront plainte , & n'informeront hors leur reffort : exception.

NE pourront aussi recevoir aucune plainte , ni informer hors leur reffort, si ce n'eft pour rebellion à l'execution de leurs decrets.

ARTICLE III.

Mettront à execution les decrets de Juflice.

SEront tenus de mettre à execution les decrets & mande-mens de Juflice, lors qu'ils en feront requis par nos Juges , & fommez par nos Procureurs ou par les parties , à peine d'in-

G ij

terdiction, & de trois cens livres d'amende, moitié vers Nous, & moitié vers la partie.

A R T I C L E I V.

Arrêteront les Criminels.

L Eur enjoignons d'arrêter les criminels pris en flagrant délit, ou à la clameur publique.

A R T I C L E V.

Défenses aux Prevôts de donner des commissions pour informer.

D Efendons aux Prevôts des Maréchaux de donner des commissions pour informer, à leurs Archers, à des Notaires, Tabellions, ou aucunes autres personnes qu'à leurs Assesseurs, à peine de nullité de la procedure, & d'interdiction contre le Prevôt.

Lecture faite des cinq Articles précedens.

M. le P. President a dit, qu'il n'y a pas de grandes observations à faire sur les Articles de ce Titre. Il est bon neanmoins de les parcourir tous ; & qu'à l'égard de ceux dont la lecture vient d'être faite, Messieurs du Parlement n'y ont rien trouvé à redire.

☞ *Les quatre premiers Articles de ce Titre sont dans l'Ordonnance sans aucun changement.*

A l'égard de l'Article V. on en a retranché ces mots du commencement : des Maréchaux ; & ceux-cy ; qu'à leurs Assesseurs ; & l'Article a esté arrêté de cette maniere.

A R T I C L E V. Défendons aux Prevôts de donner des Commissions pour informer à leurs Archers, à des Notaires, Tabellions, ou aucunes autres personnes, à peine de nullité de la procedure, & d'interdiction contre le Prevôt.

A R T I C L E V I.

Archers des Prevôts.

P Ourront leurs Archers écroüer les prisonniers arrêtez en vertu de leurs decrets.

Lecture faite de cet Article.

M. le P. Prefident a demandé, fi les Archers pourront executer les decrets de tous autres Juges, que des Prevôts des Maréchaux.

M. Puffort a répondu, que cela n'étoit point de l'Article.

☞ *Cet Article eft de même dans l'Ordonnance.*

ARTICLE VII.

De quoi ils feront tenus de laiffer copie aux prifonniers.

SEront tenus de laiffer aux prifonniers qu'ils auront arrêtez, copie du decret & du procez verbal de capture, fous les peines portées par le premier Article.

Lecture faite de cet Article.

M. Talon a dit, qu'il femble qu'au lieu de laiffer aux accufez *copie du decret*, il vaudroit mieux leur donner copie *de l'écroüe*; parce que la copie du decret découvriroit les autres complices, lefquels par ce moyen pourroient plûtôt s'abfenter.

M. Puffort a dit, que cette obfervation paroît bonne : & toute la Compagnie a dit de même.

☞ *Sur l'obfervation faite par M. l'Avocat General, on a reformé l'Article de cette maniere.*

ARTICLE VII. Seront tenus de laiffer aux prifonniers qu'ils auront arrêtez, copie du procez verbal de capture & de l'écroüe, fous les peines portées par le premier Article.

ARTICLE VIII.

Accusé d'un cas Prevôtal peut fe mettre aux prifons du Prefidial.

LES accufez, contre lefquels le Prevôt des Maréchaux aura reçù plainte, informé & decreté, pourront fe mettre dans les prifons du Prefidial du lieu du délit, pour y faire juger la competence ; & à cet effet faire porter au Greffe les charges & informations, en vertu du Jugement du Prefidial : ce que le Prevôt fera tenu de faire inceffamment.

☞ *Cet Article est aussi le V I I I. dans l'Ordonnance.*

ARTICLE IX.

Ce que les Prevôts observeront en arrêtant un accusé.

LEs Prevôts des Maréchaux en arrêtant un accusé, seront tenus faire inventaire de l'argent, hardes, chevaux & papiers, dont il se trouvera saisi ; en presence de deux habitans des plus proches du lieu de la capture, qui signeront l'inventaire ; sinon declareront la cause de leur refus, dont sera fait mention, pour être le tout remis dans trois jours au plus tard, au Greffe du lieu de la capture : à peine d'interdiction contre le Prevôt pour deux ans, dépens, dommages & interests des parties, & de cinq cens livres d'amende, applicable comme dessus.

☞ *Cet Article est dans l'Ordonnance, sans qu'on y ait fait du change- ment.*

ARTICLE X.

Aprés la capture, l'accusé sera conduit en prison.

A L'instant de la capture, l'accusé sera conduit és prisons du lieu, s'il y en a, sinon aux plus prochaines, dans vingt-quatre heures au plus tard. Défendons aux Prevôts d'en faire chartre privée dans leurs maisons, ni ailleurs ; à peine de priva-tion de leurs Charges.

☞ *Le present Article est pareillement le X. de l'Ordonnance.*

ARTICLE XI.

Défenses de retenir ce qui appartient aux accusez.

DEfendons à tous Officiers de Maréchaussée, de retenir au-cuns meubles, armes ou chevaux, saisis & appartenans aux accusez, ni s'en rendre adjudicataires, sous leur nom, ou celui d'autre personne : à peine de privation de leurs Offices, cinq cens livres d'amende, & de restitution du quadruple.

☞ *Cet Article est dans l'Ordonnance sans aucun changement.*

ARTICLE XII.

Quand, & comment les accusez seront interrogez par le Prevôt.

LEs accusez seront interrogez par le Prevôt, en la présence de l'Assesseur, dans les vingt-quatre heures de la capture : à peine de deux cens livres d'amende envers Nous. Pourra néanmoins les interroger sans Assesseur, au moment de la capture.

☞ *Cet Article est aussi le XII. de ce Titre dans l'Ordonnance.*

ARTICLE XIII.

Forme de l'interrogatoire.

ENjoignons aux Prevôts des Maréchaux, de déclarer à l'accusé, au commencement du premier interrogatoire, & d'en faire mention, qu'ils entendent le juger Prevôtalement ; à peine de nullité de la procedure, & de tous dépens, dommages & interêts.

☞ *Cet Article est de la même maniere dans l'Ordonnance.*

ARTICLE XIV.

Ce qu'ils feront, si le crime n'est pas de leur competence.

SI le crime n'est pas de leur competence, ils seront tenus d'en laisser la connoissance dans les vingt-quatre heures, au Juge du lieu du délit : aprés quoi ne pourront le faire que par l'avis des Presidiaux.

☞ *Le present Article est pareillement dans l'Ordonnance, sans changement.*

T I T R E I I.

A R T I C L E XV.

Où , & quand la competence sera jugée.

LA competence, sera jugée au Presidial, dans le ressort duquel la capture aura esté faite ; & dans les Provinces où il n'y a point de Presidiaux, dans le principal Bailliage ou Senechaussée , dans trois jours au plus tard , encore que l'accusé n'ait proposé de declinatoire.

☞ *Quoique la Compagnie ne se soit point arrêtée sur cet Article, l'on n'a pas laissé d'en retrancher ces mots :* & dans les Provinces où il n'y a point de Presidiaux , dans le principal Bailliage ou Senechaussée.

L'observation que M. le Premier President avoit déja faite sur une semblable clause qui est dans l'Article X V I. du Titre I. a donné lieu à ce retranchement. Voici de quelle maniere le present Article a esté inseré dans l'Ordonnance.

A R T I C L E XV. La competence sera jugée au Presidial , dans le ressort duquel la capture aura esté faite , dans trois jours au plus tard ; encore que l'accusé n'ait point proposé de declinatoire.

A R T I C L E XVI.

Où , & comment les recusations seront jugées.

LEs recusations qui seront proposées contre les Prevôts des Maréchaux avant le jugement de la competence , seront jugées au Presidial, au rapport de l'Assesseur en la Maréchaussée , ou d'un Conseiller du Siege, au choix de la partie qui les presentera ; & celles contre l'Assesseur , aussi par l'un des Officiers dudit Siege. Et les recusations, qui seront proposées depuis le jugement de la competence , seront reglées au Siege , où le procés criminel devra être jugé.

☞ *Cet Article, & les trois Articles suivans sont dans l'Ordonnance sans aucun changement.*

ARTICLE

ARTICLE XVII.

Quand, & comment l'accusé pourra être élargi.

L'Accufé ne pourra être élargi, pour quelque caufe que ce foit, avant le Jugement de la competence ; & ne pourra l'être aprés, que par Sentence du Prefidial ou Siege qui devra juger definitivement le procés.

ARTICLE XVIII.

Jugemens de competence, comment feront rendus.

LEs Jugemens de competence ne pourront être rendus que par fept Juges au moins ; & ceux qui y affifteront, feront tenus d'en figner la minute ; à quoy Nous enjoignons à celuy qui prefidera, & au Prevôt, de tenir la main, à peine contre chacun d'interdiction, de cinq cens livres d'amende envers Nous, & des dommages & interêts des Parties.

ARTICLE XIX.

De quoy fera fait mention dans le Jugement de competence.

LA competence ne pourra être jugée, que l'accufé n'ait été auffi oüi en la Chambre en prefence de tous les Juges ; dont fera fait mention dans le Jugement, enfemble du motif de la competence : fur les peines portées par l'Article precedent, contre le Prefident, & de nullité de la procedure qui fera faite depuis le Jugement de la competence.

ARTICLE XX.

Le Jugement fera prononcé à l'accusé.

LE Jugement de la competence fera prononcé, fignifié, & copie baillée à l'accufé ; à peine de nullité des procedures, & de tous dépens, dommages & interêts contre le Prevôt & le Greffier du Siege où la competence aura été jugée.

☞ *L'on a ajoûté ces mots, fur le champ, aprés ceux-cy, le Jugement de*
Ordonn. Crim. *Tome II.*   H

la competence fera prononcé, fignifié, & baillé copie à l'accufé. *Voiey l'Article tel qu'il eft dans l'Ordonnance.*

ARTICLE XX. Le Jugement de competence fera prononcé, fignifié, & copie baillée fur le champ à l'accufé, à peine de nullité des procedures, & de tous dépens, dommages & interêts contre le Prevôt & le Greffier du Siege où la competence aura été jugée.

ARTICLE XXI.

Ce qui fera fait, fi le Prevôt eft declaré incompetent.

SI le Prevôt eft declaré incompetent, l'accufé fera transferé és prifons du Juge du lieu où le délit aura été commis ; & les charges, informations, procés verbal de capture, interrogatoire de l'accufé, & autres pieces & procedures, remifes à fon Greffe : ce que Nous voulons être executé dans les deux jours pour le plus tard, aprés le Jugement d'incompetence ; à peine d'interdiction pour trois ans contre le Prevôt, de cinq cent livres d'amende envers Nous, & des dépens, dommages & interêts des Parties.

☞ *Cet Article a été auffi inferé dans l'Ordonnance.*

ARTICLE XXII.

Ce que fera le Prevôt declaré competent.

LE Prevôt qui aura été declaré competent, fera tenu de proceder en diligence à la confection du procés avec fon Affeffeur, finon avec un Confeiller du Siege où il devra être jugé, fuivant la diftribution qui en fera faite par le Prefident.

Lecture faite des Articles precedens,

M. le P. Prefident a dit qu'ils femblent bons, & neanmoins que l'onziéme paroît une repetition du neuviéme ; que les dix-huit, dix-neuf & vingt-uniéme contiennent trop de peines ; & que dans le vingt-deuxiéme on employe le mot de *diligence*, qui n'eft pas un terme d'Ordonnance ; & que l'on pourroit mettre, *inceffamment*.

M. Talon a dit, qu'à l'égard du XV. il faut encore dans cet Article, au lieu des *Provinces où il n'y a point de Prefidial*, mettre, *dans les refforts du Parlement où il n'y a point de Prefidial*, par les raifons cy-deffus expliquées.

Et à l'égard du XXI. qu'il faudroit plus precifément enjoindre aux Prevôts de faire la tranflation du prifonnier ; & à leurs Greffiers, de remettre les procedures ; & ajoûter , que le tout fera fait *fans aucuns frais ;* n'étant pas jufte qu'un Prevôt declaré incompetent, ni fon Greffier, pretendent des falaires & vacations. Mais fi l'on oblige le Prevôt de vaquer à toutes fortes d'inftructions, & fans frais , cette precaution ne fera pas beaucoup neceffaire.

☞ L'on a marqué fur chacun des Articles precedens , les changemens qui y ont été faits ; ainfi il feroit inutile de les repeter en cet endroit. À l'égard du prefent Article, on y a changé ces mots, en diligence, *en celuy d'*inceffamment. *Au furplus l'Article a été confervé.*

ARTICLE XXIII.

S'il furvient des accufations , elles feront auffi jugées prevôtalement.

SI aprés le procés commencé pour un crime Prevôtal, il furvient des accufations pour crimes non Prevôtaux , elles feront inftruites conjointement, & jugées prevôtalement.

Lecture faite de cet Article,

M. le P. Prefident a dit , que cette difpofition fe trouve contraire à l'ufage , & pourra être fuivie de tres-grands inconveniens. Il paroîtra extraordinaire que l'acceffoire emporte le principal. Il arrivera que le Prevôt des Maréchaux connoîtra des cas dont l'attribution ne luy a pas été faite ; & l'on doit même apprehender qu'un homme prévenu de crimes ne fe faffe arrêter d'intelligence par un Prevôt des Maréchaux, pour fe faire abfoudre de plufieurs crimes non Prevôtaux.

Mais s'il a des complices non fujets à la Jurifdiction Prevôtale, que deviendront-ils , & que deviendra l'accufé ? Cependant on veut qu'un petit crime en attire une infinité d'autres, & qu'il faffe ceffer le droit qu'ont les Sujets du Roy d'être jugez par leurs Juges ordinaires : & cela s'eft rencontré dans l'affaire de Ligneris.

M. Puffort a dit , qu'il n'y a aucun inconvenient à craindre dans l'Article : car on n'a pas pretendu qu'un cas Prevôtal attirât les matieres ordinaires , pour raifon defquelles il y auroit procés. L'Article porte, *s'il furvient des accufations ,* c'eft-à-dire des accufations qui foient nouvelles ; & l'on ne doit pas craindre qu'un petit crime Prevôtal en attire d'autres plus grands ordinaires : car les crimes Prevôtaux font ordinairement les plus grands ; & l'on pourroit prévoir avec bien plus d'apparence, qu'un accufé ne fift furvenir un petit crime ordinaire pour attirer le cas Prevôtal , & fe fouftraire à la Jurifdiction des Prevôts.

Quant à l'Arreft de Ligneris , outre que l'affaire ayant été rapportée en

H ij

preſence du Roy , & l'Arrêt prononcé par Sa Majeſté même , on ne doit pas douter qu'il ne ſoit juſte. D'ailleurs il étoit conſtant par les charges, qu'un des accuſés qui pouvoit faire difficulté , parce qu'on le pretendoit perſonne domiciliée , étoit prévenu de la complicité de l'aſſaſſinat préme-dité.

M. Talon a dit , que cet Article eſt d'une tres-grande & tres-dange-reuſe conſequence : car un homme qui ſera fauſſement accuſé d'un crime Prevôtal, ne laiſſera pas d'être jugé en dernier reſſort pour d'autres accu-ſations qui ne ſont point ſujetes au Jugement dernier ; & il eſt à craindre que les Prevôts n'abuſent de ce pouvoir, tantôt pour favoriſer l'animoſité des Parties civiles , tantôt pour procurer l'impunité d'un accuſé : & quel-que ſoin que l'on puiſſe prendre de veiller ſur la conduite des Prevôts , il ſera impoſſible d'empêcher qu'ils ne faſſent de grandes vexations en conſe-quence de cet Article, s'il n'eſt reformé.

L'Arrêt de Reglement rendu au Conſeil entre les Juges ordinaires & les Officiers de la Vice-Senéchauſſée d'Armagnac, veut que s'il y a des accu-ſations pour des crimes ordinaires & Prevôtaux , elles ſoient inſtruites & jugées conjointement ; mais que l'on declare dans le Jugement , ſi la con-damnation intervient pour le cas Prevôtal ; auquel cas elle ſera executée en dernier reſſort ; autrement l'on ſera tenu de déferer à l'appel.

Si l'on dit qu'il eſt difficile d'executer ce Reglement , & de faire ſepa-ration , entre pluſieurs crimes , de celuy qui aura ſervi de motif à la con-damnation : dans cette incertitude pourquoy pancher plûtôt du côté de la rigueur ? pourquoy ſoûmettre au Jugement Prevôtal un homme qui n'y eſt pas ſujet par ſa qualité , & qui étant prévenu de differentes accuſations, peut bien être jugé ſans appel pour celles qui ſont Prevôtales , & non pas pour les autres. Il y a ſans doute moins d'inconvenient de déferer à l'appel, d'autant plus que ſi l'accuſé eſt pleinement convaincu de crime Prevôtal, il eſt inutile d'y joindre les autres accuſations qui ne ſont pas de la même nature.

D'ailleurs, l'Article ne dit pas que le Prevôt des Maréchaux ne pourra faire apporter les procedures criminelles faites en d'autres Juriſdictions contre l'accuſé , ni en évoquer le procés. On avouë que cela ne ſeroit pas juſte ; il ne peut donc avoir effet que pour les accuſations dont il n'y auroit eu ni plainte renduë , ni information faite : & comme il eſt rare qu'un cri-me qualifié capital demeure abſolument ſans pourſuite , l'Article ſera toû-jours inutile pour le bien de la Juſtice , & pourra neanmoins en quelques rencontres être une occaſion de tendre des pieges à un miſerable accuſé , & une matiere aux uns d'oppreſſion , & aux autres d'impunité.

☞ *Nonobſtant les remontrances faites par M. le P. Preſident , & par M. Talon contre cet Article , il a été conſervé , en y inſerant ces termes,* de nouvel-les accuſations dont il n'y ait point eu de plainte en Juſtice. *Il eſt auſſi le XXIII. de ce Titre dans l'Ordonnance.*

ARTICLE XXIII. Si aprés le procés commencé pour un crime Prevôtal ,il furvient de nouvelles accufations, dont il n'y ait eu de plainte en Juftice, pour crimes non Prevôtaux, elles feront inftruites conjointement, & jugées prevôtalement.

ARTICLE XXIV.

Du nombre des Juges pour les Sentences Prevôtales.

AUcune Sentence Prevôtale, preparatoire, interlocutoire, ou définitive, ne pourra être renduë qu'au nombre de fept au moins, Officiers ou Gradués, en cas qu'il ne fe trouve au Siege nombre fuffifant de Juges : & feront tenus ceux qui y auront affifté de figner la minute, à peine de nullité ; & le Greffier de les interpeller, à peine de cinq cens livres d'amende contre luy, & contre chacun des refufans.

ARTICLE XXV.

Deux minutes des Jugemens Prevôtaux : & pourquoy?

SEra dreffé deux minutes des Jugemens Prevôtaux, qui feront fignées par le Juge, dont l'une demeurera au Greffe du Siege où le procés aura été jugé, & l'autre au Greffe de la Maréchauf-fée ; à peine d'interdiction pour trois ans contre le Prevôt, & de cinq cent livres d'amende. Défendons fous pareilles peines aux deux Greffiers de prendre aucuns droits pour l'enregiftrement & reception des deux minutes.

Lecture faite de ces deux Articles,

Ils ont été trouvez bons, à la referve des peines ftatuées contre les Greffiers, lesquelles ont paru un peu fortes.

☞ *Ils ont été inferez dans l'Ordonnance de la même maniere.*

ARTICLE XXVI.

Par qui le procés verbal de torture fera fait.

SI l'accufé eft appliqué à la queftion, le procés verbal de tor-ture fe fera par le Rapporteur, en prefence d'un Confeiller du Siege, & du Prefidial.

Lecture faite de cet Article,

M. le P. Prefident a dit qu'il étoit bon.

H iij

M. Talon a dit, qu'il feroit bon de décider, fi l'accufé ayant nommé à la queftion quelques-uns de fes complices, & le Juge les ayant fait arrêter prifonniers, il faudra attendre le Jugement de la competence avant qu'ils puiffent être confrontez. Car fi l'on ne met en ce rencontre quelque exception à la regle generale, l'execution de celuy qui eft condamné ne pouvant être differée, la preuve s'évanouïra, faute de pouvoir faire la confrontation fur le champ.

M. Puffort a reparti, que ces cas étant finguliers, ils ne font pas du nombre de ceux que la Loy puiffe prévoir.

☞ *Il n'a point été pourvû à la decifion du cas proposé par M. Talon, & cet Article a paffé fans aucun changement.*

A R T I C L E   X X V I I.

Le Prevôt taxera les dépens, fauf l'appel.

LEs dépens adjugez par le Jugement Prevôtal feront taxez par le Prevôt, en prefence du Rapporteur, qui n'en pourra pretendre aucuns droits; & s'il en eft interjetté appel, le Juge qui aura rendu le Jugement, en connoîtra en dernier reffort.

Aprés la lecture de cet Article,

M. le P. Prefident a obfervé, que le Juge qui a taxé les dépens ne peut être Juge de l'appel de l'Executoire; mais qu'il faut que ce foit le Siege : ainfi au lieu du mot de *Juge*, il faut employer dans l'Article le mot de *Siege*.

M. Puffort eft demeuré d'accord de l'obfervation.

☞ *Le changement proposé par M. le P. Prefident a été fait : au furplus cet Article eft de même dans l'Ordonnance.*

A R T I C L E   X X V I I I.

Extenfion de ce qui eft icy ordonné pour les Prevôts.

ENjoignons aux Vice-Baillifs, Vice-Senéchaux, & Lieutenans Criminels de |Robbe-courte, d'obferver ce qui eft prefcrit pour les Prevôts; & au furplus des procedures, feront par eux nos Ordonnances obfervées.

Lecture faite de cet Article,

Il a été arrêté qu'en cet endroit on pourroit mettre la referve, en faveur du Lieutenant Criminel de Robbe-courte du Prevôt de Paris.

☞ *En examinant l'Article XIV. du Titre I. on avoit proposé de faire cette réserve, mais elle n'a été faite qu'à la fin du présent Article, qui a été arrêté de cette maniere :*

ARTICLE XXVIII. Enjoignons aux Vice-Baillifs, Vice-Senéchaux, & Lieutenans Criminels de Robbe-courte, d'obferver ce qui eft prefcrit pour les Prevôts; & au furplus des procedures, feront par eux nos autres Ordonnances obfervées, N'entendons neanmoins rien innover aux fonctions & droits du Lieutenant Criminel de Robbe-courte de nôtre Châtelet de Paris.

TROISIÉME CONFERENCE,

du Mardy dixiéme Juin 1670.

Meffieurs les Commiffaires du Roy, & Meffieurs les Députés du Parlement, prefens comme en la precedente Conference.

M. Puffort a dit, qu'il fe trouve obligé de faire entendre à la Compagnie que les Articles XX. & XXI. du Titre *de la Competence des Juges*, concernans la Jurifdiction Ecclefiaftique, qui furent examinez dans la derniere Conference, n'ont point été arrêtez par le Roy; mais qu'ayant été propofez à Sa Majefté, elle juge à propos d'entendre fur cela les avis de Meffieurs du Parlement, avant que d'y prendre une derniere refolution.

☞ *On a déja obfervé cy-devant que ces deux Articles ont été fupprimez, & que l'on en a dreffé un autre, qui maintient les Ecclefiaftiques dans les privileges dont ils avoient accoûtumé de jouir.*

TITRE III.

DES PLAINTES, DENONCIATIONS,
& accufations.

ARTICLE I.

Plaintes, comment fe feront, & de quel jour auront datte.

LEs plaintes pourront fe faire par Requête, & auront datte du jour feulement que le Juge, ou en fon abfence le plus ancien Praticien du lieu, les aura refponduës.

A R T I C L E   I I.

Pourront être écrites par les Greffiers.

POurront auſſi les plaintes être écrites par les Greffiers, en
preſence du Juge. Défendons aux Huiſſiers, Sergens, Archers, & Notaires, de les recevoir, à peine de nullité ; & aux
Juges de les leur adreſſer, à peine d'interdiction.

Aprés la lecture faite de ces deux Articles,

M. le P. Preſident a dit, qu'il y a pluſieurs Articles dans ce Titre,
auſquels on ne s'eſt point arrêté ; & que l'on n'a trouvé aucune difficulté
dans le premier ni dans le ſecond.

M. Talon a dit, que les Huiſſiers du Chaſtelet ſont fondez en titre &
poſſeſſion de faire des informations lorſqu'ils ſont commis par les Juges.
L'on commet auſſi quelquefois par Arrêt des Huiſſiers du Parlement, pour
informer. Si l'on abolit cet uſage, les Parties en ſouffriront, les frais du
tranſport d'un Conſeiller, ou d'un Commiſſaire du Châtelet, étant beaucoup plus grands que ceux d'un Huiſſier. Et quoiqu'il y ait bien des abus
dans les commiſſions qui ſe donnent dans les Provinces aux Sergens, Archers, & Notaires, le même inconvenient ne ſe rencontre pas à Paris ; &
les Commiſſaires du Châtelet étant exceptez de la regle generale, il ſemble
qu'il n'y ait pas beaucoup de peril d'en excepter auſſi les Huiſſiers du Parlement & du Châtelet,

☞ *Nonobſtant la Remontrance de M. Talon, cet Article a été conſervé,
auſſi-bien que l'Article I. & ils ont été inſerez dans l'Ordonnance ſans aucun
changement.*

A R T I C L E   I I I.

*Commiſſaires du Châtelet maintenus dans leur fonction pour les
plaintes, & ce qu'ils feront.*

N'Entendons neanmoins rien innover dans la fonction des
Commiſſaires de nôtre Châtelet de Paris, pour la reception des plaintes, qu'ils feront tenus de remettre au Greffe ;
enſemble toutes les informations & procedures par eux faites,
dans les vingt-quatre heures, dont ils feront faire mention par
le Greffier au bas de l'expedition, & ſi c'eſt avant ou aprés
midy ;

midy, à peine de cent livres d'amende, moitié vers Nous, &
moitié vers la Partie qui s'en plaindra.

Lecture ayant esté faite de cet Article,

M. le P. Président a dit, qu'il remarque toûjours que les peines font frequentes dans cette Ordonnance.

M. Talon a dit, que ce n'est pas affez d'obliger les Commissaires du Châtelet, de remettre les informations au Greffe dans les vingt-quatre heures;
ils éluderont, comme ils ont fait jufqu'icy, l'execution de l'Ordonnance,
en continuant l'information pendant plusieurs jours, & entendant un dernier témoin le jour ou la veille qu'ils la voudront mettre au Greffe. Mais
comme d'ailleurs, dans les affaires importantes il est impossible qu'une information soit toûjours achevée dans vingt-quatre heures, le temperament
que l'on y pourroit apporter, feroit d'ordonner qu'en cas que l'information ne pût être achevée le même jour qu'elle fera commencée, elle le fera,
au plus tard, dans les trois jours; sauf à informer par addition, s'il y a
de nouveaux témoins à entendre.

M. le Président le Coigneux a dit, qu'il peut y avoir encore un autre
inconvenient, qui est, que lorfque l'on voudra favorifer un accufé, & obtenir des défenfes de la Cour, le Commissaire n'envoyera que deux ou trois
dépofitions les plus foibles, sur lefquelles la Cour accordera des défenfes
avec plus de facilité.

M. Talon a encore obfervé, que par tout les Commissaires Examinateurs
informent.

M. Puffort a reparti, qu'il croit que ce font les Lieutenans Criminels qui
informent, & que les Commissaires Examinateurs font les Enquêtes.

M. le P. Président a dit que l'on ne peut trop preffer les Commissaires
de faire leur devoir; qu'il faut neanmoins leur donner un temps fuffifant;
mais qu'il feroit mieux de laiffer les chofes à l'arbitrage du Juge, étant
difficile que la Loi puiffe entrer dans un fi grand détail.

☞ *L'on n'a fait aucun changement dans l'Article III. qui est de même*
dans l'Ordonnance.

ARTICLE IV.

Les feuillets des plaintes feront fignez, par qui ?

TOus les feüillets des plaintes feront fignés par le Juge, &
par le Complaignant, s'il fçait ou peut figner, & fera fait
mention expreffe fur la minute & fur la groffe, de fa fignature,
ou de fon refus : ce que nous voulons être obfervé par les Commiffaires du Châtelet de Paris,

Lecture ayant esté faite de l'Article IV.

M. le P. President a dit, que dans le Parlement on ne recevoit aucune plainte, qui ne fût signée d'un Procureur. Que le Procureur est le maître de la cause, & qu'on ne peut pas rejetter une plainte, quand elle est signée d'un Procureur.

M. Pussort a dit, que l'Article ne les exclud pas. Que cela est bon dans sa proposition ; mais que l'expression n'en est pas necessaire.

M. le P. President a reparti que, si l'on n'en dit mot, on supposera l'exclusion, si la disposition au contraire n'y est expresse.

☞ *Sur l'ouverture faite par M. le P. President, on a inseré dans l'Article cette clause :* Ou par son Procureur fondé, &c. *Voici de quelle maniere il a esté redigé.*

ARTICLE IV. Tous les feüillets des plaintes seront signez par le Juge & par le Complaignant, s'il sçait ou peut signer, ou par son Procureur fondé de procuration speciale ; & sera fait mention expresse sur la minute & sur la grosse de sa signature ou de son refus : Ce que nous voulons être observé par les Commissaires du Châtelet de Paris.

ARTICLE V.

En quel cas les plaignans seront reputez parties.

LEs plaignans ne seront reputés parties civiles, s'ils ne le declarent formellement, ou par la plainte, ou par acte subsequent, qui se pourra faire en tout état de cause ; dont ils pourront se départir dans les vingt-quatre heures, & non aprés. Et en cas de désistement, ne seront tenus des frais faits depuis qu'il aura esté signifié : sans préjudice neanmoins des dommages & interests des Parties.

Aprés la lecture de l'Article V.

M. le P. President a dit, que l'Article est nouveau ; mais qu'il paroît bon.

M. Talon a dit, qu'il semble qu'il est necessaire que la signification du desistement soit faite non seulement à l'accusé, mais aussi au Greffier, pour en avertir le Juge & la partie publique ; autrement il est à craindre que le desistement étant inconnu, les crimes ne demeurent impunis : les Juges se reposant sur la diligence de la partie civile, qu'ils ignorent avoir abandonné la poursuite.

Et sur ce qu'il a demandé, si les parties qui se seront desistées, pourront prétendre des dommages & interests,

M. le P. President a dit, qu'encore qu'aprés le desistement d'une partie, on ne doive plus considerer ses interests ; neanmoins lorsque le Parlement

reconnoît que c'est l'impuissance qui les retient , il ne laisse pas d'en ad-
jug r.

☞ *Cet Article V. a esté mis dans l'Ordonnance sans aucun changement.*

¡ARTICLE VI.

Comment les dénonciations seront faites , & reçûës.

NOs Procureurs , & ceux des Seigneurs , auront un Registre
pour recevoir & faire écrire les dénonciations, qui seront
circonstanciées , & signées par les Dénonciateurs , sinon , à leur
refus , seront écrites en leur presence par leur Greffier , qui en
fera metion.

Aprés la lecture de cet Article ,

M. le P. President a dit, que Messieurs les Procureurs Generaux ni leurs
Substituts , ne doivent point avoir de Greffiers.

M. Pussort a dit , que l'intention de l'Article est de faire signer les dénonciations par les Dénonciateurs ; & à leur refus , de les faire écrire par
le Greffier du Siege , pour prévenir les prises à partie , & les desaveux.

M. le P. President a dit que ce sera divulguer le secret de la dénonciation.

M. Talon a dit , que ces termes , *sinon à leur refus ,* ne conviennent pas.
Celui qui fait une dénonciation , ne doit jamais refuser de la signer ; s'il le
refuse , elle ne doit pas être reçuë : & il n'en doit être dispensé qu'au cas
qu'il ne sçache ni écrire ni signer.

M. le Procureur General a dit , que les Procureurs Generaux & leurs
Substituts , en certains cas , sont tenus de nommer leurs dénonciateurs , &
même de prendre caution pour assurer les dommages & interests des parties ,
en cas de calomnie.

Mr Pussort a dit , que l'Article n'exclud pas de prendre par Messieurs les
Procureurs Generaux telles précautions qu'ils aviseront bo être. Qu'il est
de leur fonction d'examiner la qualité des dénonciations & des denonciateurs ; mais que cela n'est pas de l'Ordonnance.

☞ *Les réflexions faites par M. le P. President , & par M. l'Avocat General , ont esté approuvées , & l'Article VI. a esté reformé de cette maniere :*

ARTICLE VI. Nos Procureurs & ceux des Seigneurs auront un Registre pour
recevoir & faire écrire les dénonciations , qui seront circonstanciées & signées par les
dénonciateurs , s'ils sçavent signer , sinon elles seront écrites en leur présence par le Greffier du Siege , qui en fera mention.

ARTICLE VII.

Plaintes seront communiquées , à qui ?

LEs plaintes seront communiquées à nos Procureurs , & à
ceux des Seigneurs , pour donner leurs conclusions : ce qu'ils

feront tenus de faire dans les vingt-quatre heures au plus tard, & fans frais.

Lecture faite de cet Article,

M. le P. Prefident a dit, que l'ufage eft different au Châtelet : On ne communique point les plaintes au Procureur du Roi, parce qu'y en ayant chaque jour un grand nombre, cette communication pourroit retarder l'expedition : Que d'ailleurs, ils en ont communication par les informations ; mais qu'au Parlement on ne reçoit aucune plainte, fans qu'elle foit communiquée au Parquet, avant que d'informer : parce qu'il y a moins d'affaires de cette qualité, qui foient portées directement au Parlement ; & qu'elles font ordinairement plus importantes, & regardent des perfonnes plus confiderables.

M. Talon a dit, que bien que les Procureurs du Roy, & ceux des Seigneurs foient les veritables parties pour la vengeance des crimes ; & qu'il foit même de l'ufage en quelques Sieges, de leur communiquer les plaintes avant que de permettre d'en informer, cette communication pourtant paroît affez inutile : elle ne rendra pas les Juges plus retenus à commencer un procez criminel, & retardera fouvent le cours de la Juftice. D'ailleurs, encore qu'on les oblige de bailler leurs conclufions fans frais, il eft à craindre que cette derniere partie de l'Article ne foit pas obfervée, & qu'eux ou leurs Clercs n'en retirent des émolumens.

M. Puffort a dit, que le motif de l'Article eft, que les Procureurs du Roi font les veritables parties en matiere criminelle ; & qu'il ne femble pas raifonnable de commencer un procez fans leur participation. Que fi c'eft l'ufage des Compagnies, il y a encore plus de raifon de l'introduire dans les premiers Sieges ; & la confideration de la multitude des affaires qui font dans Paris, ne peut point empêcher la regle, y ayant des Subftituts au Châtelet, à qui la communication en peut être donnée ; mais que le tout doit être fait fans frais.

☞ *Nonobftant les raifons que M. Puffort a alleguées pour foûtenir la difpo-fition de cet Article, on a trouvé à propos de le retrancher.*

A R T I C L E V I I I.

Peine contre les accufateurs mal fondez.

LEs accufateurs & dénonciateurs qui fe trouveront mal fondés, feront condamnés aux dépens, dommages & interefts des accufés, & à plus grande peine s'il y échoit. Ce qui aura lieu à l'égard de ceux qui ne fe feront rendus parties ; ou qui s'étant rendus parties, s'en feront defiftez, fi leurs plaintes font jugées calomnieufes.

Aprés la lecture de cet Article :

☞ *Il a été trouvé bon, & il eſt le VII. de ce Titre dans l'Ordonnance*

ARTICLE IX.

Ce qui ſera fait, ſi les deux parties rendent leurs plaintes.

SI les parties rendent reſpeſtivement leurs plaintes, il ſera informé d'Office, à la diligence de nôtre Procureur, ou de celuy des Seigneurs ; & ordonné ſur l'information, qui demeurera accuſateur ou accuſé. Défendons aux Juges, à peine d'interdiction, de permettre aux deux parties d'informer reſpeſtivement, ni decreter contre l'une & l'autre.

Aprés la lecture de l'Article I X.

M. le P. Preſident a dit, que les informations reſpeſtives, & celles d'Office, engageront ſouvent les parties plus avant qu'elles ne voudront, & les empêcheront de s'accommoder dans les affaires legeres ; & qu'il arrivera, que nonobſtant leur accommodement, le Subſtitut du Procureur General, ou même les Procureurs Fiſcaux en de petits Sieges, ne laiſſeront pas de continuer leurs pourſuites dans des affaires qui ne le meritent pas, malgré les parties qui ſe feront accordées.

M. Puſſort a reparti, que faiſant ſignifier un accommodement, on y déferera s'il s'agit de peu ; & que ſi le cas eſt grave, le Procureur du Roi continuëra ſes pourſuites.

M. Talon a dit, qu'il ſeroit à ſouhaiter que la derniere partie de cet Article pût être obſervée ; mais que la pratique en eſt difficile, particulierement au Châtelet de Paris, où les plaintes étant portées à differens Commiſſaires, il eſt impoſſible qu'il n'y ait tous les jours des informations reſpeſtives. Mais il eſt de la prudence du Juge, lorſque ces informations lui ſont portées, de n'en decreter qu'une, & de joindre l'autre.

La défenſe qui eſt faite au Juge, de donner permiſſion aux deux parties d'informer, peut être auſſi d'une tres-perilleuſe conſequence. Celui qui a eſté le plus maltraité, n'eſt pas toûjours le plus diligent à ſe plaindre ; au contraire, la grandeur de ſes bleſſures, & le peril de ſa vie, font qu'il ſonge plus au ſalut de ſa perſonne, qu'à pourſuivre la vengeance de l'injure qu'il a reçuë. Si donc le coupable ſe plaint le premier, & fait informer, eſt-il juſte que ſa diligence lie de telle ſorte les mains au Juge, qu'il ne puiſſe faire juſtice, ni informer à la requête de celui qui a eſté veritablement offenſé ?

Cependant, ſi l'Article demeure aux termes qu'il eſt conçû, il n'y aura point de Juge, qui, dans la crainte d'être interdit, oſe permettre à celui qui aura esté maltraité, ou affassiné, d'informer, quand une fois il aura esté informé à la requête de celui qui aura commis l'insulte. L'experience juf-tifie que ces inconveniens arrivent tres-frequemment ; de sorte qu'établif-fant la regle generale sans exception, elle pourroit produire de tres-mau-vais effets.

Quand les plaintes des deux parties sont portées au Juge avant qu'il ait informé, il n'y a point d'inconvenient de faire une information d'Office ; mais non pas à la diligence, soit des Procureurs du Roi, ou des Procureurs Fiscaux, lesquels par là devenant Maîtres de la nomination des témoins, pourroient en abuser, à l'oppression de l'une des parties ; au lieu que laif-fant la liberté à ceux qui ont donné des plaintes, de produire des témoins aux Juges, l'on jugera ensuite, par le merite & les circonstances du fait, qui doit demeurer accusateur ou accusé.

M. Pussort a dit qu'il en falloit parler au Roy.

☞ Les raisons que M. l'Avocat General Talon a opposées à cet Article, ont paru tres-puissantes, & l'Article a esté retranché.

A R T I C L E X.

Par qui les procés seront poursuivis.

S'Il n'y a point de partie civile, les procés seront poursuivis à la diligence, & sous le nom de nos Procureurs, ou des Procureurs des Justices Seigneuriales.

Lecture ayant esté faite,

M. le P. President a dit, que l'Article étoit bon.

M. Talon a observé que cet Article sembloit trop general, & que les Procureurs du Roi, non plus que les Procureurs Fiscaux, ne doivent pas poursuivre indifferemment toutes sortes d'affaires criminelles, quand les parties se desistent; mais seulement celles qui sont graves & importantes, & dans lesquelles le public est offensé.

☞ La restriction proposée par M. Talon, n'a pas esté faite; & cet Article a esté conservé. Il est le VIII. de ce Titre dans l'Ordonnance.

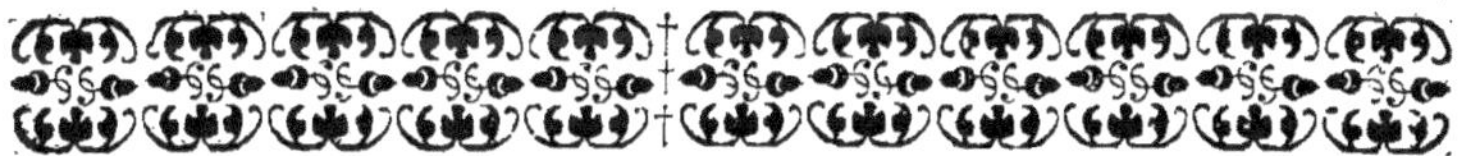

TITRE IV.

DES PROCEZ VERBAUX DES JUGES.

ARTICLE I.

Ce qui sera énoncé dans les procez verbaux.

LEs Juges dresseront sur le champ, & sans déplacer, procés verbal de l'état auquel seront trouvées les personnes blessées, ou le corps mort ; ensemble du lieu où le délit aura esté commis, & de tout ce qui peut servir pour la décharge ou conviction.

ARTICLE II.

Dans quel temps ils seront remis au Greffe, avec les hardes.

LEs procés verbaux seront remis au Greffe dans les vingt-quatre heures ; ensemble les armes, meubles & hardes qui pourront servir à la preuve, & feront ensuite partie des pieces du procés.

Les deux Articles dont ce Titre est composé, ont esté trouvez bons, & l'on n'y a fait aucun changement.

TITRE V.

DES RAPPORTS DES MEDECINS.

ARTICLE I.

Permis aux blessez de se faire visiter.

LEs personnes blessées pourront se faire visiter par Medecins & Chirurgiens, dont le rapport sera joint au procés : ce qui aura lieu pour ceux qui agiront pour les morts.

T I T R E   V,

A R T I C L E   I I.

Permis aux Juges d'ordonner une seconde visite.

POurront neanmoins les Juges ordonner une seconde visite par Medecins ou Chirurgiens nommez d'Office, lesquels prêteront le serment, dont sera expedié acte ; & aprés leur visite en dresseront & signeront sur le champ leur rapport, pour être remis au Greffe, & joint au procés ; sans qu'il puisse étre dressé aucun procés verbal, à peine de cent livres d'amende contre le Juge, envers la partie.

Sur les deux Articles dont ce Titre est composé,

M. le P. President a dit, que le terme de *Morts*, inseré à la fin du premier Article, peut être changé en ceux de *Personnes décedées*.

Qu'au surplus on pouvoit observer, qu'au Châtelet il y avoit deux sortes de visites qui se pouvoient faire ; l'une de l'Ordonnance de Justice, pour laquelle on commet toûjours l'un des Maîtres Chirurgiens du Châtelet, qui sont Officiers établis à cet effet : l'autre visite se fait sans Ordonnance de Justice ; & en celle-là les Complaignans peuvent se servir de tels Chirurgiens qu'ils veulent pour se faire visiter, pourvû que ce Chirurgien soit Maître à Paris. Que pour cet effet tous les Maîtres Chirurgiens de Paris prêtent serment au Châtelet, & sont appellez *Chirurgiens Jurez*.

Qu'ainsi à l'égard du Châtelet, l'Article peut être bon ; parce que tous ces Chirurgiens ne prêtent pas de nouveaux sermens à chaque visite qu'ils font : mais qu'ailleurs il seroit de dangereuse consequence de laisser aux parties le choix des Medecins & des Chirurgiens, ce rapport étant une piece tres considerable du procez criminel. Qu'ainsi l'Article est bon en partie ; mais qu'il faut que hors Paris, tous les rapports soient faits de l'Ordonnance du Juge.

M. Pussort a dit, que l'on n'avoit point consideré l'usage de Paris : mais la necessité qu'il y avoit de faire visiter, même souvent avant que l'on pût avoir l'Ordonnance du Juge. Mais en tout cas l'Article II. y avoit pourvû : laissant la liberté au Juge d'ordonner, s'il y échoit, une seconde visite ; la premiere étant de necessité, & celle-ci de justice.

Qu'au surplus, M. Valot Premier Medecin du Roi, prétend avoir droit de nommer des Medecins & des Chirurgiens par toute la France pour faire des visites. Qu'il est fondé en Declaration registrée en l'année 1599. Que l'usage y est, suivant lequel on seroit dans les Provinces en même condition qu'au Châtelet. Qu'ayant esté parlé de ce privilege devant le Roi, l'on ne s'y étoit pas arrêté. Que M. Valot en faisoit instance. Que c'étoit à la Compagnie d'en dire ce qu'elle jugeroit être necessaire d'en rapporter au Roy.

M. le

M. le Prefident le Coigneux a dit qu'il voyoit des Rapports de ces Chirurgiens à la Tournelle.

M. Talon a dit, que l'ufage a toûjours été que les Chirurgiens ont affirmé leurs Rapports en Juftice ; & qu'il peut y avoir de l'inconvenient d'en ufer autrement ; parce que l'on pourra fuppofer la fignature d'un Chirurgien qui ne fera pas connu par le Juge. A Paris les Maîtres Chirurgiens font difpenfez d'affirmer leurs Rapports ; parce que lors de leur reception ils prêtent ferment devant le Lieutenant Criminel.

Que les derniers mots de cet Article font impropres, bien qu'il foit jufte de permettre aux parens & aux heritiers d'un homme decedé de vifiter les bleffures qui luy ont caufé la mort, & d'en faire faire le Rapport ; ces termes, *ce qui aura lieu pour ceux qui agiront pour les morts*, doivent être réformez, ne pouvant pas convenir au ftile d'une Ordonnance.

Qu'à l'égard des Medecins & Chirurgiens nommez par le Premier Medecin du Roy, il ne leur falloit pas donner une faculté exclufive des autres Chirurgiens.

M. le P. Prefident a dit, que les Chirurgiens affirment leur Rapport veritable, & le cachetent : & que lorfque le Premier Medecin en nomme, on les reçoit, mais fans exclufion des autres ; & qu'il feroit de grande confequence de n'admettre par toute la France aucun Rapport en Juftice, que des Chirurgiens commis par le Premier Medecin du Roy ; que cela feroit contraire à l'ufage, & que le Parlement n'a jamais reconnu ce privilege.

M. Puffort a reparti, que cette conceffion feroit inutile fans exclufion ; & qu'au furplus on peut ajoûter, *en affirmant.*

☞ *Enfuite des obfervations qui ont été faites fur ce Titre V. on a ajoûté dans le I. Article, que* les Medecins & Chirurgiens affirmeront leur Rapport veritable. *L'on y a auffi changé ces mots,* ce qui aura lieu pour ceux qui agiront pour les morts, *en ceux-cy,* ce qui aura lieu à l'égard des perfonnes qui agiront pour ceux qui feront decedez. *Et l'on a tranfporté à la fin de cet Article la claufe qui porte, que* le Rapport fera joint au procés.

A l'égard de l'Article II. on n'y a fait qu'un changement peu confiderable, c'eft à ces mots qui font à la fin, à peine de cent livres d'amende contre le Juge ; *après lefquels on a mis,* moitié vers Nous, & moitié vers la Partie.

Enfin fur l'obfervation faite touchant le droit du Premier Medecin du Roy, l'on a dreffé un Article nouveau, qui eft le III. de ce Titre dans l'Ordonnance ; par lequel ce droit eft expliqué & confirmé.

Voicy les trois Articles de l'Ordonnance.

ARTICLE I. Les perfonnes bleffées pourront fe faire vifiter par Medecins & Chirurgiens, qui affirmeront leur Rapport veritable ; ce qui aura lieu à l'égard des perfonnes qui agiront pour ceux qui feront decedez ; & fera le Rapport joint au procés.

ARTICLE II. Pourront neanmoins les Juges ordonner une feconde vifite par Medecins ou Chirurgiens nommez d'Office, lefquels prêteront le ferment, dont fera expedié acte ; & aprés leur visite, en dresseront & signeront sur le champ leur Rapport, pour être remis au Greffe, & joint au procés, sans qu'il puisse être dressé aucun procés verbal , à peine de cent livres d'amende contre les Juges, moitié vers Nous, & moitié vers la Partie.

    A R T I C L E I I I. Voulons qu'à tous les Rapports qui seront ordonnez en Justice, assiste au moins un des Chirurgiens commis de nôtre Premier Medecin, és lieux où il y en a, à peine de nullité des Rapports.

T I T R E VI.

DES INFORMATIONS.

A R T I C L E I.

Par qui les témoins seront administrez.

LEs témoins seront administrez par nos Procureurs, ou ceux des Seigneurs ; comme par les Parties civiles.

Lecture ayant été faite de cet Article,

    M. le P. President a dit, qu'il faut prendre garde que l'accusé ne suppose des Exploits donnez à des témoins apostez, comme étant assignez à la requeste de la Partie civile, ou du Procureur du Roy : Que pour prévenir ces inconveniens, il en faudroit donner la liste au Juge, ou que les Parties signassent l'Exploit.

    M. Pussort a dit que cette liste n'est pas de l'Ordonnance.

    ☞ *Cet Article est dans l'Ordonnance sans aucun changement.*

A R T I C L E I I.

Les impuberes pourront déposer.

LEs enfans de l'un & de l'autre sexe, quoiqu'au dessous de l'âge de puberté, pourront être reçus à déposer, sauf en jugeant d'avoir par les Juges tel égard que de raison à la necessité & solidité de leurs témoignages.

Aprés la lecture de cet Article,

    M. le P. President a dit, que le mot de *solidité*, quoique significatif, ne femble pas, en ce fens, un mot ufité dans l'Ordonnance.

M. Puffort a dit qu'il ne s'en trouvoit point d'autre.

M. le P. Prefident a ajoûté, que l'intention de l'Article feroit fuffifamment expliquée par ces termes, *pour avoir par les Juges tel égard que de raifon à leur témoignage.*

M. Talon a dit, que bien que cet Article foit conforme à l'ufage, neanmoins, comme il ne regarde pas la procedure, il femble qu'on pourroit le retrancher. Qu'il y a en Droit un Titre tout entier *des Témoins*, dans lequel on examine qui font ceux qui peuvent être reçus à rendre témoignage, tant en matiere civile que criminelle : fi les domeftiques, les parens de l'accufateur ou de l'accufé, font reçus à dépofer : qu'il ne fembloit pas y avoir de raifon de détacher de toutes ces queftions celle de la validité du témoignage d'un impubere. Pour faire même fur ce fujet une decifion folide, qu'il faudroit donc determiner precifément le temps de la puberté, même faire difference entre les enfans & les impuberes.

☞ *On n'a fait aucun changement dans cet Article, & il eft de même dans l'Ordonnance.*

ARTICLE III.

Toutes perfonnes pourront être contraintes à dépofer.

TOutes perfonnes affignées pour être ouïes en témoignage, recolées & confrontées, feront tenuës de comparoir, pour fatisfaire aux affignations ; & pourront y être les Seculiers contraints par amende fur le premier défaut, & par emprifonnement de leurs perfonnes, en cas de contumace. Enjoignons aux Superieurs Reguliers d'y faire comparoir leurs Religieux, à peine de faifie de leur temporel, & de fufpenfion des privileges à eux par Nous accordez.

Aprés la lecture de l'Article I I I.

M. Talon a dit qu'il faut faire trois claffes dans cet Article. Que le terme de *Seculier* n'eft pas propre à l'endroit où il eft mis : il eft bien plus convenable de dire que les perfonnes Laïques feront, fur le premier défaut, contraintes par amende à dépofer, & qu'elles pourront être emprifonnées en cas de contumace. Qu'à l'égard des Ecclefiaftiques, l'on decernera auffi des amendes contr'eux, au payement defquelles ils feront contraints par faifie ; & que les Superieurs Reguliers feront tenus de faire comparoir leurs Religieux, fous les peines portées par l'Article.

M. Puffort a dit que la diftinction étoit bonne.

☞ *C'eft fur cette diftinction que l'Article III. a été réformé de cette maniere :*

ARTICLE III. Toutes perfonnes affignéés pour être ouïes en témoignage, re-collées ou confrontées, feront tenuës de comparoir pour fatisfaire aux affignations ; & pourront y être les Laïcs contraints per amende fur le premier défaut, & par empri-fonnement de leurs perfonnes en cas de contumace : même les Ecclefiaftiques pár amen-de, au payement de laquelle ils feront contraints par faifie de leur temporel. Enjoi-gnons aux Superieurs Reguliers d'y faire comparoir leurs Religieux, à peine de faifie de leur temporel, & de fufpenfion des privileges à eux par Nous accordez.

A R T I C L E   I V.

Les témoins feront apparoir de l'Exploit : exception.

LEs témoins, avant qu'être ouïs, feront apparoir de l'Exploit qui leur aura été donné pour dépofer, dont fera fait mention dans leurs dépofitions. Pourront neanmoins les Juges entendre les témoins d'Office, & fans affignation, en cas de flagrant delit.

Lecture faite de cet Article.

☞ *Il a été trouvé bon, & on l'a inferé dans l'Ordonnance.*

A R T I C L E   V.

Témoins prêteront ferment ; & de quoy feront enquis.

LEs témoins prêteront ferment, & feront enquis de leur nom, furnom, âge, qualité, demeure, & s'ils font ferviteurs ou do-meftiques, parens ou alliés des Parties, & en quel degré ; & du tout fera fait mention, à peine de nullité de la dépofition, & des dépens, dommages & interêts des Parties contre le Juge.

Lecture faite de cet Article.

M. le P. Prefident a dit, que fi l'on veut entrer dans ce détail, il faut y ajoûter, *creanciers & debiteurs.*

☞ *L'addition propofée par M. le P. Prefident n'a pas été faite ; & cet Ar-ticle a paffé dans l'Ordonnance.*

A R T I C L E   V I.

Les Juges ne pourront commettre pour écrire les informations.

LEs Juges, même ceux de nos Cours, ne pourront commettre leurs Clercs, ou autres perfonnes, pour écrire les informations qu'ils feront dedans ou dehors leur Siege, s'il y a un Greffier, ou un Commis à l'exercice du Greffe ; si ce n'est qu'ils fussent absens, malades, ou qu'ils eussent quelqu'autre legitime empêchement.

Lecture faite de cet Article,

M. le P. President a observé, qu'au Parlement on a declaré des informations nulles, pour n'avoir été reçuës par un Greffier, ou par un Commis du Greffe ; mais seulement par un Clerc d'un Conseiller qui étoit en Commission ; parce que les Commis du Greffe Criminel sont établis pour cela, sont personnes connuës, & ont serment en Justice.

M. Pussort a dit, que l'usage du Grand Conseil est contraire, & que les affaires y sont assez frequentes.

☞ *Le present Article est pareillement dans l'Ordonnance.*

ARTICLE VII.

Exception de l'Article precedent.

POurront neanmoins ceux qui executeront des Commissions émanées de Nous, commettre telles personnes qu'ils aviseront, ausquelles ils feront prêter serment.

Lecture faite de l'Article VII.

M. le P. President a dit, que les Commissions données par le Parlement sont censées Commissions du Roy.

M. Talon a dit, que pour mieux s'expliquer on pourroit mettre, *Commissions du grand Sceau.*

☞ *L'ouverture proposée par M. l'Avocat General n'a pas été suivie ; & l'on n'a fait aucun changement dans cet Article.*

ARTICLE VIII.

Abrogation des Ajoints.

DEffendons l'usage des Ajoints dans les informations, sinon és cas portez par l'Edit de Nantes.

ARTICLE IX.

Par qui la déposition sera écrite & signée.

LA déposition sera écrite par le Greffier, en presence du Juge, & signée par luy, par le Greffier & par le témoin, s'il sçait

K iij

ou peut figner ; finon en fera fait mention ; & chaque page fera cottée & fignée par le Juge, à peine de tous dépens, dommages & intérêts.

A R T I C L E   X.

Elle fera redigée à charge ou à décharge.

LA dépofition de chacun témoin fera redigée à charge ou à décharge.

A R T I C L E   X I.

Témoins comment feront ouïs, & figneront leur dépofition.

LEs témoins feront ouïs fecretement & feparément, & figneront leur dépofition après que lecture leur aura été faite, & qu'ils auront declaré qu'ils y perfiftent ; dont mention fera faite par le Greffier, fous les mêmes peines portées par l'Article V. cy-deffus.

A R T I C L E   X I I.

Des interlignes, ratures & renvois.

AUcune interligne ne pourra être faite ; & fera tenu le Greffier faire approuver les ratures & figner les renvois par le témoin & par le Juge, fous les mêmes peines.

Après la lecture faite des Articles cy-deffus,

☞ Il n'a rien été propofé contre, & ils ont été inferez dans l'Ordonnance de la même maniere.

A R T I C L E   X I I I.

Taxe des frais & falaires des témoins.

LA taxe pour les frais & falaires du témoin fera faite par le Juge, & payée par les mains du Greffier. Défendons à nos Procureurs & à ceux des Seigneurs, & aux Parties, de donner aucune chofe au témoin, s'il n'eft ordonné par le Juge, à peine de nullité de la dépofition, laquelle en ce cas pourra être rejettée.

Après la lecture faite de l'Article X I I I.

M. le P. Prefident a dit, que cet Article eft de confequence ; qu'il porte, *à peine de nullité;* & cependant on ne pourra empêcher qu'il n'y ait de frequentes contraventions.

Que les témoins font quelquefois éloignez ; & fi les Parties ne prennent foin de les faire venir, & de payer la dépenfe de leur voyage, ils negligeront de fe trouver aux affignations. Les Greffiers, par les mains defquels on ordonne que les taxes feront payées, ne prendront pas toutes les precautions qui feront neceffaires ; ils pourront même n'être pas fideles dans la diftribution des deniers, & s'approprier ce qu'il y aura de plus. Jufques icy l'on s'eft bien trouvé de l'ufage de charger les Parties de faire elles-mêmes les frais ; & que cela pourra arrêter le cours des affaires.

Monfieur Puffort a dit, que le reproche le plus ordinaire que l'on propofe contre un témoin, eft qu'il a receu de l'argent ; cela laiffe toûjours quelque impreffion dans l'efprit des Juges, & il eft bon de l'empêcher.

M. Talon a dit, que l'execution de cet Article eft difficile, & peut produire de tres-grands inconveniens. Il eft à craindre que le Greffier ne rende pas un compte fidele des deniers dépofez entre fes mains, & qu'il ne les applique plûtôt à fes falaires qu'au payement des témoins. Quand d'ailleurs les témoins viennent de loin pour dépofer, quelle apparence qu'ils fe mettent en chemin, fi l'on ne leur avance de l'argent pour les frais du voyage ? Ne peut-il pas auffi arriver qu'une Partie qui aura fecretement tranfigé, ou un Procureur du Roy qui voudra favorifer un accufé, donnera manuellement quelque argent aux principaux témoins, pour rendre leurs dépofitions caduques.

L'inconvenient que l'on propofe, *que le plus frequent reproche que l'on donne contre les témoins, eft qu'ils ont été corrompus, & qu'ils ont receu de l'argent pour dépofer ; & lorfqu'à la confrontation ils avoüent avoir receu de l'argent, quoiqu'ils difent que c'eft pour les frais du voyage, cela ne laiff. pas de mettre quelque foupçon dans l'efprit des Juges :* eft une objection d'autant moins confiderable, que ce reproche ne donne jamais atteinte à la dépofition d'un témoin : il faudroit, pour le rendre valable, qu'il avoüât avoir reçu de l'argent pour dépofer faux, ou que l'excés de la fomme fuft une preuve évidente de la corruption : au lieu que fi l'Article demeure comme il eft conçu, quelque petite fomme que le témoin ait reçuë, la dépofition doit être rejettée ; & quand l'accufé en articulera le fait, l'on ne pourra pas luy refufer la liberté d'en faire preuve.

M. le P. Prefident a ajoûté, que la peine de nullité luy paroît dangereufe : car un accufé ne manquera jamais de mettre en fait que le témoin aura reçu de l'argent de la Partie civile : qu'il eft bien difficile qu'elle ne donne toûjours quelque argent aux témoins pour leur fubfiftance, & pour les frais de leur voyage, fans les obliger de paffer par les mains d'un Greffier, qui bien fouvent reçoit plus volontiers qu'il ne fe défaifit : que cet Article retarderoit l'inftruction des procés criminels, & en augmenteroit les frais : car on feroit fouvent configner plus qu'il ne feroit neceffaire. Il pourra même arriver que le Procureur du Roy aura avancé quelque argent dans une occasion pressante, par un bon zele, ou peut-être même à dessein de gâter la procedure ; & qu'il seroit contre le bien de la Justice que cela produisît la nullité de la déposition.

M. Pussort a dit que l'Article pourvoit à tout, en ce qu'il porte, *s'il n'est ordonné par le Juge.*

☞ *Les principaux changemens qu'on a faits dans l'Article XIII. consistent au retranchement de la clause qui porte que la taxe sera payée par les mains du Greffier ; & de la clause qui ordonne la peine de nullité de la déposition. Voicy de quelle maniere cet Article a été arrêté.*

A R T I C L E X I I I. La taxe pour les frais & salaires du témoin sera faite par le Juge. Défendons à nos Procureurs & à ceux des Seigneurs, & aux Parties, de donner aucune chose au témoin, s'il n'est ainsi ordonné.

A R T I C L E X I V.

Quand les dépositions pourront être reïterées.

LEs dépositions qui auront été declarées nulles, par defaut de formalité, pourront être reïterées, s'il est ainsi ordonné par le Juge.

Lecture faite de cet Article,

☞ *Il a été approuvé, & on l'a inseré de même dans l'Ordonnance.*

A R T I C L E X V.

Défense de communiquer les informations, si ce n'est aux Procureurs du Roy, ou des Seigneurs.

DEfendons aux Greffiers de communiquer les informations, & autres pieces secretes du procés ; ni de se dessaisir des minutes, sinon és mains de nos Procureurs, ou de ceux des Seigneurs, qui s'en chargeront sur le Registre, & marqueront le jour & l'heure, pour les remettre dans les vingt-quatre heures, à peine d'interdiction contre le Greffier, & de cent livres d'amende, moitié vers Nous, & moitié vers la Partie.

Aprés la lecture faite de cet Article,

M. le P. President a dit, que le temps de *vingt-quatre heures* étoit trop court, & qu'il est impossible d'executer l'Article dans Paris en si peu de temps.

M. Pussort

M. Puſſort a dit, que cet Article étoit de conſequence : qu'il remedie-
roit à beaucoup d'inconveniens ; mais que pour en rendre l'execution plus
facile , il croyoit que l'on pourroit changer le terme de *vingt-quatre heures,*
en celui de *trois jours.*

☞ *Sur cette propoſition l'on a mis dans l'Article :* pour les remettre inceſſamment , & au plus tard dans trois jours. *Voici l'Article de l'Ordonnance.*

ARTICLE XV. Défendons aux Greffiers de communiquer les informations
& autres pieces ſecretes du procez , ni de ſe déſaiſir des minutes , ſinon és mains de nos
Procureurs , ou de ceux des Seigneurs , qui s'en chargeront ſur le regiſtre , & marqueront le jour & l'heure pour les remettre inceſſamment & au plus tard dans trois jours ,
à peine d'interdiction contre le Greffier , & de cent livres d'amende , moitié vers Nous ,
& moitié vers la partie.

ARTICLE XVI.

Les Rapporteurs pourront auſſi prendre les minutes.

POurront auſſi les Rapporteurs retirer les minutes, pour s'en
ſervir dans la viſite du procés ; & ſeront tenus les remettre
dans les vingt-quatre heures aprés le jugement, ſous les mêmes
peines.

Lecture faite de cet Article ,

M. le P. Preſident a dit, qu'il ne ſçauroit aſſez repeter , que les peines
ſont trop frequentes.

☞ *Ces peines n'ont point eſté abrogées , & l'Article a eſté conſervé. On y a*
ſeulement retranché ces deux mots : dans les, *qui ſont devant ceux-ci ,* vingt-
quatre heures aprés , &c.

ARTICLE XVII.

Dans quel temps les Greffiers commis d'Office , remettront les
minutes.

LEs Greffiers commis par les Officiers de nos Cours , ſeront
tenus remettre leurs minutes és Cours qui les auront commis , dans trois jours aprés la procedure achevée , ſi elle s'eſt
faite au lieu de la Juriſdiction , ou dans les dix lieuës ; & ſera le
delai augmenté d'un jour, pour la diſtance de chaque dix lieuës :
à peine de quatre cens livres d'amende , moitié vers Nous , &
moitié vers la partie, & de tous dépens, dommages & intereſts.
Ce qui ſera executé par le Greffier commis, quoiqu'il n'eût en-

core reçû les salaires, dont en ce cas lui sera délivré executoire par le Greffier ordinaire, suivant la taxe du Commissaire, qui n'en pourra prétendre aucuns frais.

Lecture faite de cet Article,

☞ *Il a esté trouvé bon, & on l'a mis dans l'Ordonnance, sans aucun chan-gement.*

A R T I C L E X V I I I.

Les Greffiers auront un Registre pour enregistrer toutes les procedures.

ENjoignons aux Greffiers, Garde-sacs de nos Cours de Parlement, Grand Conseil, & Cours des Aides, de tenir un Registre particulier relié & chiffré, contenant au premier feüillet le nombre de ceux dont il sera rempli : qui aura lieu aux Bailliages & Sieges Presidiaux, Senéchaussées, Maréchaussées, Prevôtés, & en toutes les autres Justices Royales & Seigneuriales, dont le Registre sera paraphé en tous les feüillets par le Juge criminel, pour y être par les Greffiers tant de nos Cours que des autres, enregistrées toutes les procedures qui seront faites ou apportées, & leur date ; ensemble le nom & la qualité du Juge & de la partie, de suite & sans aucun blanc : pour raison de quoi le Greffier ne pourra prendre aucuns droits ni frais ; & seront tenus se charger & décharger sur le Registre, les Officiers qui doivent prendre communication des pieces.

Lecture ayant esté faite de l'Article XVIII.

M. le P. President a dit, que cet Article ôte les droits aux Greffiers, qu'ils ont accoûtumé de recevoir : Qu'il faut bien prendre garde qu'en pensant retrancher les frais, on n'éloigne pas l'expedition des affaires ; & qu'en retranchant à ces Officiers ce qu'ils ont reçu legitimement jusqu'icy, ils ne se portent à chercher des émolumens dans leurs Charges par d'autres voyes moins legitimes.

☞ *Cette observation n'a pas esté suivie ; mais on a fait quelque changement dans l'article à l'égard des termes. Il a esté reformé de cette maniere.*

A R T I C L E X V I I I. Enjoignons aux Greffiers, Garde-sacs de nos Cours, Grand Conseil, & Cours des Aides, de tenir un Registre particulier, relié & chiffré, contenant au premier feüillet le nombre de ceux dont il sera composé. Ce qui aura lieu aux Sieges Presidiaux, Bailliages, Senéchaussées, Maréchaussées, Prevôtez, & de toutes les autres Justices Royales & Seigneuriales, dont le Registre sera paraphé en tous ses feüillets par le Juge Criminel, pour y être par les Greffiers, tant de nos Cours que les autres, enregiftrées toutes les procedures qui feront faites ou apportées, & leur date; enfemble le nom & la qualité du Juge, & de la partie, de fuite & fans aucun blanc : pour raifon de quoi le Greffier ne pourra prétendre aucuns droits ni frais : & feront tenus fe charger & décharger fur le Regiftre les Officiers qui doivent prendre communication des pieces.

·A R T I C L E X I X.

Les Greffiers envoyeront extrait du Regiftre aux Greffes, où les appellations reffortiffent.

LEs Greffiers des Prevôtez & Châtellenies Royales, & ceux des Seigneurs, feront tenus d'envoyer par chacun an, aux mois de Juin & de Decembre, au Greffe du Bailliage & Senéchauffée où reffortiffent leurs appellations immediatement, un extrait de leur regiftre criminel, dont leur fera baillé décharge fans frais; & ceux des Bailliages, Senéchauffées & Maréchauffées, feront tenus au commencement de chacune année, d'envoyer à nôtre Procureur General, chacun dans fon reffort, un extrait de leur dépôt.

Aprés la lecture de cet Article,

M. Talon a dit, qu'outre le contenu de cet Article, il feroit bon d'obliger les Greffiers d'envoyer l'état des Lettres de Remiffion, Abolition, & autres Lettres de Grace, avec les procedures & Sentences d'enterinement.

M. Puffort a dit, que l'obfervation lui paroiffoit bonne; & qu'il s'eft vû des Lettres prefentées & enterinées en deux heures, fans que les accufez fe foient mis en état.

☞ *L'Addition propofée par M. Talon, a efté faite. Outre cela, l'on a ordonné par le même Article, que les Greffiers envoyeront* la copie des extraits qui leur auront efté remis par les Greffiers des Juftices inferieures l'année précedente. *Enfin, aprés ces mots de l'Article, où* reffortiffent leurs appellations, *on a mis :* mediatement ou *immediatement. Moyennant quoi le prefent Article a été inferé dans l'Ordonnance, en ces termes.*

ARTICLE XIX. Les Greffiers des Prevôtez & Châtellenies Royales, & ceux des Seigneurs, feront tenus d'envoyer par chacun an, aux mois de Juin & de Decembre, au Greffe du Bailliage & Senéchauffée, où reffortiffent leurs appellations mediatement ou immediatement, un extrait de leur regiftre criminel, dont leur fera baillé décharge fans frais. Et ceux des Bailliages, Senéchauffées, & Maréchauffées, feront tenus au commencement de chacune année d'envoyer à nôtre Procureur General, chacun dans fon reffort, un extrait de leur dépôt : même l'état des Lettres de Grace ou Abolition, enterinées en leurs Sieges, avec les procedures & Sentences d'enterinement, & la copie des extraits, qui leur auront efté remis par les Greffiers des Juftices inferieures l'année précedente.

TITRE VII.
DES MONITOIRES.

ARTICLE I.

Tous les Juges peuvent permettre d'obtenir Monitoires.

TOus Juges Ecclefiaftiques, & ceux des Seigneurs, pourront permettre d'obtenir Monitoires, encore qu'il n'y ait aucun commencement de preuves, ni refus de dépofer par les témoins.

Lecture faite du premier Article.

M. le P. Prefident a dit, que l'on ne commence pas l'inftruction d'un procez par un Monitoire : qu'il faut premierement permettre d'informer, & enfuite de faire publier Monitoire.

M. Puffort a dit, que la permiffion de faire publier Monitoire, eft un moyen pour parvenir à l'information ; & en effet, les Ordonnances qui font décernées par les Juges, portent permiffion d'informer, & à cet effet de faire publier Monitoire : & qu'il y a bien des cas, dans lefquels on ne peut avoir aucune preuve fans la publication du Monitoire.

☞ *On a mis au commencement de cet Article :* Tous Juges, *même* Eccléfiaftiques, &c. *& il eft auffi le premier de ce Titre dans l'Ordonnance.*

ARTICLE II.

Les Officiaux doivent accorder le Monitoire.

ENjoignons aux Officiaux, à peine de faifie de leur temporel, d'accorder le Monitoire, que le Juge aura permis d'obtenir, qui pourra en ce cas renvoyer les parties à l'Official plus prochain.

Aprés la lecture de cet Article.

M. le P. Prefident a dit, que la fin de ce fecond Article fait le troifiéme entier ; & que c'eft une repetition inutile.

Qu'il croit qu'il faut retrancher l'un ou l'autre, fans mettre ce qui eft au commencement du fecond Article, *de contraindre les Officiaux par faifie de leur temporel, d'accorder les Monitoires*; parce que cette faisie du temporel est du Droit & de l'Usage commun.

Mais qu'en tout cas on ne peut renvoyer à un autre Official ; parce que cet Official plus prochain ne pourroit pas faire ce qui lui seroit enjoint. Qu'il n'y a point de défaut plus grand que celui de pouvoir, & que le Juge Laïc ne peut pas donner ce pouvoir, qui va à l'Excommunication, à un Official étranger, pour l'exercer hors de son Diocese. Que, par exemple, il ne peut pas faire que l'Official d'Orleans soit Official de Chartres.

Que le Juge Laïc peut bien obliger l'Evêque par les voyes ordinaires, d'exercer le Droit qu'il a dans son Diocese, soit pour l'Excommunication, soit pour autre chose ; mais qu'il ne peut pas lui donner un Droit, que l'Evêque n'a pas reçû de l'Eglise & de l'autorité des Canons, en faisant qu'il étende sa Jurisdiction hors l'étenduë de son Diocese.

Que l'Official represente l'Evêque : qu'il exerce la Jurisdiction Episcopale, qui étoit exercée autrefois par les Evêques mêmes ; & pour parler selon les termes canoniques, *habet mandatam Episcopi jurisdictionem : vice mandantis omnia peragit.*

Qu'il agit en cela comme l'Evêque même : c'est pourquoi il n'y a point d'appel de l'Official à l'Evêque ; & c'est la difference que l'un & l'autre Droit établissent entre le Juge délegué, *& eum cui mandata est jurisdictio*; parce qu'on peut toûjours appeller, *à delegato ad delegantem*; mais qu'il n'y a jamais d'appel de celui à qui la Jurisdiction est donnée, *cui mandata est jurisdictio*; à celui duquel il exerce la Jurisdiction.

Que comme les Ordonnances des Juges ne peuvent pas faire que l'Evêque de Chartres soit Evêque d'Orleans, elles peuvent encore moins faire que l'Official de Chartres soit Official dans l'Evêché d'Orleans ; & qu'il y fasse publier des Monitoires.

Un Evêque ne laisse pas d'avoir le caractere d'Evêque hors de son Diocese : il est toûjours consideré comme un Evêque de l'Eglise en general, quoiqu'il n'ait les fonctions Episcopales, *sui ordinis executionem*, pour parler selon les termes Ecclesiastiques, que dans l'étenduë de son Diocese, excepté quelques cas où les Canons en disposent autrement : comme lors qu'ils sont canoniquement assemblez. Mais un Official qui decerne un Monitoire hors du Diocese de son Evêque, est une personne privée, il n'est point Official ; & ce Monitoire non seulement est inutile & ne lie point ; mais encore il est contre l'ordre prescrit par les Canons & par la discipline de l'Eglise.

On ne peut même, en cas de refus d'un Evêque de décerner un Monitoire, renvoyer les parties devant le Metropolitain, absolument parlant ; mais seulement pour s'y pourvoir par la voye d'appel ; parce que le Metropolitain n'a point d'autorité dans le Diocese de ses Suffragans, si ce n'est qu'il y ait un appel interjetté devant luy.

Qu'il sçavoit bien que les Canons donnent aussi l'autorité, en quelques cas, au Metropolitain dans le Diocese de ses Suffragans ; mais que celuy dont on parloit n'y étoit pas compris : qu'ainsi il croyoit que l'on devoit s'arrêter à la premiere partie de cet Article, qui concerne la saisie du temporel, & rayer ce qui parle du renvoy à l'Official plus prochain.

M. Puffort a dit, que l'on propose deux moyens pour obliger un Official de décerner un Monitoire : l'un par saisie du temporel, & l'autre est de s'adresser à l'Official plus prochain.

On a crû que c'étoit l'usage du Parlement : cela est si veritable, que lors qu'un Evêque refusoit de lever une Excommunication, on pouvoit, à son refus, s'adresser au plus prochain : c'est ce qui s'est observé lors qu'il a esté question de lever l'Interdit, prononcé par Monsieur l'Evêque de Mirepoix, contre son Chapitre. Il lui fut enjoint de lever l'Excommunication, à peine de saisie de son temporel ; à quoi n'ayant point satisfait, ses revenus saisis furent distribuez aux pauvres ; & ayant persisté dans son refus, le plus prochain Evêque fut commis pour lever l'Interdit.

De sorte que si l'on a jugé qu'un Interdit prononcé par un Evêque, pouvoit être levé par le plus prochain ; il semble que la raison est égale pour le prononcer.

M. le P. President a repliqué, qu'encore que l'objection paroisse forte, il n'est pas neanmoins difficile d'y satisfaire ; car quoiqu'il semble qu'on puisse inferer, qu'il est possible de renvoyer à un Evêque voisin pour decerner des Monitoires, & prononcer des Excommunications, de ce qu'on y renvoye quelquefois pour les lever ; l'on peut neanmoins remarquer ce que Cujas a souvent observé, qu'*en Droit, les argumens qui se tirent des contrairres, sont sujets à erreur, bien qu'en d'autres sciences ils soient veritables ;* parce que l'usage, la consequence des choses, & la necessité en disposoient autrement.

Que quoique les effets de la Loi semblent indivisibles, elle permet, elle défend, elle absout, elle peut aussi condamner ; & qu'en general il en soit de même du pouvoir des Juges Laïcs & Ecclesiastiques., neanmoins il y a une grande difference entre le pouvoir d'excommunier, & le pouvoir d'absoudre de l'Excommunication ; parce que l'Eglise est une bonne Mere, qui ne rejette ses Enfans hors de son sein qu'avec beaucoup de peine. Elle emploïe à cette action fâcheuse beaucoup de formes, elle n'en confie le pouvoir qu'à ses principaux Ministres, & à chacun dans son détroit seulement : mais quand il s'agit de recevoir ses Enfans qui reviennent à elle, elle leur applanit le chemin, & tend les bras de tous côtez pour les recevoir.

C'est pourquoi, bien qu'elle desire qu'on garde, autant qu'il est possible, les regles qui sont necessaires pour empêcher la confusion, & pour conserver l'autorité des Evêques ; neanmoins en cas de necessité, elle donne au moindre Prêtre le pouvoir d'absoudre de l'Excommunication, que le propre Evêque, le Pape même, & tous les Conciles ensemble auroient fulminée ; parce qu'elle ne veut pas que les consciences soient gênées par les scrupules, & qu'elle veut conserver la paix & le repos d'esprit à ceux qui ont recours à elle, *in pace vocavit nos Dominus.* C'est pourquoi encore elle ne permet pas qu'une perfonne qui craint l'Excommunication, & qui eft en doute fi elle eft valable, foit hors de pouvoir d'obtenir fon abfolution ; & c'eft en cela qu'elle admet les Abfolutions *ad cautelam*, quoique la pratique de la Cour de Rome les ait auffi mifes en ufage pour d'autres fujets.

Mais lors qu'on plaide contre fon Evêque, & qu'on ne peut s'adreffer à lui fans bleffer fon Droit, (comme dans la caufe de Mirepoix, que luy Premier Prefident étant Maître des Requêtes, avoit eu l'honneur de rapporter devant M. le Chancelier) les Parlemens en ce cas interpofent l'autorité, que le Roi leur a commife pour maintenir fes Sujets en repos, & pour faire que les Evêques voifins appliquent le remede des Abfolutions *ad cautelam*, qui d'ailleurs eft dans la pratique ordinaire de l'Eglife.

Quand on ordonne ces Abfolutions *ad cautelam*, on préjuge que l'Excommunication n'eft pas valable, qu'il n'y a pas eu fujet de l'interpofer ; & il fuffit d'en douter pour obtenir cette forte d'Abfolution, comme il eft dit au chap. *Venerabili. Extr. de Sententiis Excommunic.*

M. Puffort a reparti, que dans l'affaire de Mirepoix il ne s'agiffoit pas fimplement de donner une Abfolution *ad cautelam*, mais encore de lever l'Interdit qui avoit efté prononcé contre le Chapitre, & qui avoit duré pendant treize années. Qu'il étoit befoin pour cela d'une plus grande autorité, que pour lever une fimple Excommunication, & pour décerner un Monitoire.

Mais l'expedient que l'on pourroit prendre, feroit d'avoir recours au Metropolitain, auquel, comme au Superieur, par le refus du Diocefain, & par droit de Dévolution, fon autorité fe trouve tranfmife : & c'eft fur ce fondement, que lorfque l'Ordinaire refufe des provifions ou le *vifa*, on s'adreffe au Metropolitain, qui les accorde fans difficulté, fi le refus n'eft pas jugé jufte.

M. le P. Prefident a repris, qu'un Interdit general étoit à la verité d'une confequence bien plus grande qu'une fimple Excommunication ; que neanmoins les Officiers du Roi, & fur tout les Parlemens, avoient plus de droit d'obliger les Evêques à le lever, qu'une fimple Excommunication ; parce que ces Interdits generaux font contraires à l'efprit de l'Eglife, & repugnent à la parole de Dieu même, qui ne veut pas que l'innocent patiffe pour le coupable, & defire au contraire de fauver les coupables, quand il fe rencontre quelque innocent parmi eux. Qu'on fçait ce que S. Auguftin en a dit, & que nous avons toûjours regardé ces Interdits comme des chofes oppofées aux libertez de l'Eglife Gallicane, que le Roy, comme Confervateur des anciens Canons & de la pureté de la Difcipline Ecclefiaftique, ne pouvoit pas fouffrir.

Qu'il y a encore une autre raifon plus forte, qui oblige les Parlemens d'interpofer l'autorité Royale pour les empêcher : c'eft que ces Interdits font capables de troubler la police & la tranquillité de l'Etat. Or comme l'Eglife eft dans l'Etat, & qu'elle en fait partie, elle ne doit rien faire qui

puiſſe alterer ſon repos, & nuire aux Sujets du Roi ; c'eſt pourquoi ces ſortes d'Excommunications generales ne doivent être prononcées qu'avec une
extrême retenuë, & beaucoup de difficultez ; & qu'au contraire, elles doivent être levées avec grande facilité.

Qu'il eſt toûjours de l'inſpection des principaux Officiers du Roi, de ne
point ſouffrir l'uſage de ces Interdits ; & de pourvoir qu'ils ſoient levez
auſſi-tôt qu'ils ont eſté fulminez. C'eſt pourquoy ces exemples ayant de
puiſſantes raiſons qui leur ſont particulieres, ils ne peuvent être tirez à conſequence pour obliger un Official d'exercer ſa Charge, & de décerner des
Monitoires en un lieu où il n'eſt point Official, & où il n'a aucun pouvoir.

M. l'Avocat General Talon a dit, qu'il faudroit comprendre dans cet
Article, le Evêques qui ſe ſont reſervé le pouvoir de donner des Monitoires, & ne l'ont pas communiqué à leurs Officiaux. Si un Evêque ou un
Official refuſent un Monitoire, l'on ne peut pas, ſans troubler l'ordre de la
Hyerarchie Eccleſiaſtique, renvoyer à un Evêque voiſin : le renvoi doit être
fait au Superieur. Et bien que l'on puiſſe douter ſi le Metropolitain peut
exercer ſa Juriſdiction dans le Dioceſe de ſon Suffragant, ſinon dans les affaires qui lui ſont dévoluës par appel ; le renvoi qui lui eſt fait par le Juge
ſeculier, doit produire le même effet ; & il ſeroit perilleux d'obliger les
parties à qui on refuſe un Monitoire, que la Juſtice a permis d'obtenir,
d'eſſuyer les longueurs d'un procés dans l'Officialité Metropolitaine, pour
juger ſi l'Evêque a eſté en droit de refuſer le Monitoire.

☞ *Sur les objections faites par M. le P. Preſident, on a trouvé à propos de
retrancher la derniere partie de cet Article, qui permet au Juge de renvoyer les
parties à l'Official plus prochain. Au ſurplus, l'Article a eſté conſervé &
arrêté de cette maniere :*

A R T I C L E I I. Enjoignons aux Officiaux, à peine de ſaiſie de leur temporel,
d'accorder les Monitoires que le Juge aura permis d'obtenir.

A R T I C L E   III.

Le Juge pourra renvoyer à l'Official plus prochain.

L E Juge pourra auſſi, en cas de refus de l'Official, renvoyer
les parties au plus prochain.

Lecture faite de cet Article.

M. Puſſort a dit qu'il le faut ôter ; parce que ce n'eſt qu'une repetition
du précedent.

☞ *Le preſent Article a eſté ſupprimé.*

ARTICLE IV.

ARTICLE IV.

Quels faits feront compris dans les Monitoires.

LEs Monitoires ne contiendront autres faits que ceux compris au Jugement qui aura permis de les obtenir ; à peine de nullité tant des Monitoires que de ce qui aura été fait en confequence.

Lecture faite de cet Article,

M. le P. Prefident a fait obferver la peine de nullité, qui eft dangereufe en matiere criminelle.

M. Puffort a dit, qu'encore que cette peine de nullité ne foit fpecifiée par aucun Article d'Ordonnance, elle n'eft pas neanmoins nouvelle, & eft fuppleée par l'appellation comme d'abus : car il faut que les faits foient coarctez à ce qui aura été ordonné par le Juge ; & que le Jugement particulier qui aura été rendu les contienne.

M. Talon a dit, que la permiffion d'obtenir Monitoire s'accorde fouvent fur Requête ; & l'on ne dreffe point de Jugement dans lequel on fpecifie les faits fur lefquels on permet de l'obtenir. Si l'on veut que l'on en ufe à l'avenir autrement, il faut le marquer precifément, & obferver qu'au lieu que les permiffions d'informer & d'obtenir Monitoire, fe donnent gratuitement, il faudra lever une Sentence au Greffe ; ce qui fera à la charge des Parties.

☞ *On n'a point pourvû à l'obfervation faite par M. Talon, & cet Article a paßé fans aucun changement : il eft le III. dans l'Ordonnance.*

ARTICLE V.

Les perfonnes ne feront nommées.

LEs perfonnes ne pourront être nommées ni defignées par les Monitoires, à peine de cent livres d'amende contre la Partie, & de plus grande s'il y échoit.

Lecture faite de cet Article,

M. Talon a dit, qu'il y a des cas aufquels il eft impoffible de ne pas defigner les Parties contre lefquelles les Monitoires font obtenus. Dans l'accufation d'adultere, le nom du mary complaignant étant en tête du Monitoire, l'on met enfuite : *Tous ceux & celles qui fçavent qu'une certaine perfonne, femme du complaignant, &c.* Peut-on une defignation plus formelle ? Cependant il eft impoffible d'en ufer autrement, & autant de fois que l'on a interjetté appel comme d'abus, de ces Monitoires, ils ont été confirmez par Arrêts du Parlement.

☞ *Cet Article V. est le IV. de l'Ordonnance, sans changement.*

A R T I C L E VI.

Les Curés & Vicaires seront tenus de publier le Monitoire.

LEs Curés & leurs Vicaires seront tenus, à peine de saisie de leur temporel, à la premiere requisition, faire la publication du Monitoire, qui pourra neanmoins être publié par le premier Prêtre sur ce requis, s'il est ainsi ordonné par le Juge.

Aprés la lecture de cet Article,

M. le P. President a dit, que l'Article étoit sujet à explication, pouvant y avoir quelque chose à redire dans sa construction, en ce que par ces termes, *le Juge*, l'on peut entendre aussi bien le Juge de Seigneurie que le Juge Royal. Neanmoins il n'y a que les Juges Royaux qui puissent prononcer par saisie de biens Ecclesiastiques, & les mettre en la main du Roy, parce que la saisie du temporel des gens d'Eglise est un cas Royal, le Roy étant protecteur des biens Ecclesiastiques.

Que d'ailleurs il sembloit permettre à la Partie de choisir un Prêtre pour publier Monitoire ; mais qu'il falloit prendre garde de ne luy point laisser cette faculté, parce qu'elle en pourroit abuser, faisant choix d'une personne incapable de faire cette publication. Pour remedier à cet inconvenient, il croyoit qu'il seroit à propos d'ordonner que le Prêtre seroit nommé d'Office par le Juge Royal ; & qu'il y falloit ajoûter, *en cas de refus.*

M. Pussort a dit que ces observations étoient bonnes, & qu'il falloit mettre dans l'Article, *En cas de refus, par un Prêtre nommé d'Office par nos Juges.*

☞ *Sur toutes ces observations, le present Article a été reformé de cette maniere :*

ARTICLE V. Les Curés & leurs Vicaires seront tenus, à peine de saisie de leur temporel, à la premiere requisition, faire la publication du Monitoire, qui pourra neanmoins, en cas de refus, être faite par un autre Prêtre nommé d'Office par le Juge.

A R T I C L E VII.

S'ils refusent le Monitoire, leurs revenus seront distribuez.

SI aprés la saisie du temporel des Officiaux, Curés ou Vicaires, à eux signifiée, ils refusent d'accorder & de publier les Monitoires, nos Juges pourront ordonner la diſtribution de leurs revenus aux Hôpitaux, ou aux Pauvres des lieux.

Lecture faite de cet Article.

☞ *Il a été approuvé, & il eſt le VII. dans l'Ordonnance.*

ARTICLE VIII.

Taxe des droits du Monitoire.

LEs Officiaux ne pourront prendre ni recevoir pour chacun Monitoire plus de trente ſols, leurs Greffiers dix, & les Curez ou Vicaires dix; à peine de reſtitution du quadruple : ſans neanmoins qu'és lieux où l'uſage eſt de donner moins, les droits puiſſent être augmentez.

Aprés la lecture faite de cet Article,

M. Talon a dit, qu'il falloit ſçavoir ſi dans les droits qui étoient attribuez aux Officiaux par cet Article le droit du ſceau y ſera compris ; & qu'il ſeroit à propos de l'expliquer.

M. Puſſort a reparti qu'il y étoit cenſé compris.

☞ *La clauſe propoſée par M. Talon a été inſerée dans cet Article, qui eſt le VII. de l'Ordonnance, en ces termes,*

ARTICLE VII. Les Officiaux ne pourront prendre ni recevoir pour chacun Monitoire plus de trente ſols, leurs Greffiers dix, y compris les droits du Sceau, & les Curés ou Vicaires dix ſols, à peine de reſtitution du quadruple : ſans neanmoins qu'és lieux où l'uſage eſt de donner moins, les droits puiſſent être augmentez.

ARTICLE IX.

Oppoſans à la publication du Monitoire.

LEs oppoſans à la publication du Monitoire ſeront tenus d'élire domicile dans le lieu de la Juriſdiction du Juge qui en aura permis l'obtention, à peine de nullité de leur oppoſition : & pourront, ſans commiſſion ni mandement, y être aſſignez, pour comparoir à certain jour & heure, dans les trois jours pour le plus tard.

ARTICLE X.

Quand l'opposition sera plaidée, & le Jugement executé.

L'Opposition sera plaidée au jour de l'assignation, & le Jugement qui interviendra, executé nonobstant opposition ou appellation. Défendons à nos Cours, & à tous autres Juges, de donner des défenses ou surseances de les executer : declarons nulles toutes celles qui pourront être obtenuës : voulons, sans qu'il soit besoin d'en demander main - levée, que les Arrests, Jugemens & Sentences soient executez, & les Parties qui auront presenté Requeste afin de défenses ou surseances, & les Procureurs qui y auront occupé, soient condamnez chacun en cent livres d'amende, qui ne pourra être remise ni moderée; applicable moitié à Nous, moitié à la Partie.

Aprés la lecture faite de ces deux Articles,

M. le P. President a dit, que le premier de ces Articles ne faisant mention que des opposans à la publication des Monitoires, sa disposition ne sera pas appliquée aux appellans comme d'abus : au contraire, on ne manquera jamais de se servir de la voye d'appel, pour éluder l'Article : les appellations comme d'abus étant suspensives, par un usage generalement observé, à moins que ce ne soit en fait de discipline & de correction.

M. Pussort a dit, que l'on ajoûtera un Article à la fin de l'Ordonnance, pour déroger à tous les usages contraires à sa disposition.

M. le President le Coigneux a dit, qu'à la Tournelle l'appel comme d'abus n'est point regulierement suspensif, & que l'on donne des Arrests pour faire publier les Monitoires, nonobstant les appellations comme d'abus, lorsque la matiere y est disposée.

M. Talon a dit, que ce n'étoit pas assez de dire que l'on ne donnera point de défenses d'executer les Sentences qui auront prononcé sur les oppositions à la publication des Monitoires. L'appel comme d'abus de l'obtention d'un Monitoire, est suspensif aussi-bien que toutes les autres appellations comme d'abus, à la reserve de ce qui regarde la discipline Ecclesiastique. Il faut donc precisément déroger à cet usage, & dire que la publication du Monitoire sera faite nonobstant l'appel comme d'abus.

Et bien qu'il semble qu'il y ait en cela quelque peril, à cause de l'injure & de la diffamation irreparable que produit souvent la publication d'un Monitoire : neanmoins comme il ne contiendra que les faits précis sur lesquels le Juge aura permis de l'obtenir, que l'on peut même se pourvoir par oppositions; il vaut encore mieux que l'on puisse passer outre, nonobstant l'appel comme d'abus, qui n'est d'ordinaire qu'une chicane dont on se sert pour arrêter la preuve. Mais l'Article X. est trop general : si bien que l'on ne doit pas, sans connoissance de cause, donner des défenses de publier un Monitoire. Comme l'on peut neanmoins surseoir par Arrest la procedure criminelle, en connoissance de cause, les informations apportées ; il est juste que l'on puisse défendre la publication d'un Monitoire, pourvû que ce soit avec les mêmes précautions, & sur le vû tant des informations que du Monitoire.

M. Pussort a dit, que par l'Article premier les faits du Monitoire ayant été coarctez, il ne peut y avoir d'inconvenient d'empêcher les défenses.

☞ *Sur toutes ces observations, on a ajoûté à la fin de l'Article IX. cette clause : si ce n'est qu'il y eût appel comme d'abus.*

A l'égard de l'Article X. on y a aussi ajoûté les appellations comme d'abus ; & après les défenses portées par l'Article, de donner des surseances, on y a inseré cette exception, si ce n'est après avoir vû les informations & le Monitoire, & sur les conclusions, &c.

Ces deux Articles sont le VIII. & le IX. dans l'Ordonnance, en ces termes :

ARTICLE VIII. Les opposans à la publication du Monitoire seront tenus élire domicile dans le lieu de la Jurisdiction du Juge qui en aura permis l'obtention ; à peine de nullité de leur opposition : Et pourront, sans commission ni mandement, y être assignez pour comparoir à certain jour & heure dans les trois jours pour le plus tard, si ce n'est qu'il y eût appel comme d'abus.

ARTICLE IX. L'opposition sera plaidée au jour de l'assignation ; & le Jugement qui interviendra, executé nonobstant opposition ou appellation, même comme d'abus. Défendons à nos Cours, & à tous autres Juges, de donner des défenses ou surseances de les executer ; si ce n'est après avoir vû les informations & le Monitoire, & sur les conclusions de nos Procureurs. Declarons nulles toutes celles qui pourroient être obtenuës. Voulons, sans qu'il soit besoin d'en demander main-levée, que les Arrêts, Jugemens & Sentences soient executez ; & les Parties qui auront presenté requête afin de défenses ou surseance, & les Procureurs qui y auront occupé, condamnez chacun en cent livres d'amende, qui ne pourra être remise ni moderée, applicable moitié à Nous, moitié à la Partie.

A R T I C L E   X I.

Les revelations, où & comment seront envoyées.

L ES revelations qui auront été reçuës par les Curés ou Vicaires, seront envoyées par eux cachetées au Greffe de la Jurisdiction où le procés sera pendant ; & pourvû par le Juge aux frais du voyage, s'il y échoit.

Lecture faite de cet Article.

M. le P. President a dit que l'Article étoit de l'usage.

M. Talon a dit, qu'il y auroit une observation à faire, sçavoir, qu'il y a bien des lieux où les Curés ne reçoivent point de revelations. Ceux qui veulent déposer en consequence d'un Monitoire, se contentent de donner leur nom & leur demeure, & ensuite on les fait assigner pardevant le Juge : & cette

precaution empêche que le secret d'une depofition ne foit fi facilement divul-
gué. Il feroit bon d'expliquer fi l'on veut abolir ou tolerer cet ufage.

M. Puffort a dit, que l'ufage qui s'obferve le plus generalement paroît le
plus naturel : qu'ainfi s'agiffant de faire une Ordonnance uniforme, &
pour être obfervée dans tout le Royaume, il ne croyoit pas que l'on dût
changer l'ufage commun fans neceffité.

☞ *L'on n'a fait aucun changement dans cet Article, qui eſt le X. dans l'Or-*
donnance.

A R T I C L E　XII.

Qui aura communication des revelations.

EN matiere criminelle, nos Procureurs & ceux des Seigneurs,
& les Promoteurs aux Officialités, auront communication
revelations des témoins ; & les Parties civiles, de leur nom & do-
des micile feulement.

Lecture faite de cet Article,

Il a été trouvé bon, & il eſt le X I. de ce Titre dans l'Ordonnance.

T I T R E　VIII.

De la reconnoiffance des écritures & fignatures en matiere criminelle.

A R T I C L E　I,

Ce qui fera obfervé en la reconnoiffance des écritures.

LEs écritures & fignatures privées qui pourront fervir à la
preuve, feront reprefentées aux accufés, aprés ferment par
eux prêté ; & ils feront interpellez de reconnoître s'ils les ont
écrites ou fignées : aprés quoy elles feront paraphées par le Juge
& par l'accufé, s'il veut & peut les parapher : finon en fera fait
mention, & les pieces demeureront jointes aux informations.

A R T I C L E　I I.

Si l'accufé a reconnu, les pieces feront foy.

SI l'accufé a reconnu avoir écrit ou figné les pieces, elles feront foy contre luy, & n'en fera fait aucune verification.

Lecture faite de ces deux premiers Articles,

M. le P. Prefident a dit, qu'ils paroiſſoient bons ; & a demandé , ſi les Experts feront ouïs comme témoins , & quelle foy feront leurs dépoſitions.

M. Puſſort a dit, qu'ils feront entendus comme témoins ; & qu'à l'égard de la foy de leurs dépoſitions , il en fera fait mention dans le dernier Article du Titre.

☞ *Ces deux premiers Articles ont été conſervez ; mais le dernier Article du Titre que l'on examine, a été ſupprimé , comme on le verra cy-aprés.*

A R T I C L E   I I I.

Le même ; des écritures de main étrangere.

FEront pareillement foy les écritures & ſignatures de main étrangere , qui feront reconnuës par l'accuſé.

Lecture faite de cet Article ,

M. le P. Prefident a dit , que la diſpoſition de cet Article ne paroît pas juſte, en ce qu'il porte, que la reconnoiſſance d'une écriture & ſignature de main étrangere fera pareille foy que celle de la main propre de l'accuſé. Neanmoins il y avoit une grande difference à faire , en ce que celuy qui reconnoît ſe propre écriture , s'aſſurant ſur la foy de ſes yeux & de ſa memoire , agiſſoit avec plus de feureté que celuy qui reconnoiſſoit une écriture ou ſignature faite de la main d'une perſonne étrangere , cette derniere reconnoiſſance ne pouvant au plus établir que la conduite de l'écriture & de la ſignature , & non pas de ce qui eſt contenu dans l'acte.

M. Puſſort a dit , qu'il eſt vray que l'accuſé ne pouvoit pas auſſi certainement reconnoître une écriture étrangere que la ſienne : que même il luy étoit libre de faire ſur la repreſentation de la piece telle declaration qu'il voudroit ; mais que dés-lors qu'il l'avoit reconnuë , ſa reconnoiſſance faiſoit une foy égale , & ne devoit pas moins ſervir à ſa conviction que la reconnoiſſance de ſon écriture propre.

M. le P. Prefident a dit , que l'Ordonnance ne pouvoit pas regler la difference qui devoit être entre ces preuves ; mais que cela dépendoit des faits particuliers , & de la religion des Juges , d'en faire le diſcernement.

M. Talon a dit , que les premiers mots de cet Article ſemblent être trop forts. L'on convient qu'une écriture de main étrangere , reconnuë par l'accuſé , n'a pas beſoin de verification ; mais il ne s'enſuit pas qu'elle faſſe foy & preuve contre luy comme celles qui ſont écrites de ſa main. Sa reconnoiſſance les rend conſtantes , & fait qu'on n'en peut pas douter ; mais il ne s'enfuit pas qu'il confefle que le contenu en foit veritable, ni que l'on puiffe tirer de fon aveu cette confequence : ainfi leur foy eft bien plus douteufe que celle des Ecritures reconnuës par l'accufé pour être de fa propre main.

☞ *Nonobftant les objections faites contre l'Article III. il a été mis dans l'Ordonnance fans changement.*

A R T I C L E I V.

Les pieces déniées feront verifiées.

SI l'accufé refufe de reconnoître les pieces, ou declare ne les favoir écrites ou fignées ; les Juges ordonneront qu'elles feront verifiées fur pieces de comparaifon.

Lecture faite de cet Article, il a été trouvé bon.

A R T I C L E V.

Quelles feront les pieces de comparaifon.

LEs pieces de comparaifon feront autentiques, ou énoncées dans des actes autentiques, ou reconnuës par l'accufé.

Lecture faite de cet Article,

M. le P. Prefident a dit, qu'une énonciation n'a jamais fait preuve en Juftice, fi la verité de la piece énoncée n'eft établie ; & moins en matiere criminelle, qu'en toutes autres : qu'ainfi, pour reduire l'Article dans les termes où il doit être, il faudroit ôter ces mots, *ou énoncées dans des actes autentiques.*

M. Talon a dit, que les pieces énoncées dans les actes autentiques, ne peuvent, en confequence de cette énonciation, fervir de pieces de comparaifon.

Et fans examiner quelle eft, en termes de Droit, la force d'une énonciation ; fans rapporter même cette ancienne maxime, *Non creditur referenti, nifi conftet de relato* ; comment jamais peut-il être conftant que la piece qui eft rapportée, foit la même qui foit énoncée ? Il paroîtra bien par un acte autentique, qu'un homme a écrit ou figné un traité, un bail, ou une quittance fous feing privé : mais comment prouver que ce papier que l'on rapporte, foit le veritable bail, le traité ou la quittance qu'il a fignez ? Lorfque cete piece luy fera reprefentée, pour en convenir comme d'une piece de comparaifon, s'il la defavouë & la méconnoît ; s'il dit qu'il a figné une quittance, mais que ce n'eft pas celle qu'on luy reprefente, de quelle force pourra être cette énonciation ? Si au contraire l'accufé en convient de bonne foy,

elle

elle fera reçuë pour piece de comparaifon, non pas à caufe de l'énonciation, mais en confequence de fa reconnoiffance.

M. Puffort a dit que l'Article pouvoit être bon, en le reduifant fuivant l'obfervation de M. le P. Prefident, & qu'il en falloit parler au Roy.

☞ *On a fait le retranchement propofé par M. le P. Prefident; & le furplus de l'Article a été confervé.*

ARTICLE VI.

Qui fournira des pieces de comparaifon.

NOs Procureurs ou ceux des Seigneurs, & les Parties civiles, pourront fournir des pieces de comparaifon.

ARTICLE VII.

Elles feront reprefentées à l'accufé.

LEs pieces de comparaifon feront reprefentées par le Juge à l'accufé, pour en convenir ou les contefter; fans qu'il luy foit donné, pour raifon de ce, delay ni confeil; & s'il en convient, elles feront paraphées par luy, & par le Juge qui en ordonnera la reception.

ARTICLE VIII.

Ce qui fera fait, fi elles font conteftées.

SI les pieces font conteftées par l'accufé, ou s'il refufe d'en convenir, le Juge en dreffera fon procés verbal, pour y pourvoir aprés qu'il aura été communiqué à nôtre Procureur, ou à celuy des Seigneurs, & à la Partie civile.

ARTICLE IX.

Par qui la verification fera faite.

LA verification fera faite fur les pieces de comparaifon, par Experts & Maîtres Ecrivains nommez d'Office par le Juge.

A R T I C L E. X.

Ce qui sera fait, si les pieces de comparaison sont rejettées.

SI le Juge ordonne le rejet des pieces de comparaison, nos Procureurs ou ceux des Seigneurs, & les Parties civiles, seront tenus d'en rapporter d'autres dans les delais qui seront prescrits; autrement les pieces dont la verification aura été ordonnée, seront rejettées du procés.

Lecture faite des cinq Articles précedens,

☞ *Ils ont été approuvez, & ils sont dans l'Ordonnance sans aucun changement, excepté l'Article X. dans lequel, au lieu de ces mots, dans les delais, &c. on a mis au singulier,* dans le delai qui sera prescrit.

A R T I C L E X I.

Les pieces seront remises aux Experts.

LEs pieces de comparaison, & celles qui devront être verifiées, seront mises és mains des Experts separément, pour les voir & examiner à loisir.

Après la lecture de cet Article,

M. le P. Président a dit, que pour ôter toute équivoque, il étoit mieux de mettre: *Les pieces de comparaison seront données separément à chacun Expert.*

☞ *L'ouverture par M. le P. Président a été suivie, & l'Article a été arrêté de cette maniere:*

A R T I C L E X I. Les pieces de comparaison, & celles qui devront être verifiées, seront données separément à chacun Expert, pour les voir & examiner à loisir.

A R T I C L E X I I.

Des Experts.

LEs Experts seront ouïs, recollez & confrontez separément, ainsi que les autres témoins.

A R T I C L E X I I I.

Quand & à qui les pieces seront representées.

EN procedant au recollement des Experts, les pieces de comparaison, & celles qui devront être verifiées, leur seront reprefentées ; & à la confrontation elles le feront aux accufés.

ARTICLE XIV.

De ceux qui pourront être ouïs comme témoins.

POurront être ouïs comme témoins ceux qui auront vû écrire ou figner les pieces qui pourront fervir à la conviction des accufés ; ou qui en auront connoiffance en quelque autre maniere.

Lecture ayant efté faite des trois Articles précedens,

Ils ont été trouvez bons.' ☞ *Neanmoins dans la fuite on a changé ainfi la fin de l'Article XIII.* Et à la confrontation elles le feront aux Experts & aux accufés.

ARTICLE XV.

Sur la dépofition des Experts, ne pourra intervenir condamnation.

SUr la feule dépofition des Experts, & fans autres preuves, adminicules, ou prefomptions, ne pourra intervenir aucune condamnation de peine afflictive ou diffamante.

Lecture faite de cet Article,

M. le P. Prefident a dit qu'il falloit rayer cet Article , ou retrancher tout le Titre ; puifque, après avoir reglé la forme de proceder aux verifications d'écritures, & avoir ordonné la dépofition, le recollement & confrontation des Experts, l'on ne pourroit prononcer aucune peine afflictive , fur cette feule procedure : que cela feroit de trop dangereufe confequence.

M. Talon a dit , que bien que l'on fçache affez que l'on ne doit pas ajoûter une entiere croyance à la dépofition des Experts, & que leur fcience étant conjecturale & trompeufe , il feroit perilleux de prononcer une condamnation fur leur fimple témoignage : il eft pourtant à craindre que la défenfe portée par l'Article ne rende les fauffaires plus hardis , & qu'étant inftruits qu'ils n'ont rien à craindre pour leur vie ni pour leur honneur, pourvû qu'ils foient affez adroits pour n'appeller perfonne en participation de leur crime , & ne pas tomber dans d'évidentes contradictions ; ils n'entreprennent avec moins de fcrupule toutes fortes d'antidates & de fauffetés. Les Juges ne font déja que trop circonfpects fur ces matieres, fans qu'il foit befoin de leur lier les mains : & bien que ces mots, *fans autres preuves, adminicules, ni prefomptions,* femblent leur laiffer la liberté toute entiere , & par là rendre l'Article inutile , cette assurance qu'auront les faussaires de ne pouvoir être condamnez , non pas même à une amende, sur la déposition des Experts, rendra sans doute plus frequent le crime de faux , qui est celuy qui fait le plus de procés , & qui trouble le plus la societé civile.

M. Pussort a dit que ces observations paroissoient considerables , & qu'il en falloit parler au Roy.

☛ *Ce dernier Article a été retranché.*

T I T R E IX.

Du crime de faux , tant principal qu'incident.

MOnsieur le Premier Président a dit , que les termes de ce Titre faisoient quelque peine , en ce qu'il parle *du crime de faux principal :* que pour l'ordinaire l'instruction criminelle qui se fait pour les faussetés , n'est qu'incidente , & qu'on ne déclare point une piece fausse, qu'elle n'ait été produite ; & c'est ce que nous appellons une inscription en faux.

Qu'il a fait quelques reflexions sur la difference qui se trouve en cela entre le Droit Romain & le nôtre. Que par l'ancien Droit Romain, personne n'étoit reçu à former une accusation pour quelque crime que ce fust , hormis pour la fausseté , qu'il ne s'inscrivît auparavant ; parce qu'il se soûmettoit , par cette inscription , à la peine du Senatusconsulte Turpilien.

Que l'Empereur Antonin changea cet usage : *Noluit ut amplius illa subscriptio necessaria esset ; sed sufficeret nuda oris professio.*

Que Constantin rétablit l'ordre ancien : comme il se voit par la Loy 5. *Cod. Theod. de accusat.*

Que Gratien renouvella la Constitution d'Antonin ; mais lorsque l'inscription étoit desirée pour tous les crimes , celuy de faux seul en étoit excepté , comme il se voit par la Loy 2. *Cod. Theod. ad l. Corn. de Falsis,* qui porte : *quamvis inscriptionis necessitas accusatori de falso remissa sit , pœna tamen accusatorem etiam sine solemnibus occupat.*

Que nôtre Droit est tout contraire ; car l'inscription n'est point desirée pour les accusations de tous les autres crimes , mais seulement pour celuy de faux.

M. Pussort a dit, qu'il y avoit des cas dans lesquels l'accusation de faux étoit principale. Par exemple , un Particulier aura eu avis qu'un autre aura déclaré publiquement qu'il avoit une obligation de luy , & pretendoit la faire executer : pour en prévenir l'execution, il rendra sa plainte de la fausseté de cette obligation ; & aprés avoir obligé celuy qui s'en veut servir de la representer, il formera son inscription de faux. On ne peut pas dire que dans cette occasion l'inscription de faux ne soit qu'incidente ; elle ne peut être que principale, puisqu'il n'y a point d'autre demande qui ait été formée auparavant. Si cela peut arriver à l'égard des faussetés qui regardent les Particuliers, c'est ce qui a encore bien plus souvent lieu pour les faussetés publiques, comme celles qui sont faites dans des Arrêts ou dans des Lettres du Sceau ; la fausseté y est tellement principale, qu'il ne s'y agit point d'autre chose ; & c'est ce qui fait tout le procés.

M. le P. Président a dit, que sans doute dans nôtre Usage on avoit voulu faire observer cette formalité de l'inscription de faux, pour la rendre plus difficile, & pour empêcher l'abus que l'on en peut faire : comme par exemple, si un debiteur alloit audevant de la demande que luy pourroit faire son creancier, en luy faisant faire son procés pour la pretenduë fausseté d'une obligation, de laquelle il craint les poursuites. C'est pourquoy on a voulu que ces sortes d'accusations fussent presque toûjours incidentes, & attachés au procés où les pieces que l'on veut maintenir fausses sont produites ; & qu'elles se formassent par une inscription solemnelle, sans être separées du procés principal.

Qu'il est vray que quelquefois il y a des inscriptions de faux qui se font directement ; & qu'on voit des gens se plaindre de faussetés commises à leur prejudice, qui se rendent Parties, & qui font faire le procés aux faussaires.

Qu'il s'en étoit trouvé plusieurs pour des faussetés commises au Sceau du Roy ; & qu'il n'étoit pas extraordinaire de voir de ces sortes de procés à la Tournelle pour d'autres faussetés. C'est pourquoy, aprés y avoir songé, il ne croit pas qu'il y ait rien à changer à l'intitulation de ce Titre ; & qu'il y avoit seulement à observer, que quand une piece est produite dans un procés civil, la Partie qui la pretend fausse ne peut point changer de Juge ; qu'il falloit qu'elle formât pardevant luy une inscription en faux par incident ; & qu'il ne luy étoit pas permis de quitter le procés civil, pour porter une accusation de faux pardevant un autre Juge.

Qu'on avoit quelquefois tenté cette procedure ; mais qu'elle devoit être toûjours rejettée comme dangereuse, & tres-prejudiciable à la Justice.

A R T I C L E I.

Forme des plaintes & des informations en matiere de faux.

LEs plaintes, denonciations & accusations du crime de faux, & les autres procedures, se feront en la même forme & maniere que celles de tous les autres crimes ; & les informations seront faites, tant par témoins, que par Experts, qui seront nommez d'office par le Juge.

A R T I C L E   II.

Les pieces pretenduës fauſſes ſeront remiſes au Juge.

LEs pieces pretenduës avoir été falſifiées, ſeront remiſes au Juge, pour dreſſer procés verbal de leur état, les repreſenter à la Partie civile pour les parapher en ſa preſence, ſi la Partie veut ou peut les parapher ; ſinon en ſera fait mention ; & aprés avoir été paraphées par le Juge, elles ſeront remiſes au Greffe.

Ces deux Articles ont été trouvez bons, & ſont dans l'Ordonnance.

A R T I C L E   III.

Elles ſeront preſentées aux témoins.

ELles ſeront auſſi preſentées aux témoins qui les auront vû falſifier, ou qui en auront la connoiſſance en quelque maniere.

Aprés la lecture de cet Article,

M. le P. Preſident a dit, que ces mots, *qui les auront vû falſifier*, paroiſſent trop forts ; que l'on pouvoit mettre en leur place, *qui auront eu connoiſſance de la falſification.*

M. Puſſort a dit que l'obſervation étoit bonne, & que l'Article pouvoit être réformé.

☞ *Sur cette obſervation, le preſent Article a été redigé de cette maniere :*

ARTICLE III. Elles ſeront auſſi preſentées aux témoins qui auront eu connoiſſance de la falſification.

A R T I C L E   IV.

Forme qui ſera obſervée pour la preuve du faux.

LA forme preſcrite pour la reconnoiſſance des écritures & ſignatures, en matiere criminelle, ſera obſervée dans l'inſtruction qui ſe fera par la dépoſition des Experts, pour la preuve du faux principal ou incident.

Cet Article a été trouvé bon, & il eſt dans l'Ordonnance.

ARTICLE V.

Le demandeur en inscription consignera : quelles sommes.

LE demandeur en inscription de faux sera tenu consigner, & d'en attacher l'acte à sa Requête ; sçavoir, en nos Cours, cent livres ; aux Sieges y ressortissans immediatement, soixante livres ; & aux autres vingt livres : lesquelles sommes seront reçuës & delivrées à qui le Juge ordonnera, par le Receveur des amendes, s'il y en a ; sinon par les Greffiers des Jurisdictions, lesquels s'en chargeront sans droits ni frais, & sans qu'ils puissent les employer en recepte, ni s'en défaisir, qu'elles n'ayent été définitivement adjugées : pour être, après le Jugement des inscriptions de faux, renduës ou délivrées aussi sans frais à qui il appartiendra.

Lecture ayant esté faite de cet Article,

M. le P. President a dit, que le terme de *Cour* pouvoit convenir au Châtelet.

M. Pussort a dit, qu'il n'y a proprement que les Compagnies qui jugent en dernier ressort, que les Ordonnances appellent *Cours* ; que même le Parlement défend aux Presidiaux de s'intituler de ce nom.

☞ *Le mot de* Cour *a été conservé ; mais on a fait quelques changemens dans l'Article, qui a été arrêté de cette maniere :*

ARTICLE V. Le demandeur en inscription de faux sera tenu de consigner, & d'en attacher l'acte à sa Requête : sçavoir, en nos Cours la somme de cent livres ; aux Sieges qui y ressortissent immediatement, soixante livres ; aux autres vingt livres. Lesquelles sommes seront reçuës & délivrées à qui le Juge ordonnera, par le Receveur des amendes, s'il y en a, sinon par les Greffiers des Jurisdictions qui s'en chargeront comme dépositaires sans droits ni frais, & sans qu'ils puissent les employer en recepte, ni s'en défaisir, qu'elles n'ayent été définitivement adjugées ; pour être, après le Jugement de l'inscription de faux, renduës ou délivrées aussi sans frais à qui il appartiendra.

ARTICLE VI.

Requête du demandeur en faux incident.

DAns le faux incident, la Requête du demandeur sera signée de luy, ou de son Procureur fondé de pouvoir special attaché à la Requête, aux fins de faire déclarer par le défendeur s'il veut se servir de la piece maintenuë fausse.

ARTICLE VII.

Ce que le Juge ordonnera sur la Requête.

LE Juge ordonnera au pied de la Requête, que l'inscription de faux sera faite au Greffe ; & le défendeur tenu de declarer dans un delai competent, suivant la distance de son domicile, s'il veut se servir de la piece inscrite de faux.

Ces deux Articles ont passé sans aucun changement.

ARTICLE VIII.

Ce qui sera fait, si le défendeur declare ne vouloir se servir de la piece.

SI le défendeur declare qu'il ne veut point se servir de la piece, elle sera rejettée du procés ; sauf à pourvoir aux dommages & interêts de la Partie, & à poursuivre le faux extraordinairement par nos Procureurs, ou ceux des Seigneurs : Et en matiere Beneficiale, de priver le défendeur du Benefice contesté, s'il est prouvé qu'il a fait, ou fait faire, ou connu la fausseté de la piece en la produisant.

Lecture faite de cet Article.

M. le P. Président a dit, qu'aprés l'information on ne peut plus rejetter la piece.

M. Pussort a dit que l'Article ne portoit pas le contraire, & que cela y étoit sous-entendu.

☞ *On n'a fait aucun changement dans cet Article, si ce n'est qu'on a retranché ces mots qui sont à la fin, s'il est prouvé, &c. & on a mis, s'il a fait, &c.*

ARTICLE IX.

Et s'il declare vouloir s'en servir.

SI le défendeur declare vouloir se servir de la piece, elle sera mise au Greffe, & l'acte du mis signifié au demandeur, pour former l'inscription dans les vingt-quatre heures : & le Juge ordonnera que la minute sera apportée au Greffe dans le delay qui sera reglé suivant la distance des lieux ; sinon la piece rejettée du procés.

ARTICLE X.

ARTICLE X.

Le demandeur en prendra communication.

LE demandeur, ou son conseil, prendra communication de la piece, par les mains du Greffier, sans déplacer.

Ces deux Articles ont passé sans aucun changement.

ARTICLE XI.

Des moyens de faux.

LEs moyens de faux seront mis au Greffe dans trois jours au plus tard, & n'en sera donné copie ni communication au défendeur.

Aprés la lecture faite de l'Article X I.

M. Talon a dit que cet Article est entierement conforme à l'usage; mais l'on a douté si le défendeur en faux, qui a des pieces pour faire voir évidemment que l'inscription en faux n'est pas recevable, ne peut pas attacher ces pieces à une Requête, & les joindre aux moyens de faux, après l'avoir fait signifier, & baillé copie des pieces. C'est un usage qui se pratique au Palais, & souvent avec succés, & que l'on croiroit être aboli par cet Article, si la reserve n'en étoit faite,

☞ *L'on n'a point fait cette reserve, & l'Article a été mis dans l'Ordonnance sans changement.*

ARTICLE XII.

Ils pourront être joints au procés.

LEs Juges pourront les joindre, selon leur qualité & l'état du procés.

Lecture faite de l'Article X I I.

M. le P. Président a dit que cet Article étoit inutile, parce que personne ne doute que ce qui y est porté ne soit conforme à l'usage ; & le demandeur en faux est le maître de faire declarer ses moyens de faux pertinens & admissibles, les pouvant faire si forts que bon luy semblera; en sorte qu'il sera indispensable au Juge d'en permettre la preuve. Qu'il observera de plus, que les Juges doivent faire la distinction des faits dont ils admettent la preuve, d'avec ceux qui sont rejettez.

M. Pussort a dit, que l'on a douté si l'on devoit permettre aux Juges de joindre les moyens de faux au procés; parce qu'il peut y avoir de l'abus dans ces jonctions, dautant que sur la fin des Parlemens l'on n'approfondit jamais les inscriptions de faux.

☞ *Nonobstant ces observations, on n'a fait aucun changement dans cet Article.*

A R T I C L E XIII.

Si les moyens sont admis, la preuve en sera ordonnée.

SI les moyens sont pertinens & admissibles, la preuve en sera ordonnée par titres, par témoins, & par comparaison d'écritures & signatures, par Experts qui seront nommez d'office par le même Jugement, sauf à les recuser.

A R T I C L E XIV.

Ils seront compris dans le Jugement.

LE Jugement contiendra aussi les moyens & faits qui auront été declarez admissibles, & n'en sera fait preuve d'aucun autre.

A R T I C L E XV.

Les pieces seront remises aux Experts, & leur Rapport delivré au Juge.

LEs pieces inscrites de faux, & celles de comparaison, seront mises entre les mains des Experts, aprés avoir prêté serment; & leur Rapport delivré au Juge, suivant qu'il est prescrit par l'Article treiziéme du Titre *des descentes sur les lieux,* dans nôtre Ordonnance du mois d'Avril 1667.

A R T I C L E XVI.

Ce que les Juges pourront ordonner.

S'Il y a charge, les Juges pourront decreter, & ordonner que les Experts seront repetez separément en leur Rapport, recolez & confrontez, ainsi que les autres témoins.

Ces quatre Articles ont passé sans aucun changement.

ARTICLE XVII.

Amende contre le demandeur qui succombera.

LE demandeur en faux qui succombera, sera condamné en trois cent livres d'amende en nos Cours, cent vingt livres aux Sieges qui y ressortissent immediatement ; & aux autres soixante livres : applicables les deux tiers à Nous, & l'autre à la Partie ; sur laquelle seront déduites les sommes consignées ; & pourront les Juges condamner en plus grandes, s'il y échoit.

Aprés la lecture de cet Article,

M. le P. President a dit, que l'amende qui est mise dans l'Article pour en assurer l'execution, est ce qui doit faire craindre qu'il ne soit pas exécuté. Qu'il en sera de cet Article comme de celuy qui veut que les demandeurs en Requête civile, qui succomberont, soient condamnez en quatre cent cinquante livres d'amende. Que les Juges, dans de certaines circonstances, se porteront plus volontiers à enteriner des Lettres en forme de Requête civile, & à faire droit sur des moyens de faux, qu'à en débouter un demandeur, pour luy sauver 450. livres.

M. Pussort a dit, qu'on ne sçauroit condamner les temeraires plaideurs en des amendes trop fortes ; & qu'il n'y a rien de si contraire à l'execution de l'Ordonnance, que l'indulgence que l'on pourroit avoir pour leur rémettre les peines encouruës.

☞ *Les peines portées par cet Article n'ont pas été diminuées, & il a été mis dans l'Ordonnance.*

QUATRIEME CONFERENCE.

Du Samedy 14. Juin 1670. aprés midy.

TITRE X.

Des Decrets, & de leur execution.

ARTICLE I.

Decrets seront rendus sur conclusions.

TOus Decrets seront rendus sur les conclusions de nos Procureurs, ou de ceux des Seigneurs ; pour lesquelles ils ne pourront prendre ni recevoir aucunes épices ni droits, à peine de suspension de l'exercice de leurs Charges pour six mois, & de restitution du quadruple au profit de la Partie.

Aprés la lecture faite de cet Article ;

M. le P. President a dit que cet Article blessoit beaucoup les Substituts de M. le Procureur General, en retranchant les principaux droits de leurs Charges. Qu'il est vrai que l'Article 145. de l'Ordonnance de 1539. leur fait défenses de prendre des épices pour leurs conclusions sur les informations ; mais que cet Article n'a jamais été executé. Qu'il y avoit plus de raison d'ôter ces droits aux Juges qu'aux Procureurs du Roy ; parce que les Juges qui ont fait des informations, sçavent ce qu'elles contiennent ; mais les Procureurs du Roy n'en ayant connoissance que lorsqu'il est question de les decreter, il faut qu'ils les voyent plus exactement ; qu'ils y donnent leur temps comme aux autres procés ; & qu'il est à craindre, si on leur ôte leurs droits legitimes, qu'ils ne se laissent aller à en prendre qui ne leur seront pas dûs. Qu'ainsi ce retranchement ne seroit pas utile au bien de la Justice ; & il y auroit peut-être plus d'inconvenient à le faire, qu'à laisser les choses dans l'état où elles sont.

M. Pussort a dit, que le Roy n'avoit point eu en vuë, par cet Article, de diminuer les émolumens des Officiers, mais bien de retrancher les procés, en leur ôtant l'occasion de requerir des decrets avec trop de facilité, & sans beaucoup de fondement. Que le motif de cet Article est le même qui a donné lieu d'ôter la reddition des comptes au Rapporteur d'un procés. Que l'Article 145. de l'Ordonnance de 1539. avoit été confirmé par l'Article 33. de l'Ordonnance de Roussillon. A la verité l'Article 131. de l'Ordonnance de

Blois avoit permis de prendre des épices fur les informations ; & le Reglement fait par le Parlement en 1663. pour regler le droit des Juges, portoit
la même difpofition ; mais qu'on avoit cru neceffaire de reduire les chofes
à l'ancien ufage comme le plus parfait. Que tout le temps que les Juges donnent à l'adminiftration de la Juftice n'étoit pas recompenfé : les Audiences
leur font infructueufes ; ils ne prennent rien pour les Arrêts fur Requête,
ni pour les defauts, quoique fouvent il y ait un grand nombre de pieces à
voir : que le Parlement a fait des Reglemens fur ce fujet.

Que ce qu'avoit dit M. le P. Prefident, luy faifoit faire reflexion qu'en
effet il n'y avoit pas tant de raifon d'accorder des épices aux Juges pour voir
des informations, qu'aux Procureurs du Roy ; mais que comme cela avoit
été obmis dans l'Article, on pouvoit propofer au Roy de l'y ajoûter.

M. le P. Prefident a repris, que l'avidité du gain pourra bien obliger
ceux qui ne font pas de leur devoir la principale regle de leur conduite, à
requerir ou donner avec trop de facilité des decrets fur les informations ;
mais qu'il ne faloit pas prefumer que le plus grand nombre en usât ainfi. Cependant on ôtoit à des Officiers des droits qu'ils ont perçus de tout temps
en vertu de leurs Charges qu'ils ont achetées cherement, & qui compofent
fouvent la principale partie de leur patrimoine. Qu'il ne faloit pas expofer
ceux qui adminiftrent la Juftice à être tentez par la neceffité. Qu'à l'égard des
Procureurs du Roy, ils n'avoient pas plus d'interêt de conclure au decret de
prife de corps qu'à l'ajournement perfonnel, leur droit étant égal pour l'un
& pour l'autre ; & qu'enfin il faloit prendre garde qu'en leur ôtant ce
qui leur appartient à titre legitime, ils ne priffent ce qui ne leur appartiendroit pas.

M. le Prefident de Novion a dit, que les conclufions du Procureur du
Roy au decret de prife de corps, n'induifoient pas la neceffité de le decerner par le Juge ; qu'auffi la facilité de donner des decrets ne le regardoit
point ; mais que l'on devoit prévoir les extremités dans lefquelles l'Article
les pourroit jetter.

M. Puffort a repris, qu'il étoit étrange qu'on pût croire que la confideration du gain & de l'émolument eût plus de pouvoir fur l'efprit des Juges,
que celle de leur confcience & de leur devoir.

M. le P. Prefident a repliqué, qu'il y avoit de occafions où les Juges
doivent être fourds aux plaintes des Parties ; & qu'il n'y avoit pas toûjours
matiere dans les informations de decreter ; mais qu'il y en avoit d'autres où
ils ne pouvoient être trop diligens ni trop feveres pour affurer la punition
des crimes ; & qu'il faloit croire qu'ils agiffent par des motifs plus élevez
que celuy du gain. Mais que neanmoins quand ce gain faifoit partie du neceffaire, & qu'ils avoient acquis leurs Charges fur le pied d'un revenu certain, on ne pouvoit trop en apprehender le retranchement.

M. Puffort a repris, qu'en matiere de Loix, il faloit approcher le plus
prés que l'on pouvoit de la perfection.

M. Talon a dit, qu'encore que l'Ordonnance de 1539. ait défendu aux
Procureurs du Roy de prendre aucun émolument des conclufions qu'ils

donnent pour le decret des informations, cette défenfe neanmoins ayant
été levée par l'Ordonnance de Blois, & depuis les Juges & les Procureurs
du Roy ayant continué de recevoir des émolumens pour le decret des informations, il y a d'autant moins d'apparence de les en priver, qu'ils doivent voir avec foin les informations, pour examiner & le titre de l'accufation, & la qualité des preuves, & celle des accufés.

Que fi l'on efperoit qu'en obligeant les Juges de decreter gratuitement,
ils fuffent plus retenus, on devoit auffi craindre un autre inconvenient,
qui feroit que plufieurs crimes par là demeuraffent impunis, & que les coupables ne s'échapaffent, par le peu de diligence que l'on fera de decreter
des informations, n'en pouvant attendre aucune retribution. Et quoiqu'il
fuft à fouhaiter que la juftice fe rendît gratuitement, il falloit pourtant confiderer que les Charges ayant été depuis plus d'un fiecle dans le commerce,
faifant la meilleure partie du bien des familles, il y avoit quelque injuftice
d'ôter à ceux qui les poffedent les émolumens ordinaires & legitimes, fans
pourvoir à leur indemnité; la plûpart des Officiers de Judicature n'ayant
aucuns gages confiderables, & ne jouïffant que d'une partie de ceux qui
font attribuez à leurs Charges.

Il fera fans doute glorieux au Roy, de faire que les Juges ayent les mains
nettes & pures, & ne reçoivent des Parties aucuns falaires de leur travail;
mais il faut en même temps leur donner des gages proportionnez & capables de les faire fubfifter avec honneur; autrement il eft impoffible qu'ils
ne tombent dans la negligence & la prévarication; qu'ils n'abandonnent
l'exercice de leurs Charges lorfqu'elles feront infructueufes; qu'ils ne cherchent à s'indemnifer par des voyes fecrettes & honteufes, & ne commettent des concuffions dans lefquelles ils ne garderont aucune mefure.

Il eft rare de trouver des perfonnes d'une vertu fi épurée, qu'elles mépri-
fent leurs interêts, & fe veüillent dévoüer au public par le feul motif d'honneur & de vertu, fans attendre aucune recompenfe; & l'experience fait affez
connoître que dans les Provinces éloignées les Articles de l'Ordonnance de
1667. qui retranchent les émolumens des Juges fubalternes, font tres-mal
obfervez. Le Parlement n'épargne pas, dans les occafions qui fe prefentent,
les Officiers qui manquent à leur devoir : le Lieutenant Particulier d'Au-
xerre a été condamné depuis peu à rendre huit écus d'épices qu'il avoit pris
pour le Jugement d'un defaut. Mais quelque foin que l'on prenne dans le
Parlement pour punir les contraventions, il eft à craindre que ce defordre
ne continuë, & que l'exercice de la Juftice ne foit fouvent abandonné.

M. Puffort a dit, qu'il n'avoit pas cru que les chofes fuffent venuës dans
un fi grand excés de defordre : qu'il ne faudroit pas attendre les plaintes des Parties, mais qu'il faudroit les prévenir par la punition des contre-
venans : que fi l'on en avoit fait quelque exemple confiderable, l'on n'y
retourneroit plus. Qu'il n'étoit que trop public que l'on contrevient à
beaucoup d'Articles de l'Ordonnance, particulierement en ce qui regarde
les matieres fommaires, qui, nonobftant l'Ordonnance, font jugées
dans la plufpart des Cours & Jurifdictions comme les autres affaires;

& qu'il n'y a que les Compagnies superieures qui puissent empêcher ce desordre.

M. le P. President a dit, que la difference des affaires sommaires d'avec les autres se reconnoissoit facilement par les appellations qui étoient portées aux Enquêtes, où l'on n'en voyoit point de cette qualité.

M. le President de Bragelonne a dit, qu'il survenoit tant d'incidens aux procés qui se jugent aux Enquêtes, qu'il étoit difficile de connoître ni de démêler les affaires sommaires d'avec les autres; mais que neanmoins chacun tâchoit de faire son devoir.

☞ *L'avis de M. le P. President a prévalu touchant les droits des conclusions sur les informations : ainsi l'on a retranché de cet Article la clause qui fait défenses de recevoir ces sortes de droits ; & l'Article a été arrêté de cette maniere :*

A R T I C L E I. Tous decrets feront rendus fur les conclufions de nos Procureurs, ou de ceux des Seigneurs.

A R T I C L E I I.

Trois fortes de Decrets.

SÉlon la qualité des crimes, des preuves, & des perfonnes, fera ordonné que la Partie fera affignée pour être ouïe ; ajournée à comparoir en perfonne, ou prife au corps.

Lecture faite de cet Article.

M. Talon a dit, qu'encore que l'ufage ait introduit *l'affigné pour être ouï*, pour laiffer aux Juges la liberté de fauver l'interdiction, felon la nature des affaires, à un Officier qu'ils obligent de venir rendre raifon de fa conduite ; l'ajournement perfonnel emportant neceffairement, par l'ufage, interdiction ; neanmoins cette forme de Decret ne fe trouvoit dans aucune Ordonnance. Et puifque par un Droit nouveau l'on ne vouloit plus que l'ajournement perfonnel emportât interdiction, fi elle n'étoit prononcée, l'Article fembloit inutile ; d'autant plus qu'en aboliffant les affignations pour être ouï, l'on fauvoit une converfion, & qu'il ne refteroit plus que celle de l'ajournement perfonnel en decret de prife de corps.

☞ *M. l'Avocat General vient d'obferver, que par un Droit nouveau l'on ne vouloit plus que l'ajournement perfonnel emportât interdiction, fi elle n'étoit prononcée. Pour l'éclairciffement de ces paroles qui paroiffent obfcures, il faut fçavoir que M. Talon defigne l'Article X. de ce Titre, qui porte, que le decret d'ajournement perfonnel n'emportera point d'interdiction, fi elle n'y eft notamment exprimée. Mais cette claufe ayant été retranchée, comme on le verra cy-aprés, il refulte que l'ajournement perfonnel emporte de droit l'interdiction. Ainfi l'on n'a fait aucun changement dans le prefent Article, qui contient les trois fortes de Decrets, fuivant leur force & leur ordre.*

ARTICLE III.

Conversion de l'assigné pour être ouï.

L'Assignation pour être ouï sera convertie en decret d'ajournement personnel, si la Partie ne compare.

ARTICLE IV.

Conversion de l'ajournement personnel.

L'Ajournement personnel sera converti en decret de prise de corps, si l'accusé ne compare dans le delai qui sera reglé par le decret d'ajournement personnel, selon la distance des lieux, ainsi qu'aux ajournemens en matiere civile.

Ces deux Articles ont été trouvez bons, & l'on n'y a fait aucun changement.

ARTICLE V.

Decret sur les procés verbaux des Juges.

LEs procés verbaux des Presidens & Conseillers de nos Cours pourront être decretez de prise de corps, & ceux de nos autres Juges, d'ajournement personnel seulement ; sinon aprés qu'eux ou leurs Assistans auront été repetez.

Lecture ayant esté faite de cet Article,

M. le P. President a dit, que les Presidens ne vont plus en commission ; & que ce terme, *Eux*, formoit une équivoque, & se pouvoit rapporter aux Juges, qui ne sont point recollez sur leurs procés verbaux, mais seulement ceux qui les ont assistez.

M. Pussort a dit qu'il le falloit ôter,

☞ *Ce terme équivoque a été supprimé*, & *l'on a mis ainsi :* sinon aprés que leurs Assistans auront été repetez.

ARTICLE VI.

Decrets sur les procés verbaux des Huissiers.

LEs procés verbaux des Sergens ou Huissiers, même de nos Cours, ne pourront être decretez, sinon en cas de rebellion à
Justice,

Juſtice, que d'ajournement perſonnel ſeulement ; mais aprés qu'ils auront eſté repetez & leurs Records, les Juges pourront décerner priſe de corps, ſi le cas y échoit. N'entendons neanmoins rien innover à l'uſage des Maîtriſes de nos Eaux & Foreſts, dans leſquelles les procez verbaux des Verdiers, Gardes & Sergens ſont decretez, même de priſe de corps.

Lecture faite de l'Article V I.

M. le P. Preſident a dit, que la premiere partie de cet Article eſt conforme à l'uſage ; & la ſeconde, à la derniere Declaration du Roi ſur les Eaux & Foreſts. Qu'ils ſeroit neanmoins à ſouhaiter que Sa Majeſté voulût diminuer la rigueur de cette Ordonnance. Que perſonne ne croira que les Sergens des Foreſts ſoient plus gens de bien, & meritent plus de foi que les autres ; & qu'ils peuvent beaucoup abuſer de la diſtinction que l'on faiſoit en leur faveur.

M. Puſſort a dit, qu'il ne croit pas que le Roi veüille déroger à cette Declaration.

☞ *Nonobſtant l'objection faite par M. le P. Preſident, cet Article a été conſervé.*

A R T I C L E   V I I.

Celui qui eſt aſſigné pour être oüi, ou ajourné en perſonne, quand pourra être arrêté.

CElui contre lequel il y aura Ordonnance d'aſſignation pour être oüi, ou decret d'ajournement perſonnel, ne pourra être arrêté priſonnier, s'il ne ſurvient de nouvelles charges ; ou que par déliberation ſecrete de nos Cours, il ait eſté reſolu qu'en comparoiſſant il ſera arrêté ; ce qui ne pourra être ordonné par aucuns autres Juges.

Aprés la lecture de l'Article V I I.

M. le P. Preſident a dit, que cet Article étoit conforme au dixiéme de l'Ordonnance du Roi Henri II. de 1549. mais qu'il ſeroit peut-être plus à propos de ne le point mettre dans cette Ordonnance.

M. Puſſort a dit, que la premiere partie de l'Article étoit faite contre les perſonnes d'autorité, auſquelles la Juſtice étoit ſouvent obligée de tendre ce piege, pour s'aſſurer plus facilement & avec moins de bruit, de leurs perſonnes. Qu'à l'égard de la ſeconde, ſi l'on ne défend pas aux premiers Juges de faire ces ſortes de retentions, ils croiront être en droit de s'en ſervir de même que les Compagnies ſuperieures, & pourront par ce moïen faire inſulte a des perſonnes qualifiées : que c'eſt la raiſon de l'Article.

M. Talon a dit, que quand il eſt neceſſaire d'arrêter un homme, on ne le doit pas avertir, ſi l'on ne veut s'expoſer à faire perdre le gage à la Juſtice ; & qu'il valloit encore mieux uſer de cette innocente ſurpriſe, en arrêtant dans un Greffe & ſans bruit, un criminel dont on apprehende le credit & la reſiſtance, que d'expoſer les Miniſtres de la Juſtice à l'aſſieger dans un Château, & l'enlever de force.

☞ *Nonobſtant ces obſervations, le preſent Article a eſté conſervé ; mais on y a changé le mot d'aſſignation pour être oüi, en celui d'aſſigné, pour être oüi.*

A R T I C L E　V I I I.

Cas dans leſquels on décerne priſe de corps ſur la notorieté.

POurra être décerné priſe de corps ſur la ſeule notorieté, pour crime de Duel, ſur la plainte de nos Procureurs, contre les Vagabonds ; & ſur celles des Maîtres, pour vols, & affaires domeſtiques.

Aprés la lecture faite de l'Article V I I I.

M. le P. Preſident a dit que l'Article eſt nouveau à l'égard des Vagabonds, & des vols domeſtiques, mais qu'il eſt bon ; qu'il n'y avoit que ces termes, *d'affaires domeſtiques,* qui paroiſſoient trop generaux.

M. Puſſort a dit, que l'on pourroit mettre au lieu *d'affaires, Crimes, & Delits domeſtiques.*

☞ *Cette propoſition a eſté ſuivie, & c'eſt le ſeul changement qu'on ait fait dans l'Article.*

A R T I C L E　I X.

L'accuſé étant pris en flagrant délit, ce que le Juge fera.

APrés qu'un accuſé pris en flagrant délit, ou à la clameur publique, aura eſté conduit priſonnier, le Juge ordonnera qu'il ſera arrêté & écroüé, & le jugement lui ſera ſignifié parlant à ſa perſonne.

Aprés la lecture de cet Article,

M. le P. Preſident a dit, que dans une des Conferences précedentes, on avoit jugé plus à propos de ſignifier un extrait de l'écroüé, qui ne regarde que l'accuſé, que du decret qui peut faire mention des complices, & en donner par ce moyen la connoiſſance.

M. Talon a dit, que comme il a déja eſté remarqué, l'on ne doit pas donner à un accuſé copie du decret, mais ſeulement de ſon écroüe ; de crainte que les complices ne ſoient connus. Il ſemble à propos d'en uſer de même à l'égard de la recommandation ; car ſouvent par le Jugement qui ordonne qu'un accusé pris en flagrant delit , sera recommandé és prisons, l'on decrete contre plusieurs de ses complices, qui peut-être même n'étoient pas presens à l'action , mais qui ne laissoient pas de pouvoir être les veritables auteurs du crime : & en ce cas , la signification du Decret seroit un moyen de favoriser leur évasion.

M. Pussort a dit , qu'il falloit mettre l'*écroüe* , au lieu du *Jugement*.

☞ *On a fait ce changement dans l'Article , & c'est le seul qu'on y ait fait.*

ARTICLE X.

Quels decrets n'emporteront interdiction.

L'Ordonnance d'assigné pour être oüi , ou le decret d'ajournement personnel contre un Juge ou Officier de Justice , n'emportera point d'interdiction , si elle n'y est nommément exprimée.

Lecture faite de l'Article X.

M. le P. President a dit , que jusqu'ici l'ajournement personnel a toûjours emporté l'interdiction , mais que cet Article obligera de l'ajoûter dans tous les Jugemens , parce qu'il est indécent qu'un homme en decret d'ajournement personnel , fasse fonction de Juge.

M. Pussort a dit , que parmi les Juges ce n'étoit pas une question décidée, si l'ajournement personnel emporte interdiction : qu'un Juge contre lequel il y a ajournement personnel sans interdiction jointe , ne croit pas être interdit des fonctions de sa Charge ; qu'ainsi il est bon de l'expliquer de façon ou d'autre. Que l'on peut , sans inconveniens , prendre le parti d'ajoûter l'interdiction dans les decrets d'ajournement personnel , ou d'ordonner qu'elle y sera sous-entenduë.

M. Talon a dit , que bien que l'on ait douté si un ajournement personnel decerné contre un Officier, emportoit interdiction des fonctions de sa Charge , & qu'il y ait eu sur cela diversité d'opinions , il semble que le meilleur parti que l'on puisse prendre , est celui de la severité , & qu'il y a quelque indécence qu'un Officier prévenu de crime , continuë de rendre la Justice aux Sujets du Roi , avant que d'avoir justifié son innocence. Mais la principale raison pour établir que l'ajournement personnel emporte l'interdiction , quand même elle n'y seroit pas nommément exprimée, c'est qu'autrement cela formeroit tous les jours des embarras , & des conflits ; & l'on prétendra qu'un Juge n'en peut pas interdire un autre , s'il n'est son inferieur. Par exemple , si un Lieutenant Criminel decerne ajournement personnel contre un Elû , & qu'il ajoûte qu'il demeurera cependant interdit , les Officiers de l'Election croiront ne devoir pas déferer à cette interdiction , & la Cour des Aides prétendra peut-être que c'est une entreprise sur sa Jurisdiction. Au lieu que l'Officier ajourné à comparoir

en perſonne, étant interdit par la Loi, & l'ajournement perſonnel emportant interdiction, cela fera ceſſer toutes ſortes de difficultez, & rendra les
Officiers plus circonſpects & retenus dans leur conduite, par la crainte de
demeurer interdits, s'ils s'expoſent par leurs mauvais déportemens à un
ajournement perſonnel.

M. Puſſort a dit que l'on pouvoit choſir l'un ou l'autre, & qu'il en
falloit parler au Roi.

☞ *Sur les objections faites contre cet Article, on a retranché la clauſe, qui
porte que l'ajournement perſonnel n'emportera point d'interdiction, ſi elle
n'eſt exprimée. Et cette clauſe a eſté inſérée dans l'Article ſuivant, qui donne
au decret de priſe de corps, la force de l'interdiction. Voici de quelle maniere l'Article X. a eſté reformé.*

A R T I C L E X. L'Ordonnance d'aſſigné pour être oüi, contre un Juge ou
Officier de Juſtice, n'emportera point d'interdiction.

A R T I C L E X I.

Quel decret emportera interdiction.

LE decret de priſe de corps emportera de droit interdiction.

Lecture faite de cet Article,

☞ *Il a eſté trouvé bon : neanmoins on y a ajoûté le decret d'ajournement
perſonnel, ſuivant les remarques qui ont eſté faites ſur l'Article precedent ;
& celui-ci a eſté redigé de cette maniere.*

A R T I C L E X I. Le decret d'ajournement perſonnel, ou de priſe de corps, emportera de droit interdiction.

A R T I C L E X I I.

Decrets feront executez nonobſtant appellations.

SEra procedé à l'execution de tous decrets, même de priſe
de corps, nonobſtant toutes appellations, même comme de
Juge incompetent ou recusé, & toutes autres, ſans demander
permiſſion, ni *Pareatis.*

Lecture faite de l'Article X I I.

M. le P. Preſident a dit, que l'obligation de prendre un *Pareatis* du
Juge des lieux, où s'execute le decret, empêche quelquefois les inſultes que
l'on voudroit faire par vengeance, & par animoſité. Que d'ailleurs on

oblige la partie qui demande un *Pareatis*, d'élire domicile : ce qui eft fort neceffaire, afin que le prifonnier fçache à qui s'adreffer au lieu où il eft emprifonné, pour faire les fommations, & fignifier les actes qu'il jugera à propos.

M. Puffort a dit, que cette élection de domicile produiroit le même effet que le *Pareatis*. D'ailleurs fi l'accufé fait faire des fignifications au domicile elû, qui connoîtra des differens qui pourront furvenir en confequence ? Sera-ce le Juge du domicile élû, ou celui du délit ? Si c'eft le Juge du délit, on tombe dans l'inconvenient que l'on a voulu éviter, par l'élection de domicile ; fi au contraire, c'eft le Juge du domicile élu, ce fera lui attribuer Jurifdiction d'une matiere dont il fera peut-être incompetent de connoître : mais que dans tous les cas cela produira toûjours des conflits ; & que le temperament que l'on pourroit prendre, feroit d'ordonner que *la partie civile feroit tenuë de faire élection de domicile, fans toutefois attribuer de jurifdiction aux Juges.*

M. le P. Prefident a dit, que quand le Juge du lieu feroit incompetent de connoître de la matiere, il pourroit toûjours prendre connoiffance de ce qui concerne la police de fes prifons ; en forte que fi la partie civile neglige de faire transferer le prifonnier dans les prifons du Juge du delit, le Juge du lieu fera bien fondé d'ordonner que dans un certain temps la partie fera tenuë de le faire transferer, finon qu'il fera fait droit fur fon élargiffement : qu'il faudra pour faire fignifier ces Jugemens, qu'il y ait élection de domicile.

M. Talon a dit, qu'il n'y auroit pas grand inconvenient d'ôter le *Pareatis* ; mais il eft neceffaire d'obliger celui qui fait executer un decret hors le reffort du Juge qui l'a décerné, d'élire domicile dans le lieu où fe fait l'emprifonnement, non pas pour donner pouvoir au Juge de connoître du crime, car cela lui doit être étroitement défendu ; mais afin que fi la partie civile eft negligente de faire transferer le prifonnier, il y puiffe pourvoir par fon autorité.

M. Puffort a dit, qu'avant que la partie civile ait pû affembler main-forte, il fe pourra paffer un temps confiderable, pendant lequel il ne feroit pas jufte de mettre hors des prifons un accufé de crimes attroces : ce qu'un Juge qui voudroit favorifer une partie, pourroit faire impunément, fi l'Ordonnance lui permettoit de le faire avec connoiffance de caufe. Que fi la partie laiffoit écouler bien du temps fans faire la tranflation, le prifonnier pourroit s'adreffer au Juge du délit, qui par la connoiffance qu'il auroit de la qualité de l'accufation & de l'accufé, ordonneroit ce qu'il jugeroit à propos, & que l'expedient qu'il avoit propofé d'abord, étoit le plus fûr.

☞ *L'on n'a fait aucun changement à l'Article XII. mais fuivant la propofition faite par M. Puffort, l'on a dreffé un Article, qui ordonne* d'élire domicile dans le lieu où fe fera l'execution, fans attribuer de jurifdiction au Juge. *Ce nouvel Article eft le XIII. de ce Titre dans l'Ordonnance. Il eft conçû en ces termes :*

ARTICLE XIII. Seront neanmoins tenus ceux à la requête defquels les decrets feront executez, élire un domicile dans le lieu où se fera l'execution : sans attribuer toutefois aucune jurisdiction au Juge du domicile élû.

ARTICLE XIII.

Ce qu'il faut faire en cas de rebellion.

LEs Huissiers, Sergens, Archers, & autres Officiers chargez de l'execution de quelque decret, ou mandement de Justice, ausquels on auroit fait rebellion, excez ou violence, en dresseront procez verbal, qu'il remettront incontinent entre les mains du Juge, auquel nous enjoignons de se transporter sans delai sur les lieux, avec nombre suffisant d'Huissiers, ou Sergens. Et en cas de resistance, il en dressera sur le champ son procez verbal, attesté de ceux des assistans, qui sçauront signer, avec mention des autres qui n'auront pû signer : & le procez verbal sera par lui remis dans vingt-quatre heures au Greffe, pour en être envoyé une expedition à nôtre Procureur General.

Aprés la lecture de cet Article,

M. le P. President a demandé si le procez verbal seroit remis entre les mains du Juge des lieux, ou en celles du Juge qui a donné le decret : Que ce ne pouvoit être entre les mains du Juge qui a decreté, parce qu'il sera peut-être trop éloigné du lieu de l'execution. Par exemple, si l'on execute une Ordonnance du Lieutenant Criminel de Paris, en Bretagne, il ne s'y transportera pas pour la faire executer.

M. Pussort a dit que l'Article s'entendoit du Juge qui a decerné le decret : & pour le temps, que ce seroit incessamment, & suivant les distances des lieux. Mais qu'il sera peut-être plus à propos d'ôter cette partie de l'Article, qui dit que le Juge se transportera sur les lieux avec main-forte : parce qu'il suffit au Juge d'ordonner, sans qu'il soit obligé de s'exposer au peril, qui se trouve souvent dans l'execution de son Jugement.

M. le P. President a dit qu'il avoit crû que l'Article s'entendoit du Juge des lieux, qui doit prêter main-forte à la Justice dans l'execution des Jugemens qui s'executent dans le détroit de sa Jurisdiction : d'autant plus que la rebellion aux executions de Justice, est un cas Royal, à cause de l'émotion populaire dont elle est ordinairement accompagnée ; & par consequent de la competence du Juge des lieux.

M. Pussort a dit, que la rebellion n'étoit pas toûjours accompagnée d'émotion populaire, puisqu'elle pouvoit être faite dans un lieu écarté, ou par trois ou quatre particuliers interessez.

M. le P. President a observé qu'il se trouvoit encore une autre difficulté dans l'Article, qui est que l'on enjoint au Juge de dresser son procés verbal , fans lui prefcrire ce qu'il doit faire enfuite , s'il doit continuer fa procedure ou la difcontinuer : Que fi on ne lui marque plus précifément ce qu'il doit faire , il fe contentera de dreffer & d'envoyer fon procez verbal , & furfeoir fon inftruction.

M. Puffort a dit , que le Juge doit continuer fon inftruction, nonobftant la rebellion qui fera faite à l'execution de fes Jugemens, l'Ordonnance ne lui prefcrivant rien de contraire ; & qu'en cas que cela forme quelque doute , on peut ajoûter à la fin de l'Article : *fans préjudice de la continuation de l'inftruction.*

M. Talon a dit , qu'il fembloit neceffaire d'expliquer quel eft le Juge qui fe doit tranfporter fur les lieux en cas de rebellion : fi c'eft celui dont le decret ou le Jugement eft émané, ou le Juge du lieu dans lequel la rebellion eft commife. Si c'eft le Juge qui a rendu le decret, l'execution de cet Article peut être fouvent difficile, & quelquefois impoffible : car fi l'on commet rebellion en Bretagne, ou en Provence, à l'execution d'un decret decerné par le Lieutenant Criminel du Châtelet, quelle apparence y a-t'il qu'il abandonne l'exercice de fa Charge, pour fe tranfporter à deux cens licuës, & faire executer fon decret ? Qui payera les frais de ce voyage, fera-ce la partie ; Décernera-t'on executoire fur le domaine, ou le Juge fera-t'il obligé de le faire à fes frais ? Il vaudroit donc bien mieux ordonner que le Lieutenant Criminel du Bailliage, ou Siege Prefidial, dans l'étenduë duquel la rebellion aura efté commife, fe tranfportera fur les lieux, affifté du Prevôt des Maréchaux, pour faire rendre obeïffance à la Juftice, & ce d'autant plus que la rebellion eft un cas Royal, dont la connoiffance appartient aux Lieutenans Criminels des Bailliages & Sieges Prefidiaux ; & que lorfqu'en executant une Sentence renduë au Bailliage ou Siege Prefidial en matiere civile, l'on commet quelque rebellion, ce n'eft point le Juge Civil, mais le Lieutenant Criminel qui en doit informer, & inftruire le procez : ce qui eft décidé nettement par tous les Reglemens qui ont efté faits entre les Lieutenans Generaux & Criminels.

☞ *L'on a retranché de cet Article la claufe, qui ordonne au Juge de fe* tranfporter fur les lieux, avec nombre fuffifant d'Huiffiers, &c. *L'on a auffi ajoûté cette autre claufe à la fin de l'Article :* fans que l'inftruction & le Jugement puiffent être retardez. *Moyennant ces changemens, le préfent Article a efté inferé dans l'Ordonnance, où il eft le XIV. en ces termes :*

ARTICLE XIV. Les Huiffiers, Sergens, Archers, & autres Officiers chargez de l'execution de quelques Decrets ou Mandemens de Juftice, aufquels on aura fait rebellion, excez, ou violence, en drefferont procez verbal, qu'ils remettront incontinent entre les mains du Juge pour y être pourvû, & en être envoyé une expedition à nôtre Procureur General : fans neanmoins que l'inftruction & le Jugement puiffent être retardez.

A R T I C L E X I V.

Injonction aux Officiers de prêter main-forte.

ENjoignons à tous Gouverneurs, nos Lieutenans Generaux des Provinces & Villes, Baillifs, Senéchaux, Maires, & Echevins de prêter main-forte à l'execution des decrets, & de toutes les Ordonnances de Justice ; même aux Prevôts des Maréchaux, Vice-Baillifs, Vice-Senechaux, leurs Lieutenans & Archers : à peine de radiation de leurs gages, en cas de refus ; dont il sera dressé procez verbal par les Juges, Huissiers ou Sergens, pour être envoyé à nos Procureurs Generaux, chacun dans leur ressort, & y être par Nous pourvû.

☞ *Cet Article, & les deux suivans sont dans l'Ordonnance sans aucun changement.*

A R T I C L E X V.

Comment sera faite la conduite des accusez.

LEs accusez qui auront esté arrêtez, seront incessamment conduits dans les prisons, sans pouvoir être détenus és maisons particulieres, si ce n'est pendant leur conduite, & en cas de peril d'enlevement, dont sera fait mention dans le procez verbal de capture & de conduite, à peine d'interdiction contre les Prevôts, Huissiers ou Sergens ; de mille livres d'amende envers Nous, & des dommages & interêts des parties.

A R T I C L E X V I.

Abrogation des amenez sans scandale.

DEfendons à tous Juges, même des Officialitez, d'ordonner qu'aucune partie soit amenée sans scandale.

☞ *Ces Articles ont esté trouvez bons.*

A R T I C L E X V I I.

Decret ne sera décerné, pour être executé.

NE pourra être décerné aucun decret, pour être executé à l'indication d'une tierce personne.

A R T I C L E XVIII.

ARTICLE XVIII.

On peut décreter contre un inconnu , sous la désignation.

POurra , si le cas le requiert , être rendu décret contre des personnes non connuës , & sous la désignation de l'habit de la personne , & autres marques suffisantes.

Lecture faite de ces deux Articles :

M. le P. Président a dit , qu'il y avoit autant d'inconvénient dans l'Article XVIII. que l'on en ôtoit par l'Article XVII. Que lors qu'une Partie civile indique , elle demeure garante de son indication ; ce qui ne se rencontre pas dans la désignation. Que cela ne porte point de conséquence à l'égard de l'ajournement personnel , où il ne s'agissoit que de le signifier ; & qu'il y avoit souvent necessité de décreter sur l'indication , la désignation n'étant pas assez expresse.

M. Pussort a dit , qu'il y a inconvénient en l'une & en l'autre de ces dispositions ; mais qu'il y en avoit beaucoup moins dans la désignation , parce que les marques en sont plus certaines que dans l'indication , par laquelle on laisse à une Partie , (qui souvent ne cherche qu'à satisfaire sa passion , & n'a pas de quoi répondre des dommages & interêts) la liberté de faire insulte à qui bon lui semble. Mais que la disposition de l'Article n'empêchoit pas , que pour plus grande précaution , le Juge ne fît la désignation de l'accusé dans le décret.

M. Talon a dit , que pour l'intelligence de ces deux Articles , il faut présupposer , qu'il est vrai qu'on ne doit jamais décerner de décret , particulierement de prise de corps , contre des personnes inconnuës , pour être exécuté à la seule indication de la Partie civile ; mais quand les accusez ne sont point nommez par les témoins dans les informations , le Juge ne les doit pas aussi nommer dans son décret , quand même ils le seroient dans la plainte. Tout ce qu'il peut faire , est de les désigner , suivant les remarques que les témoins en ont faites , soit de leur visage , soit de leur taille , ou de leurs habits. Mais comme ces désignations sont souvent fautives & trompeuses , particulierement celles qui regardent les habits ou le poil , qui peuvent être aisément déguisez , il est de la prudence du Juge d'ajoûter à son décret , que *l'indication sera faite par la Partie civile ,* qui demeure responsable des dommages & interêts.

Si l'on en use autrement , il en arrivera deux inconvéniens : le premier , que les Sergens porteurs d'un décret , n'oseront l'exécuter contre le veritable accusé , s'ils ne trouvent en sa personne toutes les désignations portées par le décret. Le second plus important , est que la Partie civile ne laissera pas toûjours d'indiquer , quoique la faculté ne lui en soit pas donnée ; mais elle ne sera plus responsable de son indication , & celui qui aura souffert

Ordonnance Criminelle.   Q l'injure de son emprisonnement scandaleux, n'aura plus de recours pour ses dommages & interêts.

S'il attaque la Partie civile, elle dira qu'elle ne l'a point indiqué : qu'elle a mis son décret entre les mains des Sergens, & que s'ils se sont trompez, elle n'en est pas responsable. S'il s'adresse aux Sergens, outre que ce sont souvent des miserables, ils rapporteront leur procez verbal, pour justifier que celui qu'ils ont emprisonné avoit les mêmes désignations que celles portées par le décret, & que la ressemblance les a jettés dans l'erreur. De sorte qu'il vaut beaucoup mieux que l'indication se fasse par la Partie civile; & il y aura encore moins d'inconvénient à suivre en cela l'ancien usage, qu'à le réformer.

M Pussort a dit, que l'indication & la dénonciation doivent être considérées comme une même chose; parce qu'une Partie trouvera autant d'avantage à désigner dans sa plainte celui qu'elle veut faire arrêter, qu'à le faire connoître au Sergent, lors qu'il sera seulement question d'exécuter le decret : qu'ainsi il vaut mieux que ce soit sur la désignation.

Aprés toutes ces observations, on a changé l'Article XVII. & on l'a joint à l'Article suivant. On a aussi restraint la disposition de ces Articles, aux décrets de prise de corps. Ces deux Articles ensemble composent le XVIII. Article de l'Ordonnance, en ces termes.

ARTICLE XVIII. Pourra, si le cas le requiert, être rendu décret de prise de corps contre des personnes non connuës, sous les désignations de l'habit de la personne, & autres suffisantes, comme aussi à l'indication qui en sera faite.

ARTICLE XIX.

Quand on peut décerner prise de corps contre un domicilié.

NE sera décerné prise de corps contre les domiciliez, si ce n'est pour crime qui doive être puni de peine afflictive ou infamante.

Cét Article a passé, & il est dans l'Ordonnance de la même maniere.

ARTICLE XX.

Les Juges inférieurs envoïeront un état des procédures criminelles.

NOs Procureurs és Justices ordinaires, seront tenus d'envoïer à nos Procureurs Généraux, chacun dans leur ressort, au mois de Janvier & de Juillet de chacune année, un état signé par les Lieutenans Criminels & par eux, des écroües & recommandations faites pendant les six mois précédens, és prisons de leurs

Sieges, & qui n'auront point été fuivies de Jugement définitif :
contenant la datte des decrets, écrouës & recommandations ; le
nom, furnom, qualité, & demeure des Accufez, & fommaire-
ment le titre de l'accufation, & l'état de la procedure : à l'effet de
quoi tous actes & écrouës feront par les Greffiers & Geoliers délivrez gratuitement, & l'état porté par les Meffagers fans frais : à
peine d'interdiction contre les Greffiers & Geoliers, & de cent livres d'amende envers Nous, & de pareille amende contre les Meffagers. Ce qui aura lieu, & fous pareille peine, pour les Procureurs des Juftices Seigneuriales, à l'égard de nos Procureurs des
Sieges où elles reffortiffent.

Lecture faite de l'Article XX.

M. le P. Préfident a dit, qu'il falloit ajoûter dans cét Article, comme on
avoit déja fait dans un autre, les Lettres d'abolition, de grace & de remiffion :
& que l'Article eft rempli de beaucoup de peines. Que d'ailleurs on oblige
les Officiers de faire bien des chofes gratuitement, & cependant on leur ôte
en beaucoup d'endroits, leurs droits & leurs profits legitimes.

M. Puffort a dit, qu'il falloit ajoûter dans cét Article, les Lettres d'abolition
& de remiffion.

M. le P. Préfident a reparti, que fa penfée n'avoit pas été, qu'on accordât
aucun droit pour les expeditions mentionnées en l'Article ; & qu'il n'avoit
fait fon obfervation, que pour faire voir que les Greffiers & autres Officiers
faifant beaucoup de chofes gratuitement, il étoit raifonnable de leur conferver leurs droits legitimes.

☞ On n'a fait aucun changement dans cét Article, nonobftant la propofition
faite par M. le P. Préfident d'ajoûter ici les Lettres d'abolition & de grace ;
parce que cette addition a été inférée ci-devant dans l'Article dernier du Titre VI.
des Informations.

ARTICLE XXI.

Prifonniers, quand feront élargis.

LES Accufez, contre lefquels il n'y aura eu originairement
décret de prife de corps, feront élargis aprés l'interrogatoire, s'il ne furvient de nouvelles charges, ou par leur reconnoiffance ou par la dépofition de nouveaux témoins.

Aprés la lecture de l'Article dernier.

M. le P. Préfident a dit, que fouvent l'on a commencé de grands Procez
criminels, par un Decret d'ajournement perfonnel, qui fe donne en bien
des rencontres, même par les premiers Juges ; quoi qu'il y eût lieu par

Q ij

les Informations de decreter prife de corps. Mais que cela fe faifoit pour ne pas donner de la défiance à un Accufé, & pour s'en affurer avec moins de rifque & de peine; & que d'ailleurs l'interrogatoire pouvoit faire de nouvelles charges.

M. Puffort a dit, que ces mots: *S'il ne furvient de nouvelles charges*, remedient à toutes chofes; & fouvent on arrête un homme fur fon interrogatoire, quoiqu'il n'y ait qu'ajournement perfonnel contre lui.

☞ *Ce dernier Article a encore paffé, fans aucun changement. Mais dans l'Ordonnance on a tranfporté à la fin de ce Titre, trois Articles qui concernent auffi l'élargiffement, & qui font le XXIX. le XXX. & le XXXI. Articles du Titre XIII. du préfent projet d'Ordonnance. On verra ci-aprés la raifon de ce changement, en examinant le Titre XIII. des Prifons, &c.*

TITRE XI.

Des Excufes, ou Exoines des Accufez.

ARTICLE I.

Comment l'Accufé malade fe fera excufer.

L'Accufé qui ne pourra comparoir en Juftice, pour caufe de maladie, ou bleffure, fera prefenter fes excufes par Procuration fpeciale, paffée pardevant Notaire, qui contiendra le nom de la Ville, Bourg, ou Village, Paroiffe, ruë, & maifon où il fera détenu.

Cét Article a été trouvé bon, & il eft dans l'Ordonnance.

ARTICLE II.

La Procuration fera accompagnée du rapport d'un Medecin.

LA Procuration ne fera point reçûë fans rapport d'un Medecin de Faculté approuvée, qui déclarera la qualité, & les accidens de la maladie ou bleffure; & que l'Accufé ne peut fe mettre en chemin fans peril de fa vie, dont la verité fera atteftée par ferment du Medecin, pardevant le Juge du lieu, dont fera dreffé Procez verbal; qui fera auffi joint à la Procuration.

Lecture faite de l'Article.

M. le P. Préfident a dit , qu'il y a bien des lieux où il n'y a point de Medecin de Faculté approuvée.

M. Puffort a dit , que l'on avoit jugé à propos d'affujetir les Exoines à beaucoup de formalitez , pour les rendre plus difficiles.

Que l'on peut faire venir des Medecins d'une Faculté approuvée ; mais que toutes les Exoines bien examinées ne font ordinairement que des illufions à Juftice.

☞ *Cét Article eft pareillement dans l'Ordonnance , fans aucun changement.*

ARTICLE III.

Comment l'Exoine fera portée à l'Audiance.

L'Exoine fera montrée à nôtre Procureur, ou à celui des Seigneurs, & communiquée à la Partie civile, s'il y en a, qui fera tenuë, fur un fimple Acte de fe trouver à l'Audiance où l'Exoine fera prefentée & reçûë ; fans que le porteur des pieces foit tenu de déclarer qu'il eft envoïé exprés pour les prefenter, & qu'il a vû l'Accufé.

☞ *Le préfent Article a été trouvé bon.*

ARTICLE IV.

Si l'Exoine eft legitime , il fera informé de la verité.

SI les caufes de l'Exoine paroiffent legitimes , il fera donné défaut à nôtre Procureur, ou à celui des Seigneurs, fauf l'Exoine ; & pour le profit, commiffion à eux délivrée & aux Parties, pour informer refpectivement dans un bref délai, de la verité de l'Exoine, & du contraire.

Aprés la lecture de cét Article.

M. le P. Préfident a dit, que ces mots de *défaut , fauf l'Exoine ,* font de l'ancien ftyle qui eft aboli.

M. Talon a dit , que ces termes : *Il fera donné défaut à nôtre Procureur , ou à celui des Seigneurs , fauf l'Exoine ,* qui font de l'ancien ftyle des procedures criminelles, doivent être retranchez comme inutiles. D'ailleurs l'Ordonnance aboliffant l'ufage de lever des défauts au Greffe , foit fur les ajournemens perfonnels ; ou fur les decrets de prife de corps : il ne faut point

laisser des vestiges d'une pratique qui ne subsiste plus.
M. Pussort a dit, qu'il les falloit ôter.

☞ *Sur ces observations, le présent Article a été réformé de cette maniere.*

ARTICLE IV. Si les causes de l'Exoine paroissent legitimes, il sera ordonné que nos Procureurs ou ceux des Seigneurs, & les Parties informeront respectivement dans un bref délai de la verité de l'Exoine & du contraire.

ARTICLE V.

Comment sera fait droit sur l'Exoine.

LE délai pour informer étant expiré, sera fait droit sur l'incident de l'Exoine, sur ce qui se trouvera produit.

Cét Article a été trouvé bon.

TITRE XII.

Des Sentences de Provision.

ARTICLE I.

Les Juges pourront ajuger une Provision.

L'Es Juges pourront, s'il y échoit, ajuger à une Partie quelques sommes de deniers, pour pourvoir aux alimens & médicamens : ce qui sera fait sans conclusions de nos Procureurs, ou de ceux des Seigneurs.

Cét Article a passé sans aucun changement.

ARTICLE II.

Ne pourront réïterer, ni en accorder aux deux Parties.

NE pourront les Juges réïterer les Provisions, pour quelque occasion & sous quelque prétexte que ce soit, ni les accorder à l'une & à l'autre des Parties : à peine de suspension de leurs charges, & de tous dépens, dommages & interêts.

Lecture faite de cét Article.

M. le P. Président a dit, qu'il est vrai qu'autrefois il y a eu beaucoup d'abus dans la matiere des provisions, & que les Juges en donnoient aux deux Parties. Que la derniere partie de l'article y a prudemment pourvû; mais qu'il y a beaucoup de difficulté dans la premiere, qui ne permet pas de réïtérer les provisions.

Qu'il y a necessité de laisser cela à l'arbitrage du Juge; parce que d'abord on ne connoît pas la qualité des blessures : qu'il y survient des accidens, & qu'il n'y auroit pas d'apparence de laisser périr un homme faute d'alimens ou de médicamens. Mais que pour empêcher que les premiers Juges n'en puissent abuser, l'on pourroit suivre le Reglement du Parlement, qui veut qu'il y ait au moins quinzaine entre la premiere & la seconde provision : même qu'elle ne soit réïtérée qu'avec connoissance de cause; mais qu'il seroit trop rude de l'ôter absolument.

M. Pussort a dit, que le plus grand abus qu'il y avoit dans la facilité de donner des provisions, ne venoit pas de la Partie qui les reçoit; mais au contraire, de ce qu'ordinairement elle n'en touchoit rien. Que l'on ne manquoit jamais à faire des saisies, au moment qu'elles étoient ajugées : l'on ordonne en conséquence, que les deniers seront mis au Greffe, s'il survient des oppositions & des appellations, & par le moyen de ces incidens, les provisions sont entierement consumées, & les Parties n'en retirent aucun avantage.

Que neanmoins l'observation de M. le P. Président lui paroît bonne, & que l'on pourroit à cét égard suivre le Reglement du Parlement, en y ajoûtant qu'on ne pourra donner plus de deux provisions; sans que les Juges puissent prendre aucunes épices pour les accorder.

M. Talon a dit, que quelque circonspection que l'on doive apporter pour empêcher les Juges de donner des provisions trop légérement, il y a des cas dans lesquels il seroit injuste & perilleux de ne les pouvoir pas réïtérer. Qu'il est bien vrai qu'il n'y a point de matiere dans laquelle on ait commis plus d'abus : non seulement les Juges prenoient de grands droits sur les Sentences de provision, ils en prenoient encore pour recevoir les cautions. Souvent aprés avoir accordé une provision, ils se donnoient la liberté d'en surseoir l'exécution, souvent ils la faisoient consigner au Greffe, & alors elle tournoit entierement à leur profit, & à celui de leur Greffier.

Les plaintes de ces abus aïant été portées à la Tournelle, l'on y pourvut par un Arrêt, en forme de Reglement, le 22. Juin 1665. qui ne permet d'ajuger une seconde provision, qu'aprés un intervalle de quinze jours. Ce même Arrêt défend aux Juges de prendre aucunes épices pour les Sentences de provisions; & il est bien plus raisonnable de retrancher les émolumens des Sentences de provisions, que des décrets. Le Juge qui a vû & décreté l'information, n'a qu'à prendre la lecture du rapport en Chirurgie, pour arbitrer, par la qualité de la blessure, quelle doit être la provision.

De forte que défendant aux Juges de recevoir aucuns émolumens, ni pour les Sentences de provisions, ni pour tous les incidens qui pourront naître en conséquence, cette prévoïance retranchera beaucoup de désordres & de malversations, & l'on n'accordera point de seconde provision, sans une necessité tres-pressante : & en ce cas, l'Article IV. demeurera inutile.

M. Pussort a reparti, qu'il ne s'éloignoit pas de cét expédient, & qu'il le proposeroit au Roi.

☞ *Sur toutes ces observations, on a retranché de cét Article la clause qui fait défenses aux Juges de réitérer les provisions ; & l'on a dressé un nouvel Article, conforme au Reglement du 22. Juin 1665. qui porte qu'on ne pourra donner qu'une seconde provision, & aprés un intervalle de quinze jours, au moins ; & sans épices. Il est le III. de ce Titre dans l'Ordonnance, & voici de quelle maniere ils ont été rédigez.*

ARTICLE II. Ne pourront les mêmes Juges accorder des provisions à l'une & à l'autre des Parties, à peine de suspension de leurs Charges, & de tous dépens, dommages & interêts.

ARTICLE III. Ne pourront aussi donner qu'une seconde provision, si elle est jugée necessaire, pourvû qu'il y ait quinzaine au moins entre la premiere & la seconde ; sans qu'ils puissent recevoir aucuns émolumens de l'une ni de l'autre, ni de tous les incidens qui naîtront en conséquence.

ARTICLE III.

Sentences de provision ne seront sursises ni jointes.

LEs Sentences de provisions ne pourront être sursises ni jointes au procez, par les Juges qui les auront données ; sous pareille peine.

Lecture faite de cét Article.

☞ *Il a été trouvé bon, & il est le IV. dans l'Ordonnance.*

ARTICLE IV.

Epices des Sentences de provision.

NOs Juges Présidiaux, Baillifs, Sénéchaux, Prevôt des Maréchaux, Vice-Baillifs, & Vice-Sénéchaux, les Juges des Pairies, & autres ressortissans nuëment en nos Cours, ne pourront prendre que trente sols pour les épices des Sentences de provision ; les Juges Roïaux ressortissans nuëment en nos Cours, vingt sols ; & ceux des Seigneurs, dix sols : à peine d'interdiction, & de cent

livres

livres d'amende, moitié vers Nous, & moitié vers la Partie; fans neanmoins que les droits puiffent être augmentez par les Juges qui ont accoûtumé de moins prendre.

Lecture aïant été faite de l'Article IV.

M. le P. Préfident a dit, que cét Article devenoit inutile, fi l'ouverture qui vient d'être faite avoit lieu.

☞ *M. Puffort en eft demeuré d'accord, & l'Article a été fupprimé.*

ARTICLE V.

Privilege des provifions.

L Es deniers ajugez par provifion, ne pourront être faifis pour frais de Juftice, ou quelqu'autre caufe ou prétexte que ce foit, ni confignez au Greffe ou ailleurs : à peine de nullité des confignations, & d'interdiction contre les Greffiers ou leurs Commis, qui les auront reçus; Et pourront, nonobftant les faifies & prétenduës confignations, les Parties condamnées être contraintes au payement.

Lecture faite de cét Article.

M. le P. Préfident a dit, qu'il étoit nouveau; mais qu'il étoit bon.

☞ *L'on n'a fait aucun changement à cét Article, qui eft auffi le V. de l'Ordonnance.*

ARTICLE VI.

Comment les Sentences de provifion feront exécutées.

L Es Sentences de provifion feront exécutées par faifie des biens, & emprifonnement de la perfonne du condamné, fans donner caution, s'il n'eft expreffément ordonné.

Aprés la lecture de cét Article.

M. le P. Préfident a dit, qu'ordinairement la provifion fuppofe une caution; mais qu'on excepte fouvent de cette regle les provifions alimentaires, au nombre defquelles on peut mettre celles qui font ajugées pour médicamens, aux Parties civiles, qui ne font pas bien fouvent en pouvoir de donner caution.

M. Talon a dit, que comme le principal défordre dans les provifions, regarde la reception des cautions, qui font des cautions bannales, & qui reçoivent pour signer l'acte de cautionnement , une certaine retribution qui se partage avec les Greffiers, & quelquefois même avec les Juges : il est bien plus sûr & plus raisonnable , d'ordonner que les Sentences seront exécutées sans caution. Car si on laisse au pouvoir du Juge , d'obliger la Partie qui demande une provision , de donner caution , il l'ordonnera toûjours pour en profiter , & cela passera en style : joint que l'on n'ajuge ordinairement des provisions , qu'aux personnes qu'on croit avoir besoin de ce secours, pour fournir à leurs médicamens & alimens ; & ces personnes qui sont dans l'indigence , ne pourront pas trouver de cautions. Il y a d'autant moins de peril d'exécuter sans caution , les Sentences de provision , que par l'Article suivant on limite la somme jusqu'à laquelle elles pourront être exécutées nonobstant appel.

M. Pussort a dit , qu'il falloit proposer au Roi d'ôter la caution dans toutes sortes de cas.

☞ *Il a été trouvé à propos d'ordonner que les Sentences seront exécutées sans caution indéfiniment : pour cela on a retranché ces derniers mots de l'Article : s'il n'est expressément ordonné ; & c'est le seul changement qu'on y ait fait.*

ARTICLE VII.

Quelles Sentences de provision seront exécutées nonobstant l'appel.

LEs Sentences de provision renduës par nos Baillifs, Sénéchaux , & autres Juges ressortissans nuëment en nos Cours , qui n'excederont la somme de deux cens livres ; celles des autres Juges Roïaux , qui n'excederont six-vingt livres ; & des Juges des Seigneurs , qui n'excederont cent livres , seront exécutées , nonobstant & sans préjudice de l'appel.

Lecture faite de l'Article.

M. le P. Président a dit , que jusqu'ici l'on n'avoit point reglé la qualité des provisions ; parce que cela dépendoit de la qualité des personnes , & de l'état du blessé ; & que les Gens de qualité pouvoient avoir besoin de provisions comme les autres.

M. Pussort a dit , que l'Article a son exemple dans l'Ordonnance de 1539. qui a limité le pouvoir des premiers Juges , sur le sujet des provisions : Que celle de ...... l'a ainsi borné, Que si cela n'étoit , un petit Juge donneroit telle provision qu'il lui plairoit , sans garder de mesure. Qu'en matiere civile , le pouvoir des premiers Juges a été reglé ; & qu'à plus forte raison il le doit être en matiere criminelle : d'autant plus que les provisions pourront être réiterées , & ne se donnent ordinairement par les premiers Juges , qu'aux personnes necessiteuses.

M. Talon a dit, que les Prevôts des Maréchaux font ceux qui font les plus hardis à ajuger de fortes provifions.

☞ *Cét Article & le fuivant, font auffi dans l'Ordonnance.*

ARTICLE VIII.

Comment les Cours pourront défendre l'éxécution de ces Sentences.

NE pourront nos Cours furfeoir ni défendre l'éxécution des Sentences de provifion, fans avoir vû les charges & informations, & les rapports des Medecins & Chirurgiens : & que le tout n'ait été communiqué à nos Procureurs Généraux : & les défenfes ou furféances n'auront aucun effet à l'égard de la provifion, fi elles ne font expreffément ordonnées par l'Arrêt, pour lequel ne fera pris aucunes épices.

Cét Article a été trouvé bon.

TITRE XIII.

Des Prifons, Greffiers des Geoles, Geoliers, & Guichetiers.

ARTICLE I.

Comment les Prifons doivent être.

VOulons que les prifons foient fûres, & difpofées en forte que la fanté des prifonniers n'en puiffe être incommodée.

ARTICLE II.

Devoir des Concierges.

TOus Concierges, & Geoliers, exerceront en perfonne, & non par aucun Commis; & fçauront lire & écrire : & dans les lieux où ils ne le fçavent, il en fera nommé d'autres dans fix femaines : à peine contre les Seigneurs, de privation de leur droit.

TITRE XIII.

ARTICLE III.

Ceux qui ne pourront exercer cette charge.

AUcun Huiſſier, Sergent, Archer, ou autre Officier de Juſtice, ne pourra être Greffier des Geoles, Concierge, Geolier, ni Guichetier : à peine de cinq cens livres d'amende envers Nous, & de peine corporelle, s'il y échoit.

ARTICLE IV.

Gages des Prépoſez à la garde des priſonniers.

ENjoignons aux Geoliers, de donner des gages raiſonnàbles aux Guichetiers, & aux autres perſonnes par eux prépoſées à la garde des priſonniers.

ARTICLE V.

Nul Greffier de Geole aux priſons Seigneuriales.

IL n'y aura aucun Greffier de Geole dans les priſons Seigneuriales, & n'en ſera établi aucun nouveau dans les Roïales.

ARTICLE VI.

Forme du Regiſtre de la Geole.

LEs Greffiers des Geoles, où il y en a ; ou les Geoliers & Concierges, ſeront tenus d'avoir un Regiſtre relié, cotté & paraphé par le Juge dans tous les feuillets, qui ſeront ſéparez en deux colomnes, pour les écrouës & recommandations, & pour les élargiſſemens & décharges.

ARTICLE VII.

Autre Regiſtre pour inventorier les hardes du priſonnier.

ILs auront encore un autre Regiſtre cotté & paraphé auſſi par le Juge, pour mettre par forme d'inventaire, les papiers, hardes & meubles, deſquels le priſonnier aura été trouvé ſaiſi, & dont

fera dreffé Procez verbal par l'Huiffier, Archer ou Sergent, qui
aura fait l'emprifonnement, qui fera affifté de deux témoins, qui
figneront avec lui fon Procez verbal ; & feront les papiers, hardes
& meubles, qui pourront fervir à la preuve du procez, remis au
Greffe fur le champ ; & le furplus rendu à l'Accufé, qui fignera ledit inventaire & le Procez verbal : finon fur l'un & fur l'autre fera
fait mention de fon refus.

ARTICLE VIII.

Aucun blanc dans les Regiftres.

LEs Greffiers & Geoliers ne pourront laiffer aucun blanc dans
leurs Regiftres.

Lecture ayant été faite de ces Articles.

M. Puffort a dit, que l'on avoit eu deffein d'abord, de mettre dans l'Article I. que les prifons ne pourroient être qu'au rez de chauffée ; mais que comme
la Conciergerie n'y eft pas, on a été obligé de fe fervir de termes généraux.

M. le P. Préfident a dit, que ces huit premiers Articles font conformes au
Reglement du Parlement fur le fait des prifons.

☞ *Ces Articles font auffi les huit premiers de ce Titre dans l'Ordonnance.*

ARTICLE IX.

Des Ecrouës & Décharges.

LEur défendons, à peine des Galeres contre les Greffiers, &
des Fers contre les Geoliers, de délivrer des écrouës à des
perfonnes qui ne feront point actuellement prifonniers pour dettes ; ni de faire des écrouës, & décharges fur feüilles volantes, ca-
hiers, ni autrement que fur le Regiftre cotté & paraphé par le
Juge.

Lecture faite de l'Article I X.

M. le P. Préfident a dit, que la peine des Galeres ne convenoit pas à un
Officier Roïal ; qu'il eft à craindre que cela n'induife les Geoliers à vivre d'une
maniere conforme à l'impreffion que l'Article donne de leur conduite ; & qu'il
feroit plus à propos de leur enjoindre d'éxécuter l'Article, à peine de punition
exemplaire. Qu'au furplus, le mot de *fers,* porté par l'Article n'eft pas d'Ordonnance.

M. Puffort a dit, qu'il faut appliquer la peine à la faute : que c'en eft une qui ne peut être punie trop rigoureusement, que de laisser sortir un prisonnier, dont un Geolier est dépositaire par Justice. Que l'on ne peut pas dire que ce soit un crime d'imprudence, que de délivrer un écroüe, & de certifier qu'un homme est actuellement prisonnier, dans le tems qu'on le laisse vaguer. Qu'il auroit peut-être été rude de condamner un Geolier pour cette faute, aux Galeres, avant qu'il y eût une Ordonnance qui y fût expresse; parce que l'usage sembloit autoriser ce desordre : mais que lorsque l'Ordonnance aura été publiée, & la peine établie, ils n'auront plus d'excuse legitime, & ne recevront plus de garantie pour ces sortes d'élargissemens.

Qu'il est vrai que le mot de *fers*, n'est pas d'Ordonnance ; mais que comme les Geoliers se servent de fers dans les lieux où les prisons ne sont pas sûres, on a crû qu'il en falloit faire mention. Qu'il y a même en cela beaucoup d'abus ; car sous prétexte d'exempter un prisonnier de cette rigueur, les Geoliers commettent des exactions.

M. le P. Président a repliqué, *que c'est une prévarication qu'ils commettent à leurs charges ; & que l'on voit souvent les prisonniers solliciter leurs Juges, l'écroüe à la main : Que c'est une illusion aux ordres de la Justice. Qu'il est vrai qu'on n'en voit pas arriver de grands inconveniens, & qu'encore que ce soit une faute, la peine portée par l'Article n'y conviendroit pas.

M. Pussort a dit, que l'on n'auroit pas plûtôt fait deux exemples, que ce desordre n'arriveroit plus.

M. le Président de Noyion a dit, que l'Article ne pouvoit donc s'entendre que des prisonniers pour crime ; car à l'égard de ceux qui sont détenus pour dettes civiles, on ne peut agir que civilement contre le Geolier qui les a laissé sortir : en sorte que si l'emprisonnement n'a été fait que pour la somme de mille livres, il ne peut être tenu qu'au payement de cette somme.

M. Pussort a dit, qu'outre l'interêt particulier de la Partie, il y avoit encore l'interêt de la discipline publique ; mais que celui de la Partie lui paroissoit considerable : d'autant que la sûreté que le Geolier prenoit, de son prisonnier, pour le laisser vaguer, n'étoit point connuë au creancier, qui n'avoit aucune action contre le Geolier, pour l'obliger à déclarer les sûretez qu'il avoit tirées ; & qu'ainsi le prisonnier se trouvant en liberté, sans avoir payé ni consigné dans les formes de la Justice, faisoit long-tems plaider son creancier, qui étoit désarmé & n'avoit pû aucune contrainte à faire exécuter, puisque le debiteur paroissoit prisonnier, par la representation qu'il en faisoit lors qu'il étoit sommé de ce faire : & que neanmoins pour distinguer la matiere civile d'avec la criminelle, on pouvoit ôter de l'Article les mots, *pour dettes*, & qu'il le proposeroit au Roi.

☞ *Ces deux mots ont été retranchés, aussi-bien que ceux-ci qui sont au commencement de l'Article :* contre les Greffiers, & *des fers contre les Geoliers.* Cet Article a été arrêté de cette maniere.

ARTICLE IX. Leur défer dons à peine des Galeres de délivrer des écroüs à des prisonniers, qui ne seront point actuellement prisonniers ; ni faire des écroüs ou décharges sur
feüilles volantes, cahier, ni autrement, que sur le registre cotté & paraphé par le Juge.

ARTICLE X.

Quels seront leurs droits.

LEur défendons de prendre aucuns droits pour les emprisonnemens, recommandations & décharges ; mais pourront seulement, pour les extraits qu'ils en délivreront, recevoir ceux qui
seront taxez par le Juge, & qui ne pourront exceder, sçavoir en
toutes nos Cours & Justices, dix sols ; & la moitié en celles des Seigneurs : sans neanmoins pouvoir augmenter, és lieux où l'usage est
de donner moins.

Lecture faite de l'Article X.

M. le P. Président a dit, que les Greffiers des prisons sont érigez en titre
d'Office : qu'ils ont financé pour avoir les droits qui leur sont attribuez : que le
Parlement a reglé ce qu'ils doivent prendre pour les emprisonnemens, recommandations, élargissemens & décharges : que l'on ne pouvoit pas retrancher ces
droits sans les rembourser ; particulierement si l'on considere, que l'Ordonnance
les oblige à tenir plusieurs registres, & à faire bien des choses gratuitement.

M. Pussort a dit, que ces sortes de gens ne sont pas à plaindre : qu'ils exigent
d'autant plus impunément, qu'ils se rendent redoutables aux prisonniers ; &
qu'enfin si ce sont Officiers domaniaux, le Roi veut par le retranchement de
leurs droits, en souffrir la perte.

☞ *Nonobstant la reflexion de M. le P. Président, cet Article a passé sans
changement.*

ARTICLE XI.

Leurs droits seront reglés par le Juge.

LEs Juges regleront les droits appartenans aux Geoliers, Greffiers des Geoles, & Guichetiers, pour vivres, danrées, gîtes,
geolages, élargissemens & décharges, dont sera fait un tarif ou
tableau, qui sera posé au lieu le plus apparent de la prison, & le
plus exposé à la vûë.

Lecture aïant été faite.

M. le P. Président a dit, que l'Article X. défend aux Geoliers & Gref-

fiers, de prendre des droits pour les élargiffemens & décharges; & que cependant par l'Article dont il s'agit, on vouloit que les Juges en reglaffent les droits.

M. Puffort a reparti, que l'intention n'étoit pas qu'ils priffent aucun droit
pour les élargiffemens & décharges; mais feulement pour les extraits qui en feroient par eux délivrez : & que pour le rendre plus intelligible, il falloit ajoûter
dans l'Article le mot d'*extraits.*

☞ *Cette addition a été faite ; & l'Article eft conçu en ces termes.*

A R T I C L E XI. Les Juges regleront les droits appartenans aux Geoliers, Greffiers
des Geoles & Guichetiers, pour vivres, danrées, gîtes, geolages, extraits d'élargiffemens,
ou décharges, dont fera fait un tableau ou tarif, qui fera pofé au lieu le plus apparent de la
prifon, & le plus expofé à la vûë

A R T I C L E XII.

Les recommandations feront fignifiées.

LEs recommandations des prifonniers feront nulles, fi elles ne
leur font fignifiées parlant à leurs perfonnes, & copie baillée ;
dont fera fait mention dans le procez verbal de l'Huiffier, qui fera
la recommandation.

A R T I C L E XI.I I.

Ecroües & recommandations de quoi feront mention.

LEs écroües & recommandations feront mention des Arrêts,
Jugemens & autres actes, en vertu defquels ils feront faits ; du
nom, furnom, & qualité du prifonnier ; de ceux de la Partie qui les
fera faire ; comme auffi du domicile par lui élû au lieu où la prifon
eft fituée: fous pareille peine de nullité. Et ne pourra être fait qu'un
écroüe, encore qu'il y eût plufieurs caufes de l'emprifonnement.

A R T I C L E XIV.

Défenfes de prendre la bien-venuë des prifonniers.

DEfendons à tous Geoliers, Greffiers, Guichetiers, & à l'ancien
des prifonniers, appellé Doïen ou Prevôt, fous prétexte de
bien-venuë, de rien prendre des prifonniers, en argent ou vivres,
quand même il feroit volontairement offert, ni de cacher leurs hardes, ou les maltraiter & excéder ; à peine de punition exemplaire.

A R T I C L E

ARTICLE XV.

Geolier doit porter l'écroüe au Procureur du Roi.

LE Geolier ou Greffier de la Geole, sera tenu de porter incessamment, & dans les vingt-quatre heures pour le plus tard, à nos Procureurs, ou à ceux des Seigneurs, copie des écroües & recommandations, qui seront faites pour crimes.

ARTICLE XVI.

Geoliers doivent empêcher la communication avec les prisonniers.

DEfendons aux Geoliers & Guichetiers de permettre la communication de quelque personne que ce soit, avec les prisonniers détenus pour crime, avant leur interrogatoire ; ni même aprés, s'il est ainsi ordonné par le Juge.

☞ *Les cinq Articles précédens sont dans l'Ordonnance sans aucun changement.*

ARTICLE XVII.

Le même, pour les prisonniers des cachots.

NE sera permise aucune communication aux prisonniers enfermez dans les cachots, sous prétexte de charité ou d'aumône : ni souffert qu'il leur soit donné aucunes lettres ni billets.

☞ *Quoique le présent Article ait passé sans contredit, on a ensuite retranché ces mots : sous prétexte de charité ou d'aumône. C'est le seul changement qu'on y ait fait.*

ARTICLE XVIII.

Prisonniers, quand seront tirez des cachots.

NE pourront aussi les prisonniers être tirez des cachots, s'il n'est ainsi ordonné par le Juge ; auquel cas ils le seront incessamment, & sans user de remise, par les Geoliers & Guichetiers, ni prendre & recevoir aucuns droits ou ſalaires, encore même qu'ils leur fuſſent volontairement offerts.

ARTICLE XIX.

Défenſes de laiſſer vaguer les priſonniers.

DEfendons aux Geoliers de laiſſer vaguer les priſonniers pour dettes, ou pour crimes, ſur peine des galeres ; ni de les mettre dans les cachots, ou de leur attacher les fers aux pieds, s'il n'eſt ainſi ordonné par mandement ſigné du Juge : à peine de punition exemplaire.

ARTICLE XX.

Hommes & femmes ſeront ſéparés.

LEs hommes priſonniers, & les femmes, ſeront mis en des chambres ſéparées.

ARTICLE XXI.

Geoliers viſiteront les priſonniers dans les cachots.

ENjoignons aux Geoliers & Guichetiers, de viſiter les priſonniers enfermez dans les cachots, au moins une fois chaque jour ; & de donner avis à nos Procureurs, & à ceux des Seigneurs, de ceux qui ſeront malades, pour être viſitez par les Medecins & Chirurgiens ordinaires des priſons, s'il y en a ; ſinon par ceux qui ſeront nommez par le Juge, pour être, s'il eſt beſoin, transferez dans les chambres ; & après leur convaleſcence ſeront renfermez dans les cachots.

ARTICLE XXII.

Défenſes de recevoir des avances des priſonniers.

LEs Geoliers & Guichetiers ne pourront recevoir des priſonniers aucunes avances pour leur nourriture, gîte & geolage ; & ſeront tenus de donner quittance de tout ce qui leur ſera païé.

Lecture faite de tous ces Articles.

M. le P. Préſident a dit, que l'on n'avoit point trouvé de difficulté juſqu'à l'Article XXIII.

☞ *Ces cinq derniers Articles ſont pareillement dans l'Ordonnance.*

ARTICLE XXIII.

Priſonniers pour dettes par qui ſeront nourris.

LEs creanciers, qui auront fait arrêter ou recommander leur debiteur, ſeront tenus lui fournir la nourriture, ſuivant le taux ordinaire du Juge, & contraints ſolidairement, ſauf leur recours entr'eux; & leur ſera neanmoins délivré éxécutoire, pour en être rembourſez ſur les biens du priſonnier, par préference à tous creanciers.

ARTICLE XXIV.

Comment ils ſeront élargis, faute de nourriture.

SUr trois ſommations faites à differens jours, aux creanciers qui ſeront en demeure de fournir la nourriture au priſonnier, & trois jours aprés la derniere, le Juge pourra ordonner ſon élargiſſement, Partie preſente, ou duëment appellée.

Aprés la lecture de ces deux Articles.

M. le P. Préſident a dit, que ces deux Articles ſont bons; mais que l'uſage du Parlement paroît plus prompt, qui eſt de faire la taxe du pain des priſonniers, ſelon le prix courant des vivres, & d'obliger le creancier de faire l'avance, de ſemaine en ſemaine, de ce qui eſt neceſſaire pour la nourriture du debiteur: & à faute de faire cette avance, l'on met le priſonnier hors des priſons. Au lieu que par l'Article on ſe contente de faire des ſommations de tems en tems à la Partie; mais que cependant le priſonnier languira, faute de ſubſiſtance. Qu'à l'égard des Provinces, l'uſage y eſt different, & qu'il n'y a pas d'inconvenient d'y faire obſerver l'Article.

M. Puſſort a dit, que l'on n'avoit pas trouvé de meilleur moïen que ces ſommations, pour veiller à l'interêt du creancier, & aſſurer la ſubſiſtance du debiteur; parce que les priſonniers ſouffrent beaucoup plus dans les Provinces que dans Paris, où ils reçoivent de grandes aſſiſtances par les charitez qui leur ſont faites. Que neanmoins l'uſage de Paris lui paroiſſoit bon; & que l'on pourroit propoſer au Roi, de le conſerver pour Paris ſeulement: & en a demandé l'explication à Monſieur le Premier Préſident.

M. le P. Préſident a répondu, que de tems en tems on commettoit des Commiſſaires pour viſiter les priſons, & pour y regler le prix des vivres ; & qu'en faiſant leurs viſites, ils recevoient les plaintes des priſonniers : & s'il s'en trouvoit de ceux qui ne ſont détenus priſonniers que pour dettes, auſquels leurs creanciers n'euſſent point avancé la nourriture pour la ſemaine, l'on rendoit des Arrêts ſans épices & ſans frais d'expédition, portant qu'aprés une ſomma-tion qui leur ſeroit faite, ils ſeroient tenus de leur en fournir, & qu'à faute d'y avoir ſatisfait, l'on ordonnoit qu'ils ſeroient élargis. Qu'à preſent la taxe eſt de quatre ſols pour chaque jour ; & que loin d'augmenter, on diminuë à proportion du prix courant des vivres ; & que l'on ne voïoit naître aucun in-convenient de cét uſage.

M. Puſſort a repris, que l'on ne pourra pas ſçavoir, ſi la Partie aura avancé la nourriture ou non, particulierement dans les lieux, où il n'y a point de Greffiers des Geoles.

M. Talon a dit, qu'au lieu de ces mots : *Suivant le taux ordinaire du Juge ;* il ſeroit mieux de mettre : *Suivant la taxe qui en ſera faite chacune année par le Juge.* Et afin de ne pas laiſſer aux Juges de Village, la liberté d'en abuſer, il faudroit que cette taxe fût faite tous les ans, dans chaque Bailliage, & envoïée aux Juſtices Roïales & Seigneuriales du reſſort, pour y être obſervée, & s'y conformer par les Juges Subalternes.

M. Puſſort a dit, qu'il étoit bon d'ôter ces mots : *le taux ordinaire ;* & met-tre en la place : *ſuivant la taxe qui en ſera faite.* Qu'il faudroit chercher un tempérament pour faire une l'oi générale.

M. Talon a propoſé, de ne faire que deux ſommations au lieu de trois por-tée par l'Article XXIV.

☞ *Sur les deux ouvertures propoſées par M. Talon, ces deux Articles ont été reformés. Outre cela, on a inſéré dans l'Article XXIII. une clauſe qui en étend la diſpoſition à l'égard des priſonniers pour crimes, qui ne ſeront déte-nus que pour interêts civils. La réflexion faite par M. le P. Préſident ſur l'Ar-ticle XXV. a donné lieu à cette addition. Voici de quelle manière ces deux der-niers Articles ont été arrêtez.*

ARTICLE XXIII. Les creanciers qui auront fait arrêter ou recommander leur debiteur, ſeront tenus lui fournir la nourriture ſuivant la taxe qui en ſera faite par le Juge, & contraints ſolidairement, ſauf leur recours entre eux ; Ce que nous voulons avoir lieu à l'égard des priſonniers pour crimes, qui aprés le jugement ne ſeront détenus que pour in-terêts civils. Sera neanmoins délivré exécutoire aux creanciers & à la Partie civile, pour être rembourſez ſur les biens du priſonnier par préference à tous creanciers.

ARTICLE XXIV. Sur deux ſommations faites à differens jours aux creanciers qui ſeront en demeure, de fournir la nourriture au priſonnier, & trois jours aprés la dernie-re, le Juge pourra ordonner ſon élargiſſement, Partie preſente, ou dûëment appellée.

ARTICLE XXV.

Prisonniers pour crimes, par qui seront nourris.

LEs prisonniers pour crime, ne pourront prétendre d'être nourris par la Partie civile ; & leur sera fourni par le Geolier, du pain, de l'eau, & de la paille, bien conditionnez, suivant les Reglemens.

Lecture faite de l'Article XXV.

M. le P. Président a dit, que cét Article étoit bon ; mais qu'il donnoit lieu à une question, qui étoit de sçavoir ; si un prisonnier pour crime, qui n'étoit plus détenu dans les prisons, que pour des interêts civils, devoit être nourri par le Roi, ou par la Partie civile ? Que la raison de douter, étoit qu'encore qu'il ne fût plus question que d'interêts civils, neanmoins la détention venoit originairement du crime. Mais que la raison de décider, étoit, que le crime étoit éteint, & qu'en effet les sommes ajugées, étoient qualifiées *Interêts civils*, la Partie publique n'y aïant plus d'interêts. Que cependant rien n'est plus necessaire que d'administrer les alimens aux prisonniers, & que la Partie civile en étoit chargée par un Reglement, qui a été confirmé par une Déclaration du Roi.

M. Pussort a dit, que cette ouverture étoit bonne ; mais qu'elle avoit son inconvenient, en ce qu'une Partie civile, dont toute la réparation & le dédommagement consistera dans les interêts civils, sera obligé de les consumer dans la nourriture du condamné ; & ainsi par l'événement, elle se trouvera de même condamnée. Que cependant il faut que le prisonnier vive, & qu'il semble que ses alimens lui doivent être administrez par la Partie qui le détient.

M. Talon a dit, que le Roi ni les Seigneurs n'étant plus obligez de fournir le pain aux prisonniers retenus pour réparation civile, les Parties qui les retiennent, doivent païer la nourriture : & bien que l'on en ait fait autrefois difficulté, neanmoins le Reglement que le Parlement a fait sur ce sujet, aïant été confirmé par une Déclaration du Roi, la chose ne peut plus recevoir de doute ; mais il est pourtant nécessaire d'en mettre un Article précis dans l'Ordonnance.

M. Pussort a dit, qu'il n'y avoit qu'à suivre cette Déclaration, & en faire mention dans l'Article.

☞ *Ce n'est pas dans cét Article qu'on a fait mention de l'ouverture faite par M. le P. Président ; mais c'est dans l'Article XXIII. comme on l'a déja observé.*

A l'égard de l'Article XXV. on n'y a fait aucun changement.

ARTICLE XXVI.

Remboursement de la dépense du pain des prisonniers.

LE Geolier sera remboursé de la dépense du pain des prisonniers, sur le fond des amendes, s'il est suffisant, sinon sur le revenu de nos Domaines : & où nôtre Domaine se trouvera engagé, les Engagistes y seront contraints ; & ailleurs les Seigneurs Hauts Justiciers, même le Receveur de nos amendes, les Receveurs & Fermiers de nos Domaines, ceux des Engagistes & des Hauts Justiciers respectivement : nonobstant oppositions ou appellations, prétendu manque de fond, & payemens faits par avance, & toutes saisies ; sauf à être pourvû du fond aux Receveurs, sur l'année suivante, & faire déduction aux Fermiers, sur le prix de leurs Baux.

Lecture faite de l'Article.

M. le P. Président a dit, qu'il étoit dangereux de charger les Geoliers du fond nécessaire pour la subsistance des prisonniers, & qu'il étoit beaucoup plus sûr d'en commettre le soin aux Procureurs du Roi.

M. Pussort a dit, que les Procureurs du Roi, pourroient bien satisfaire à l'obligation de prendre ce soin, sans donner sujet de se plaindre d'eux ; mais que la plûpart des Procureurs d'Office sont aussi suspects que les Geoliers.

M. Talon a dit, que si l'on oblige les Geoliers à fournir le pain des prisonniers, en leur donnant leur recours pour leur remboursement sur les amendes, il y aura plus des trois quarts des prisons Roïales dans les Provinces, où l'on ne pourra trouver des Geoliers, y en aïant déja grand nombre qui sont abandonnées, encore que cette charge ne soit pas imposée aux Geoliers.

M. Pussort a dit, qu'il falloit proposer au Roi, de commettre ce soin au Procureur du Roi.

M. le P. Président a dit, que l'on chargeoit le Domaine de ces frais, en cas qu'il n'y eût point d'amendes : que cependant il y a bien des lieux, où il n'y a point de Domaine, comme à Lyon, & à Mâcon ; & que quand il y en auroit, il y avoit un Arrêt du Conseil, portant défenses de décerner des exécutoires contre les Receveurs du Domaine.

M. Talon a dit, que les amendes faisant partie du Domaine, & y étant unies, il étoit inutile d'en faire la distinction dans l'Article.

M. Pussort a trouvé cette observation bonne, & a dit qu'il ne falloit point faire mention dans l'Article, du fonds des amendes.

☞ *Sur ces observations l'on a changé ces mots du commencement de l'Ar-*

ticle : le Geolier fera rembourfé, &c. *en ceux-ci* : celui qui fera commis par nôtre Procureur, ou ceux des Seigneurs pour fournir le pain des prifonniers, fera rembourfé, &c.

L'on a auffi retranché ces mots : même le Receveur de nos amendes ; *& l'Article a été rédigé de cette maniere.*

ARTICLE XXVI. Celui qui fera commis par nôtre Procureur, ou ceux des Seigneurs pour fournir le pain des prifonniers, fera rembourfé fur le fond des amendes, s'il eft fuffifant ; finon fur le revenu de nos Domaines : Et où nôtre Domaine fe trouvera engagé, les Engagiftes y feront contraints ; & ailleurs les Seigneurs Hauts-Jufticiers, même les Receveurs & Fermiers de nos Domaines, ceux des Engagiftes & des Hauts-Jufticiers refpectivement : nonobftant oppofitions ou appellations, prétendu manque de fond, & payemens faits par avance, & toutes faifies ; fauf à être pourvû de fond au Receveur fur l'année fuivante, & faire deduction aux Fermiers fur le prix de leurs baux.

ARTICLE XXVII.

Défenfes de fournir de la viande aux jours défendus.

LEs Geoliers ne pourront vendre de la viande aux prifonniers, aux jours qui font défendus par l'Eglife ; ni permettre qu'il leur en foit apporté de dehors ; même à ceux de la Religion prétenduë réformée : fi ce n'eft en cas de maladie, & par Ordonnance du Medecin.

ARTICLE XXVIII.

Permiffion de faire apporter des vivres, &c.

LEs prifonniers pourront faire apporter de dehors les vivres, bois, charbon, & toutes chofes neceffaires, fans être contraints d'en prendre des Geoliers, Cabaretiers, ou autres. Pourra neanmoins ce qui leur fera apporté, être vifité, fans être diminué, ni gâté.

Aprés la lecture de ces deux Articles.

M. le P. Préfident a dit, que ces deux Articles étoient conformes au Reglement fait par le Parlement, fur le fujet des prifons.

M. Talon a obfervé, fur le vingt-huitiéme Article, qu'il en falloit excepter les prifonniers enfermez dans les cachots, aufquels il ne doit pas être permis d'apporter des vivres de dehors, crainte du poifon : les vifites que les Geoliers pourroient faire n'étant pas fuffifantes pour empêcher cét inconvénient.

M. Puffort a dit, que l'obfervation paroiffoit bonne.

☞ *Il n'a été fait aucun changement à l'Article* XXVII. *mais fur l'obfervation faite par M. Talon, l'Article* XXVIII. *a été réformé de cette maniere.*

ARTICLE XXVIII. Les prisonniers qui ne seront enfermez dans les cachots, pourront faire apporter de dehors les vivres, bois, charbon, & toutes choses necessaires, sans être contraints d'en prendre des Geoliers, Cabaretiers, ou autres. Pourra neanmoins ce qui leur sera apporté, être visité, sans être diminué ni gâré.

ARTICLE XXIX.

Elargissement des prisonniers, quand sera fait.

AUcun prisonnier pour crime ne pourra être élargi par nos Cours, ou autres Juges, encore qu'il se fût rendu volontairement prisonnier; sans avoir vû les informations, l'interrogatoire, & les conclusions de nos Procureurs, ou de ceux des Seigneurs, & les réponses de la Partie, s'il y en a, avec sommation d'y répondre.

ARTICLE XXX.

Sera ordonné par le Juge.

LEs prisonniers pour crime ne pourront être élargis, s'il n'est ordonné par le Juge, encore que nos Procureurs, ou ceux des Seigneurs, & les Parties civiles y consentent.

ARTICLE XXXI.

Ne sera fait aprés le Jugement, en quels cas.

NE pourront aussi les accusez être élargis aprés le Jugement, s'il porte condamnation de peine afflictive, ou que nos Procureurs, ou ceux des Seigneurs en appellent : encore que les Parties civiles y consentent, & que les amendes, aumônes, & réparations aïent été consignées.

Lecture faite de ces Articles.

M. le P. Président a dit, que ces trois Articles, qui concernent l'élargissement des prisonniers, ne sont pas de ce Titre, qui traite des Geoliers, des Guichetiers, & de la police des prisons.

M. Pussort a dit que cette observation étoit bonne, & qu'il falloit faire un Titre *des élargissemens des prisonniers*.

M. Talon a dit, qu'en effet ces trois Articles ne regardent ni la sûreté des prisons, ni la fonction des Geoliers, Greffiers, ou Guichetiers; & ainsi ils doivent être mis dans un Titre séparé.

Mais

Mais l'Article vingt-neuf contient une disposition qui pourroit produire de tres-grands inconvéniens: Quand l'élargissement est demandé aux Juges qui ont informé & décreté, il est raisonnable de communiquer la requête à la Partie civile ; mais quand un prisonnier interjette appel de son emprisonnement au Parlement, il suffit de voir les informations & son interrogatoire ; & s'il falloit communiquer à la Partie civile, on ne pourroit jamais ordonner d'élargissement, parce qu'avant que les délais pour constituer un Procureur sur l'appel, fussent expirez, les premiers Juges auroient rendu leur Sentence diffinitive.

Que si l'on dit, qu'il est permis de donner des défenses de continuer la procédure criminelle à un accusé, dans une affaire legere, ces défenses, au lieu de lui être utiles, tourneront à son oppression ; parce que le premier Juge aïant les mains liées, le prisonnier demeurera deux ou trois mois sans pouvoir obtenir sa liberté, sur tout dans les Provinces éloignées. Et si l'on dit, qu'il est à craindre que toutes les informations ne fussent pas apportées, & qu'il y eût de la surprise dans ces élargissemens : à cela la réponse est facile ; car les Arrêts d'élargissement ne se donnent jamais que pour raison des décrets, dont les informations ont été vûës. Il n'y a point d'année que l'on ne donne à la Tournelle une infinité d'Arrêts d'élargissement, sur le vû des informations, sans entendre les Parties, & sans qu'il en arrive le moindre inconvénient : & si l'on abolit cét usage, les Sujets du Roi seront exposez dans les Provinces, à toutes sortes de vexations, & seront souvent ruinez par les frais d'une longue détention. & par-là les personnes puissantes auront toutes sortes d'avantages sur les foibles & miserables.

M. Pussort a dit, que la Partie civile étant celle qui a le principal interêt dans la détention de l'accusé, l'on avoit jugé à propos de lui communiquer la requête à fin d'élargissement ; parce qu'il pourroit y avoir d'autres informations, dont elle auroit connoissance ; & qu'étant assignée, elle pourroit demander un tems pour les faire apporter. Qu'il y avoit beaucoup plus d'inconvénient d'élargir legerement, & avec trop de précipitation, un accusé, que de le retenir dans les prisons un peu plus de tems qu'il n'y devoit être.

☞ Sur l'observation de M. le P. Président, ces trois derniers Articles ont été transportés à la fin du Titre X. Des décrets, &c. On n'y a fait aucun changement, excepté dans l'Article XXIX. qui est le XXII. du Titre X. & qui a été rédigé de cette maniere.

ARTICLE XXII. TITRE X. Aucun prisonnier pour crime ne pourra être élargi par nos Cours & autres Juges, encore qu'il se fût rendu volontairement prisonnier, sans avoir vû les informations, l'interrogatoire, les conclusions de nos Procureurs, ou de ceux des Seigneurs, & les réponses de la Partie civile, s'il y en a, ou sommations de répondre.

TITRE XIII.

ARTICLE XXXII.

Prononciation & effet des Jugemens d'absolution.

Tous Greffiers, même de nos Cours, & ceux des Seigneurs, seront tenus de prononcer aux accusez les Arrêts, Sentences & Jugemens d'absolution ou d'élargissement, le même jour qu'ils auront été rendus ; & s'il n'y a point d'appel par nos Procureurs ou ceux des Seigneurs, mettre en même tems les accusez hors les prisons ; comme aussi ceux qui n'auront été condamnez qu'en des peines & réparations pecuniaires, en consignant és mains du Greffier les sommes ajugées pour amendes, aumônes, & interêts civils, sans que faute de payement d'épices, ou d'avoir levé les Arrêts, Sentences & Jugemens, les prononciations & élargissemens puissent être differez : à peine contre le Greffier d'interdiction, de trois cens livres d'amende, dépens, dommages & interêts des Parties. Ne pourront neanmoins les prisonniers être élargis, s'ils sont détenus pour autre cause.

Lecture faite de l'Article:

M. le P. Président a dit, qu'il étoit de dangereuse conséquence d'élargir un prisonnier, aussi-tôt que son Jugement a été rendu ; parce qu'un Geolier, d'intelligence avec le prisonnier, se pressera peut-être trop de le mettre en liberté, & avant que le Procureur du Roi ait eu le tems d'en appeller.

M. le Président le Coigneux a dit, que les Reglemens obligent le Procureur du Roi d'assister à la prononciation des Jugemens.

M. le P. Président a proposé de mettre un intervale de vingt-quatre heures entre la prononciation & l'élargissement.

M. Talon a dit, qu'il faut donner au moins vingt-quatre heures aux Procureurs du Roi ou des Seigneurs, pour déclarer s'ils veulent appeller des Sentences & Jugemens d'absolution ou d'élargissement : autrement l'on en pourroit abuser, & le Greffier, de concert avec l'accusé, seroit le maître de lui donner la liberté, par une prononciation précipitée du Jugement, faite en l'absence du Procureur du Roi.

M. Pussort a dit, que l'on pouvoit proposer au Roi, de donner aux Procureurs du Roi & des Seigneurs, un terme de vingt-quatre heures, pour appeller, si bon leur semble, du Jugement d'absolution ; aprés lequel le prisonnier pourra être élargi.

☞ *Ce délai de 24. heures a été inséré dans l'Article ; & l'on y a encore ajoûté ces mots : & l'écrire sur le registre de la Geole. Il est le XXIX. de ce Titre dans l'Ordonnance.*

ARTICLE XXIX. Tous Greffiers, même de nos Cours, & ceux des Seigneurs, seront tenus de prononcer aux Accusez les Arrêts, Sentences & Jugemens d'absolution ou d'élargissement, le même jour qu'ils auront été rendus ; & s'il n'y a point d'appel par nos Procureurs, ou ceux des Seigneurs dans les 24. heures, mettre les Accusez hors des prisons, & l'écrire sur le Registre de la Geole, comme aussi ceux qui n'auront été condamnés qu'en des peines & réparations pecuniaires, en consignant és mains du Greffier les sommes ajugées pour amendes, aumônes & interêts civils, sans que faute de payement d'épices, ou d'avoir levé les Arrêts, Sentences & Jugemens, les prononciations ou les élargissemens puissent être differez ; à peine contre le Greffier d'interdiction, de trois cens livres d'amende, dépens, dommages & interêts des Parties. Ne pourront neanmoins les prisonniers être élargis, s'ils sont détenus pour autre cause.

ARTICLE XXXIII.

Prisonniers ne seront retenus pour frais, nourriture, &c.

NE pourront les Geoliers, Greffiers des geoles, Guichetiers, Cabaretiers, ou autres, empêcher l'élargissement des prisonniers, pour frais, nourriture, gîte, geolage, ou autres dépenses.

ARTICLE XXXIV.

Prisonniers pour dettes seront élargis sur le seul consentement
des Parties.

LES prisonniers détenus pour dettes, seront élargis sur le consentement des Parties, qui les auront fait arrêter ou recommander, passé pardevant Notaires, qui sera signifié aux Geoliers, ou Greffiers des geoles, sans qu'il soit besoin d'obtenir aucun Jugement.

ARTICLE XXXV.

Ils seront aussi élargis en consignant.

LE même sera observé à l'égard de ceux qui auront consigné és mains du Geolier, ou Greffier de la geole, les sommes pour lesquelles ils seront détenus, & fait signifier la consignation à la Partie. Voulons que dans les vingt-quatre heures après la signification, ils soient mis hors des prisons, sans qu'il soit besoin de le faire ordonner.

Lecture faite de ces Articles.

M. le P. Président a dit, que lorsque le prisonnier a consigné, la signification de la consignation devient inutile : l'usage étant d'ouvrir les prisons à un prisonnier, au moment qu'il a fait cesser la cause de sa détention, par l'actuelle consignation.

M. Pussort a dit, qu'il pouvoit y avoir de l'inconvenient, de faire une consignation sans en avertir la Partie ; parce que l'argent pourroit demeurer long-tems entre les mains du Greffier, si le creancier n'en est averti.

M. le Préfident de Novion a dit, qu'il est bien plus à craindre qu'un prisonnier ne soit retenu, sous prétexte de gîte & geolage, aprés qu'il aura consigné, que le creancier ne soit pas averti de la consignation : & que ce sont des choses qui sont bien-tôt connuës.

M. Talon a dit, que dés l'instant qu'un prisonnier retenu pour dette civile, a consigné, il doit être mis hors des prisons, sans attendre que la consignation soit signifiée ; ni moins encore sans mettre vingt-quatre heures d'intervale entre la signification de la consignation, & l'élargissement ; autrement il en arriveroit des inconveniens, & un creancier malicieux susciteroit des recommandations. Ce n'est pas que l'on ne doive ordonner, que la consignation sera signifiée dans les vingt-quatre heures, tant pour empêcher que le Geolier ne demeure maître des deniers, que pour la sûreté du débiteur, lequel autrement pourroit être réintégré.

M. Pussort a dit, que l'observation paroissoit bonne ; quoique l'on dût appréhender l'insolvabilité des Geoliers & Greffiers de geole ; & qu'il en falloit parler au Roi.

☞ *Ces trois Articles sont les XXX. XXXI. & XXXII. de l'Ordonnance. L'on n'a fait aucun changement à l'égard des deux premiers, mais le dernier a été réformé de cette maniere.*

ARTICLE XXXII. Le même sera observé, à l'égard de ceux qui auront consigné és mains du Geolier, ou Greffier de la geole, les sommes pour lesquelles ils seront détenus. Voulons qu'ils soient mis hors des prisons, sans qu'il soit besoin de le faire ordonner.

ARTICLE XXXVI.

Défenses aux Geoliers de prendre des droits de consignation.

NE pourront les Greffiers des geoles, & les Geoliers de nos prisons, & de celles des Seigneurs, prendre ni recevoir aucun droit de consignation, encore qu'il leur fût volontairement offert ; & les deniers consignez seront délivrez entierement aux Parties, sans en rien retenir, sous prétexte de droits de recette, de consignation, ou de garde, ou pour épices, frais & expédition des Jugemens ; nourriture, gîte, geolage, & toutes autres dépenses des prisonniers, à peine de concussion.

ARTICLE XXXVII.

Injonction aux Juges d'observer les Reglemens ci-dessus.

ENjoignons aux Lieutenans-Criminels , & à tous autres Juges, d'obferver les Reglemens ci-deffus : leur défendons d'ordonner aucun élargiffement , finon en la forme par Nous prefcrite , à peine d'interdiction , & de tous dépens , dommages & interêts des Parties.

ARTICLE XXXVIII.

Vifite des prifons.

NOs Procureurs & ceux des Seigneurs , feront tenus vifiter leurs prifons une fois chacune femaine , pour y recevoir les plaintes des prifonniers.

ARTICLE XXXIX.

Injonction aux Geoliers , &c. d'obferver ce Reglement.

LEs Greffiers des geoles , Geoliers , & Guichetiers , feront pareillement tenus d'éxécuter nôtre prefent Reglement : à peine contre les Greffiers , d'interdiction , de trois cens livres d'amende , moitié vers Nous , & moitié aux neceffitez des prifonniers , & de plus grande , s'il y échoit ; & contre les Geoliers & Guichetiers , de reftitution , de trois cens livres d'amende , applicable comme deffus , & de punition corporelle.

Lecture faite de ces Articles , ils ont été trouvés bons.

☞ *Ils font les XXXIII. XXXIV. XXXV. & XXXVI. dans l'Ordonnance.*

ARTICLE XL.

Injonction aux Juges d'informer des exactions.

ENjoignons aux Juges d'informer des exactions , excez , violences , mauvais traitemens , & contraventions à nôtre prefent Reglement , qui feront commifes par les Greffiers des geoles, les Geoliers , & Guichetiers ; dont la preuve fera complette , s'il y a fix témoins , quoiqu'ils dépofent chacun de faits finguliers & féparez , & qu'ils y foient intereffez.

T iij

Lecture faite de l'Article X L.

M. le P. Préfident a dit, que le Reglement du Parlement avoit fixé la preuve des exactions des Geoliers, & autres Officiers des prisons, à dix témoins, & que l'Article la réduifoit à fix. Qu'il étoit bon de ne fe pas rendre trop difficile aux plaintes des prifonniers ; mais qu'il étoit auffi raifonnable de ne pas abandonner les Geoliers à la malice de ces fortes de gens, dont la qualité rend le témoignage fufpect. Qu'à Paris & dans les autres grandes Villes, le nombre de fix témoins ne feroit pas fuffifant, pour faire preuve de faits finguliers, contre un Geolier. Que le grand nombre de prifonniers qui fe trouvent dans les prifons, néceffite fouvent le Geolier d'ufer avec feverité du pouvoir que la fonction de fon Office lui donne ; mais que dans les autres lieux, où les prifons font moins remplies, le nombre de dix témoins feroit trop grand. Que neanmoins il valoit beaucoup mieux ne rendre pas cette preuve fi facile, que de trop expofer ces Officiers, qui d'ailleurs ont affez à fouffrir.

M. Puffort a dit, que les exactions, & les violences des Geoliers étoient fi frequentes, que l'on ne pouvoit pas les diffimuler : Que cependant on ne pouvoit les convaincre par la voïe des preuves ordinaires ; & qu'ils commettent des exactions avec d'autant plus de liberté, qu'ils connoiffent la difficulté qu'il y a de les convaincre.

Que fi l'on ne veut pas que le nombre de fix témoins foit fuffifant pour faire preuve contr'eux, ce fera leur affurer l'impunité que l'ufage leur a procuré.

☞ *L'avis de M. Puffort a prévalu, & le prefent Article a été confervé Il eft le XXXVII. dans l'Ordonnance.*

A R T I C L E XLI.

Des prifons empruntées.

LEs prifonniers mis en des prifons empruntées, feront inceffamment transferez.

A R T I C L E XLII.

Baux à ferme des prifons Seigneuriales.

LEs Baux à ferme des prifons Seigneuriales, feront faits en prefence de nos Juges, chacun dans leur reffort ; & ils en taxeront la redevance annuelle, qui ne pourra être excedée par les Seigneurs, ni affermée à d'autres : à peine de décheoir entierement de leurs droits de Haute Juftice.

Lecture faite de ces deux Articles, ils ont été trouvés bons.

☞ *Ils font les XXXVIII. & XXXIX. Articles de l'Ordonnance.*

CINQUIE'ME CONFERENCE.

Du Mardy 17. Juin 1670. aprés Midi.

TITRE XIV.

Des Interrogatoires.

ARTICLE I.

Prifonniers pour crimes, quand feront interrogés.

LEs prifonniers pour crimes feront interrogez inceffamment, & au plus tard dans les vingt-quatre heures aprés leur empri-fonnement : à peine de tous dépens, dommages & interêts contre le Juge qui doit faire l'interrogatoire ; & à faute par lui d'y fatif-faire, il y fera procédé par un autre Officier, fuivant l'ordre du Tableau.

Lecture faite de cét Article.

M. le P. Préfident a dit, que le terme de vingt-quatre heures étoit trop court, & la peine de l'Article trop grande : particulierement à Paris, où le Lieutenant Criminel ne peut pas faire en vingt-quatre heures tous les interro-gatoires des prifonniers qui font arrêtez en un jour. Que l'Article 146. de l'Or-donnance de 1539. ne les y oblige point, & fe fert feulement du terme d'*incon-tinent*.

M. le Chancelier a dit, que la difficulté d'exécuter l'Article, devoit obliger d'en ôter la peine des dommages & interêts ; mais que la difpofition en paroît bonne.

M. le Préfident de Novion a dit, que fi l'on ôte de l'Article l'obligation d'in-terroger les accufez dans les vingt-quatre heures, les Juges croiront être en droit de s'en difpenfer ; mais que la peine ne fembloit pas pouvoir être appli-quée à une contravention prefque inévitable.

M. Puffort a dit, que les Ordonnances étoient faites pour toutes les Jurifdi-ctions du Royaume. Qu'il n'y a point de Lieutenant Criminel dans les Provinces

qui ne puiſſe en vingt-quatre heures interroger les accuſez qui ont été arrêtez
pendant ce tems-là. Que les interrogatoires faits au moment de la capture, ou
peu de tems aprés, ſont bien plus aſſûrez que ceux qui ſont faits aprés un long
tems, & lorſque le priſonnier a eu le loiſir de ſe reconnoître : d'autant plus que
s'il ſurvient quelque nouvelle preuve, les interrogatoires pourront être réiterez.
Mais que comme l'Article pouvoit être plus difficilement exécuté à Paris, l'on
peut ne pas exprimer la peine appoſée pour la contravention, & qui ſe trouve
établie par les premiers Articles de l'Ordonnance : & qu'il en falloit parler au
Roi.

☞ *L'on a ajoûté au commencement de cét Article, que* les interrogatoires
ſeront commencez au plus tard dans les vingt-quatre heures, &c. *Il a été rédigé de cette maniere.*

A R T I C L E I. Les priſonniers pour crimes ſeront interrogez inceſſamment, & les interrogatoires commencez au plus tard dans les 24. heures aprés leur empriſonnement , à peine de tous dépens, dommages & interêts contre le Juge qui doit faire l'interrogatoire ; & à
faute par lui d'y ſatisfaire , il ſera procédé par un autre Officier , ſuivant l'ordre du Tableau.

A R T I C L E II.

Le Juge même fera l'interrogatoire.

LE Juge ſera tenu de vaquer en perſonne à l'interrogatoire, qui
ne pourra en aucun cas, être fait par le Greffier ; à peine de
nullité, d'interdiction contre le Juge & le Greffier, & de cinq
cens livres d'amende envers Nous, contre chacun d'eux, dont ils
ne pourront être déchargez.

A R T I C L E III.

Qui pourra donner des memoires.

NOs Procureurs, ceux des Seigneurs, & les Parties civiles,
pourront donner des memoires au Juge, pour interroger
l'accuſé, tant ſur les faits portez par l'information, qu'autres, pour
s'en ſervir par le Juge, ainſi qu'il aviſera.

A R T I C L E IV.

Où ſera fait l'interrogatoire.

IL ſera procédé à l'interrogatoire au lieu où ſe rend la Juſtice,
dans la Chambre du Conſeil ou de la geole. Défendons aux Juges de les faire dans leurs maiſons.

A R T I C L E

ARTICLE V.

Exception.

POurront neanmoins les accufez pris en flagrant délit, être interrogez dans le premier lieu qui fera trouvé commode.

ARTICLE VI.

Accufés feront interrogés féparément.

ENcore qu'il y ait plufieurs accufez, ils feront interrogez féparément, & fans affiftance d'autre perfonne que du Juge & du Greffier.

Lecture faite de tous ces Articles.

M. le P. Préfident a dit, qu'ils font conformes aux anciennes Ordonnances.

☞ *Ces cinq Articles ont été inférés dans l'Ordonnance, fans aucun changement.*

ARTICLE VII.

Serment de l'accufé avant l'interrogatoire.

L'Accufé prêtera ferment avant d'être interrogé, & en fera fait mention, à peine de nullité.

Aprés la lecture de l'Article VII.

M. le P. Préfident a dit, qu'il y avoit quelques reflexions à faire fur cét Article, en ce qu'on y vouloit faire une Loi de ce qui n'a été jufqu'à cette heure qu'un fimple ufage. Qu'à la vérité, cét ufage étoit fort ancien, & qu'il avoit jetté de profondes racines dans l'efprit de la plûpart des Juges, par une longue habitude; mais qu'il n'avoit eu encore d'autre fondement que cette pratique autorifée par le tems, & qu'il étoit nouveau d'en vouloir faire un Article d'Ordonnance, & lui donner force de Loi. Qu'ainfi l'ancienneté de cét ufage n'empêchoit pas qu'on ne dût examiner s'il étoit à propos d'en faire une Loi : vû qu'aucune Ordonnance, ni aucune Loi précédente n'en avoit parlé, & que cela s'étoit introduit comme ces chofes dont on ne connoît pas bien ni l'origine, ni la raifon. C'eft pourquoi il croïoit qu'il n'étoit pas inutile d'en obferver les conféquences.

Qu'on pourroit dire fur cette matiere bien des chofes qui paroîtroient d'abord extraordinaires; parce qu'elles étoient contraires à un ufage reçu ; mais

qu'il n'en avanceroit aucune, qui ne fût appuyée fur de grands Auteurs, &
particulierement fur le fentiment de plufieurs Premiers Préfidens : De forte même qu'il fembloit, que ces penfées fuffent comme attachées à la place où il
avoit l'honneur d'être. Que Monfieur le Chancelier jugeroit fi elles doivent
être préfentées au Roi, & fi elles meritoient que Sa Majefté y fît quelque
reflexion.

Qu'il étoit bien éloigné de vouloir dire, que ce fût une chofe inutile d'interroger les accufez ; au contraire cela étoit abfolument neceffaire, parce que
c'étoit particulierement dans l'interrogatoire que l'accufé pouvoit emploïer les
moïens naturels de fa défenfe, & parce que c'étoit en cette occafion principalement, que le Juge par fa prudence & par fon autorité, pouvoit découvrir la vérité, & pénétrer dans les déguifemens d'un criminel ; mais qu'il vouloit parler
du ferment qu'on lui faifoit prêter dans cét interrogatoire.

Qu'il n'y avoit pas un feul Juge qui pût préfumer, que de bonne foi &
par la religion du ferment, un accufé eût été porté à déclarer des chofes
capables de lui faire perdre la vie ; & que l'expérience avoit toûjours mon-
tré le contraire. Qu'il étoit bien étrange, de voir que les Docteurs, même
ceux du plus grand nom, formaffent en cette rencontre une efpece de com-
bat entre les deux plus faintes obligations qui foient au monde : fçavoir entre *le Droit naturel*, qui oblige l'homme à conferver fa vie, & *la Religion
du ferment*, qui l'engage à dire la vérité.

Que dans l'oppofition de ces deux principaux devoirs, ils fiffent ceder la
Religion à la nature, & qu'ils décidaffent qu'on pouvoit nier la vérité pour
fauver fa vie.

Qu'il feroit aifé de rapporter les paffages d'une foule de ces Docteurs, qui
difent expreffément, que l'accufé n'eft point obligé de reconnoître la vérité
devant fon Juge, même après avoir prêté le ferment, quand cette confeffion doit être la caufe de fa mort : lefquels Docteurs font tous contraires à
l'opinion de S. Thomas fur ce fujet.

Mais qu'enfin ou le ferment eft obligatoire, ou il ne l'eft pas. Sil eft obligatoire, c'eft engager infailliblement l'accufé à commettre un nouveau crime, &
ajoûter au menfonge, qui eft inévitable en ces rencontres, un parjure inutile,
qui fe pourroit éviter. Que s'il n'eft pas obligatoire, c'eft prendre le nom de
Dieu en vain.

Outre que c'eft un moïen de faire méprifer la religion du ferment dans tous
les autres Actes, où elle eft d'une obligation indifpenfable ; parce que s'il eft neceffaire, fuivant cét ufage, & même permis, felon l'opinion de tant de Docteurs, de fe parjurer pour fauver fa vie, on croira qu'il n'eft pas défendu de le
faire pour fauver fon honneur ; enfuite pour un moindre interêt : quoique cette
conféquence ne foit pas veritable.

Que neanmoins en France, par un ufage fingulier, on préfuppofe qu'il
faut faire prêter ferment aux accufez quand on les interroge : & cela
fans confiderer quel eft le fondement & la raifon de cét ufage ; & que
tout le monde dit qu'il le faut faire ainfi, fans examiner pourquoi on
le fait ; car il n'y a aucun des Peuples dont nous avons tiré tou-

res nos bonnes maximes , qui l'aïent pratiqué de la forte.

Qu'il difoit plus : qu'aucune Loi , aucune Ordonnance , aucune Coûtume , ni parmi nous , ni parmi les Nations que nous voulons imiter , ne l'avoient établi. Qu'ainſi la preſente Ordonnance feroit la premiere , qui auroit obligé les Juges à faire prêter ce ferment. Que ce qu'il avançoit ſurprenoit peut-être ; mais qu'au fonds , il étoit tres-veritable.

Que l'Ordonnance de 1539. Article 146. qui prefcrit aux Juges la forme d'interroger les criminels , ne parle point de leur faire prêter le ferment , & par confequent, c'eſt une marque certaine qu'elle n'a point voulu obliger les Juges à la recevoir. Car on ne peut pas préfumer raifonnablement, qu'une chofe fi importante ait été obmife , ou par mégarde , ou parce qu'elle étoit déja établie par l'ufage : d'autant plus que la même Ordonnance , Article 154. oblige les Juges de faire prêter le ferment aux Accufez , lors de la confrontation , laquelle n'étoit pas moins établie auparavant , ni plus importante que l'interrogatoire. Ce qui fait voir que l'Ordonnance a fpecifié le cas où elle a voulu que l'Accufé prêtât le ferment.

Cependant il y a une grande difference entre ce ferment de la confrontation , & celui de l'interrogatoire ; & le premier n'induit pas neceſ-fairement l'autre : parce que le ferment de la confrontation ne regarde que ce que l'Accufé doit dire contre les témoins , & n'eſt qu'une efpece de ferment, que les Anciens appelloient *de Calomnie* , par lequel l'Accufé jure, qu'il ne dira rien que de veritable dans les reproches qu'il alleguera contre les témoins.

Or il y a fouvent des moïens de détruire un témoignage , fans faire de faux reproches à un Accufé ; mais dans l'interrogatoire , où il n'eſt pas queſtion du témoignage d'autrui , lors qu'un Juge demande à un Accufé l'aveu de fon propre crime , lors qu'il le preſſe , & le veut con-traindre enfin de confeſſer la verité , dans le tems même que la nature l'avertit en fecret de n'en rien faire , il n'a d'autre parti à prendre que le parjure ou la mort.

Que les autres Ordonnances ne font pas plus de mention que celle de 1539. de ce ferment des Accufez dans leur interrogatoire : & parce qu'on doit être tres-refervé à établir une négative abfoluë , comme celle-ci , il avoit prié Meſſieurs avec lefquels il avoit examiné l'Article propofé , de lui dire , s'ils en fçavoient quelqu'une ; & qu'il n'avoit pû appren-dre d'eux, qu'il y en eût jamais eu en France. De forte qu'on pouvoit dire, que cét ufage, quoi qu'ancien , n'étoit appuïé fur aucunes de nos Or-donnances ; qu'il reſtoit à voir quels étoient les fentimens des plus grands perfonnages fur cette matiere.

Qu'il venoit de dire, qu'il avoit des Premiers Préfidens, pour garans de fa penſée ; & que celui qu'il devoit alleguer le premier , felon l'ordre des tems , étoit Monfieur le Premier Préfident Lizet, qui décrit bien am-plement dans fa Pratique criminelle , la forme d'inftruire le procez aux Accu-fez. Qu'en cét endroit il avertit expreſſément les Juges , de faire prêter le ferment aux témoins, & même aux Accusez, dans la confrontation ; mais quand il traite de l'interrogatoire, il ne fait aucune mention du ferment de l'Accusé : ce qu'il n'auroit pas obmis, s'il eût été neceffaire. Que Monfieur le Premier Préfident le Maître, remarque dans fes Décifions, que *Nul n'eft tenu de fe condamner foi-même par fa bouche.* C'eft pourquoi, dit-il, autrefois dans les Monitoires, on exceptoit toûjours la partie & fon confeil, & même les témoins déja oüis, dans l'information ; de peur qu'ils ne fe parjuraffent, s'ils étoient oüis une feconde fois. Que de là on pouvoit inferer quel étoit le fentiment de ce Premier Préfident.

Mais qu'il y avoit un exemple bien plus formel de Monfieur le Premier Préfident de Thou, dont la memoire eft en grande vénération au Palais, & par tout ailleurs. Que Pafquier rapporte, que ce grand Magiftrat interrogeant un Accufé de crime qualifié, il ne voulut jamais lui faire prêter le ferment ; parce qu'il fçavoit qu'aucune Ordonnance n'obligeoit les Juges de l'éxiger de l'Accufé, & qu'il ne vouloit pas l'engager à un parjure manifefte. Que cét Auteur loüoit fort la retenuë de Monfieur le Premier Préfident de Thou, pour n'avoir pas voulu employer en vain la religion du ferment.

Qu'il pouvoit encore ajoûter à ces exemples, celui de Monfieur le Premier Préfident de Harlai, Gendre de Monfieur le Premier Préfident de Thou. Que la tradition du Palais apprenoit, qu'en une Audience où il préfidoit, une Partie aïant la preuve par écrit d'un fait avancé, ne laiffa pas d'obliger la Partie adverfe à prêter le ferment en pleine Audiance : fur quoi l'autre le convainquit auffi-tôt de parjure, en faifant lecture de la piece. Monfieur le Premier Préfident de Harlai, fe tourna contre celui qui, fans befoin, avoit induit fon adverfaire à un parjure fi public, & le reprit tres-féverement ; aprés cela aïant été aux opinions, il le condamna encore plus rigoureufement que celui qui s'étoit parjuré.

Que fur cét exemple il ne pouvoit s'empêcher de faire réflexion, que le crime de faire parjurer un homme, & le faire parjurer inutilement, étoit fort grand ; & que les Juges le puniffoient toûjours avec beaucoup de féverité : cependant, que c'étoit en quelque façon ce qu'ils faifoient eux-mêmes, lorfqu'ils éxigeoient les fermens des Accufez, & qu'ils interpofoient en cela l'autorité de la Juftice, fans efperance que ce ferment pût contribuer à découvrir la verité.

Que c'eft proprement ce que dit la Loi : *Inhumanum eft, per leges quæ perjuria puniunt, perjurii viam aperire.* Il y a de l'inhumanité d'ouvrir le chemin au parjure, par les Loix mêmes qui le puniffent.

Qu'outre que les Ordonnances de nos Rois n'ont point établi cét ufage, & que le fentiment de plufieurs grands Magiftrats y eft oppofé, on peut dire certainement, que le Droit Civil, bien loin de l'autorifer, y étoit entierement contraire ; & que même dans le Droit Canonique, avant qu'il fût embroüillé des formalitez de l'Inquifition, il n'y en avoit pas la moindre trace.

Que l'autorité de Cujas fuffifoit feule pour prouver l'un & l'autre. Qu'à la verité le Droit des Romains admettoit le *Serment de calomnie*, par lequel deux Parties juroient au commencement de la Cause, d'y proceder de bonne foi, & sans dessein de se calomnier l'un l'autre ; mais que ce grand Docteur observe en plusieurs endroits, & particulierement sur le Titre des Décrétales, *De juramento calumnia*, qu'on ne pratiquoit point à Rome ce serment, dans les causes criminelles.

Qu'il dit au même lieu, que le Droit Ecclesiastique ne l'a jamais reçû, ni dans les causes civiles, ni dans les criminelles ; & que nous l'avons ôté de nôtre Pratique Françoise. Qu'en cela il croïoit que nous avions suivi le sentiment de plusieurs de nos Conciles, & entr'autres celui de ...... qui ne peuvent souffrir ce *Serment de calomnie*.

Qu'encore qu'il ne fallût pas confondre ce serment avec celui que prête l'Accusé dans son interrogatoire, il étoit vrai de dire, que les Romains n'ont pas voulu pratiquer dans les causes criminelles, ce serment, qu'ils admettoient dans les causes civiles ; & que c'est un argument certain, qu'ils n'éxigeoient aucun serment de l'Accusé.

Que la Pratique criminelle observée par les Romains, étoit assez connuë, & qu'on n'y voïoit point qu'ils eussent jamais fait jurer les Accusez lors qu'on les interrogeoit : mais que s'il falloit remonter jusqu'au Droit des Athéniens, que l'on regarde comme la source des Loix Romaines, bien qu'il eût introduit ce serment respectif qu'ils appelloient .... qui est l'origine du *Serment de calomnie* parmi les Romains, il seroit aisé de montrer que les Athéniens mêmes, n'éxigeoient point de serment dans l'interrogatoire des Accusez.

Qu'aprés cela si les Docteurs d'Italie meritoient d'être citez, on en trouveroit plusieurs qui se plaignent de l'abus de ce serment, & qui disent que la Coûtume & non pas le Droit, l'a introduit : *Non de Jure, sed de consuetudine.*

Qu'un des principaux, nommé *Julius Clarus*, qui avoit une des premieres Charges du Senat de Milan sous Philippe II. parlant de cét usage, dit que cette pratique ne lui avoit jamais plû ; parce qu'elle est une occasion évidente de parjure ; *Mihi certè hæc practica nunquam placuit : quia est manifesta occasio perjurii.*

Qu'à l'égard de l'Allemagne & de l'Empire, il y a une Ordonnannance générale d'un des plus illustres Empereurs, qui aïent jamais été, dont la memoire ne pouvoit être assez honorée, à cause de ses grandes qualitez, & parce qu'il est un des Aïeuls maternels du Roi. Que cette Ordonnance qui fut faite par Charles V. à Aufbourg en 1532. avec tous les Ordres de l'Empire ; pour l'instruction des procez criminels, contient tout le détail de la procedure ; & le Formulaire des Sermens que les Juges, les Assesseurs & les Greffiers mêmes doivent prêter ou faire prêter ; mais qu'elle ne fait point mention, qu'on fasse prêter aucun serment aux Accusez dans l'interrogatoire : bien qu'il y ait quatorze ou quinze Articles entiers, qui parlent des Interrogatoires, soit simples, soit accompagnez de torture.

Qu'en effet , il croïoit qu'on en ufoit encore de la forte dans tout l'Empire , & qu'il fçavoit certainement , que tous les Païs-Bas l'obfervoient auffi , & qu'à prefent encore , dans cette grande partie que le Roi a conquife , quand on interroge les Accufez , on ne leur fait point prêter de ferment. Qu'à la verité , le Duc d'Albe étant Gouverneur de Flandre , en 1570. avoit voulu introduire cét ufage de faire prêter le ferment aux Accufez ; mais que fon Ordonnance n'avoit jamais été reçûë parmi ces Peuples.

Qu'enfin l'Archiducheffe Ifabelle leur permit , en 1611. de fuivre leur pratique ancienne qu'ils gardent encore aujourd'hui.

Qu'il étoit marri de parler fi long-tems fur une même chofe ; mais qu'aïant à examiner un ufage fi ancien , que l'habitude avoit fait paffer dans l'efprit de la plûpart des Juges comme une pratique neceffaire , il ne pouvoit pas dire en peu de paroles , toutes les raifons qui fe prefentoient fur ce fujet.

Que par cette confideration , il croïoit être encore obligé de rechercher quel avoit été le principe de cét abus , & ce qui l'avoit introduit parmi nous ; mais qu'il falloit avoir plus de lumieres qu'il n'en avoit pour pénétrer dans une origine fi obfcure. Qu'aprés le foin qu'il avoit pris de s'en éclaircir , ne l'aïant point trouvé dans tous les lieux d'où nous avons tiré ce qu'il y a de meilleur dans nos formes ordinaires , il n'avoit pû s'empêcher de croire , que l'Inquifition fertile en chicanes & en formalitez , avoit introduit cét abus , elle qui bien fouvent a plus d'égard à l'obfervation rigoureufe des formes , qu'elle a inventées , qu'à la pureté des confciences , qui femble être le premier motif de fon établiffement.

Qu'un des plus anciens Auteurs qui eût parlé de ce ferment , étoit Emericus , dans fon *Directoire des Inquifiteurs* , compofé environ l'an 1360. Qu'il feroit aifé de prouver , que ce ferment des Accufez , étoit inconnu auparavant ; & qu'un de nos Auteurs , nommé Imbert , avoit parlé dans fes Inftitutions , de ce ferment , comme d'une chofe qui étoit en ufage , fans alleguer pourtant aucune Ordonnance , pour foûtenir fon avis ; mais qu'il avoit cherché à l'appuïer par l'opinion de Barthole : *Prout* , dit-il , *fuadet Bartholus , ad l. Marcellus , ff. Rerum amotarum.* Mais qu'il avoit eu peine à trouver dans Barthole , ce qu'Imbert prétend y avoir remarqué à moins que de le tirer de loin , & par des inductions ambiguës.

Que fi l'ufage de ce ferment n'eft point établi par le Droit Civil , ni par le Droit Canonique ; s'il eft contraire aux Loix de toutes les Nations , defquelles nous pouvons prendre des exemples ; s'il n'eft autorifé d'aucune Ordonnance de nos Rois , ni d'aucune Coûtume , enfin fi l'experience nous fait connoître , qu'il ne fert jamais à découvrir la verité , il femble qu'on ne doit pas tant donner à l'ancienneté de cét ufage , que cela empêche d'en bien pefer tous les inconveniens , avant que de faire ce qui n'avoit point été fait par toutes les Ordonnances précédentes, qui est, de l'établir expressément par une nouvelle Loi.

Qu'il y a un exemple fort semblable, par lequel Justinien s'est acquis beaucoup de gloire, en abolissant l'usage du serment, dans un cas où le parjure étoit fréquent, quoique moins ordinaire que dans celui-ci.

On ne donnoit point aux Veuves la tutelle de leurs Enfans, qu'elles ne jurassent de ne se point remarier : elles juroient toutes pour avoir la tutelle ; mais peu gardoient leur serment. Justinien par la Novelle 94. défendoit de prendre aucun serment d'elles en cette occasion ; *parce*, dit cét Empereur, *que la force & la religion du serment ne veulent pas que nous endurions, qu'on fasse jurer le nom de Dieu avec tant de témérité, pour violer ensuite la foi de ce serment ; car nous sçavons qu'on a presque toûjours prévariqué contre cette Loi, & qu'elle fait faire presqu'autant de parjures que de sermens. De sorte que (continuë cét Empereur) c'est un peché évident d'éxiger un serment, qu'on sçait qui doit être violé : car quand il se trouveroit quelques personnes qui le gardent, cela ne doit pas donner occasion d'en exposer d'autres à commettre une pareille impieté contre la Majesté de Dieu ; puisque les Legislateurs ne doivent pas se regler sur ce qui se fait rarement, mais sur ce qui se fait presque toûjours, afin d'arrêter le cours d'un mal-ordinaire, & d'y apporter soigneusement le remede.*

Que les termes de cette Novelle sont si forts, qu'ils meritent d'être raportez.

Quia verò multam habemus formidinem, nè facilè jusjurandum per magnum Deum detur, & hoc prævaricetur ; proptereà credimus oportere & hanc emendare Legem, quæ vult matres, dum suorum filiorum curam gestura sunt, jusjurandum jurare, quod ad secundas nuptias non venient ; & toties scimus prævaricatam Legem, jusjurandum perjurum datum, quoties penè datum est, ut peccatum apertissimum esset, quia hoc intulimus jusjurandum ad prævaricandum. Non enim eò quod aliquæ servaverunt jusjurandum, proptereà oportet & eas quæ exhonorant eum, habere occasionem impietatis in Deum. Non quod rarò fit (sicut etiam vetus sapientia docet) non observant Legislatores ; sed quod fit plerumque & respiciunt & medentur.

Que ces raisons sembloient même aller au devant des objections qu'on y pouvoit faire, & de la pensée qu'on avoit que ces sermens peuvent aider à découvrir quelquefois la vérité. Qu'il croïoit qu'il n'y avoit plus qu'à les appliquer à la question présente, où elles convenoient encore mieux qu'aux secondes nôces des Veuves. Car quelque pente que les femmes puissent avoir à se marier, elle n'égale point la passion qu'a un accusé d'éviter la mort.

M. Pussort a dit, que la proposition faite par Monsieur le Premier Président, de recevoir les interrogatoires des accusez, sans leur faire prêter serment, est tres-grande, soutenuë de fortes raisons, & appuïée sur des autoritez de grand poids, & sur des recherches fort curieuses. Qu'il en avoit été touché ; car en effet il femble, que par la preſtation du ſerment, on réduiſoit un accuſé à l'une de ces deux fâcheuſes extrémitez : de commettre un parjure en déniant la vérité , ou de devenir homicide de ſoi-même en la reconnoiſſant , & qu'en Juſtice on n'en avoit jamais reçu aucune utilité.

Mais qu'aïant depuis communiqué cette ouverture à Meſſieurs les Commiſſaires du Roi , qui travaillent à la réformation de la Juſtice , elle leur avoit paru de dangereuſe conſéquence ; parce que ſi l'on retranche le ſerment des interrogatoires , il y aura la même raiſon de l'ôter de la confrontation. Car puiſque les témoins ſont les Juges des accuſez , ſi celui qui répond ne propoſe point de cauſe de reproche valable , il expoſe autant ſa vie , que s'il reconnoiſſoit lui-même par ſa bouche , la vérité du fait dont il eſt accuſé. Et comme tous les moïens de garantir ſa vie ſont honnêtes , & que la Loi naturelle doit prévaloir à toute autre , la religion du ſerment n'empêchera pas , qu'un accuſé ne propoſe des reproches , quoique calomnieux , en toute ſûreté de conſcience , ſelon les maximes des Caſuiſtes , lors qu'il connoîtra que ces reproches peuvent ſervir à mettre ſa vie en ſûreté.

Mais que l'on peut répondre à ces objections , que l'on ne convient pas des principes qui ont été avancez : n'étant permis en aucun cas , de faire un mal-afin qu'il en arrive un plus grand bien ; & que la Loi naturelle ſe trouvant combattuë par celle du Chriſtianiſme , elle lui doit inconteſtablement ceder : perſonne ne revoquant en doute , que la mort ne ſoit preferable à un peché mortel.

Que d'ailleurs cette abolition du ſerment , auroit de dangereuſes gradations , parce que s'il eſt permis de faire un faux ſerment pour ſauver ſa vie , l'on croira qu'il ſera auſſi licite d'en faire un autre , pour mettre ſon honneur à couvert , celui de ſes amis , ſon bien , & ainſi ſucceſſivement , pour la conſervation d'un interêt moins conſidérable ; & l'habitude de ces maximes pourroit paſſer juſqu'à la matiere civile.

Que l'uſage du ſerment eſt tres-ancien , & s'obſervoit avant l'Ordonnance de 1539. Cela ſe voit dans les grands procez qui ſont dans les Bibliotheques ; & l'uſage en eſt d'autant plus ſolemnel , qu'il a été établi ſans Loi. L'Article n'introduit rien de nouveau , & met ſeulement en Loi ce qui n'eſt que d'uſage. Que cette formalité eſt ſi eſſentielle dans la matiere criminelle , que l'omiſſion de prendre le ſerment dans un interrogatoire , fait une nullité dans la procédure.

Qu'il n'eſt pas même entierement inutile : car encore que généralement le ſerment ne perſuade pas davantage les Juges de la vérité des réponſes d'un accuſé ; neanmoins il ſe trouvoit des conſciences timorées , que la crainte du parjure pouvoit engager à reconnoître la verité : particulierement quand cela pouvoit aller à la charge ou décharge d'une tierce perſonne. Que l'exemple de Lamiere étoit exprés & remarquable ; & qu'il ne croïoit pas qu'il y eût inconvénient à confirmer cét uſage , mais qu'il pouvoit y en avoir de tres-grands à l'abolir.

M. Talon

M. Talon a dit, que la difficulté de sçavoir si l'on doit obliger un accusé à prêter le serment lors qu'il est interrogé, peut être la matiere d'un problême & d'une question curieuse ; mais bien qu'il n'y ait point d'Ordonnance qui prescrive ce serment, & qu'il ne soit point établi par la Jurisprudence Romaine, l'usage neanmoins l'aïant autorisé, il n'y a point (ce semble) de raison pour s'en dispenser.

Que si l'on prétend qu'un accusé n'est point obligé d'avoüer la vérité, par son interrogatoire, parce que l'obligation de conserver sa vie, est plus forte que le lien & l'engagement du serment, l'on peut répondre en un mot, que cette proposition avancée par les nouveaux Casuistes, est tres dangereuse & absolument contraire à l'esprit de l'Evangile. Les Chrétiens doivent dire la vérité par tout, & ne la peuvent dissimuler, sans manquer à leur devoir ; & si quelque chose pouvoit dispenser de prêter le serment, c'est qu'en tout tems, en toutes rencontres, on doit expliquer les choses conformément à la vérité, & qu'il n'est jamais permis de la déguiser.

Mais comme les hommes sont souvent retenus par la religion du serment, il ne faut pas se persuader que l'on ne tire jamais d'éclaircissement de leur confession ; & il seroit perilleux d'abroger l'usage de faire prêter le serment aux accusez, parce que ce seroit approuver les opinions scandaleuses & erronées des Casuistes, qui leur permettent de mentir en sûreté de conscience. Et bien que l'obligation de conserver sa vie, fasse partie du Droit naturel, & que même la Religion nous y oblige ; cela se doit entendre pourtant par des moïens justes & legitimes, & non pas par le secours du mensonge & de l'imposture.

Que si ce serment engage souvent à des parjures, on n'en fait pas moins tous les jours dans les affaires civiles, pour des interêts pécuniaires : étant rare qu'un homme interrogé sur faits & Articles, ou auquel on défere le serment, reconnoisse de bonne foi la vérité. D'ailleurs il est constant, qu'en Italie, en Espagne (& l'on peut dire, parmi toutes les Nations de l'Europe) l'on fait prêter le serment aux accusez, avant que de les interroger ; la même chose se pratiquoit en France depuis plus d'un siecle, avec telle exactitude, que si l'on y avoit manqué, la procédure seroit déclarée nulle.

Cette difficulté aïant été relevée, il est absolument necessaire d'en faire un Article d'Ordonnance ; & cela reçoit d'autant moins de doute, que l'on demeure d'accord que l'accusé doit prêter le serment à la confrontation. Que cela est établi par les anciennes Ordonnances ; & que l'on ne sçauroit trouver de véritable différence, entre le serment de l'interrogatoire, & celui de la confrontation.

M. le Chancelier a dit, qu'il en falloit parler au Roi.

☞ *Nonobstant les raisons alléguées par M. le P. Président, l'Article VII. a été inséré dans l'Ordonnance.*

Ordonnance Criminelle. X

ARTICLE VIII.

Accusés, quand pourront avoir un conseil.

LEs accusez, de quelque qualité qu'ils foient, feront tenus de répondre par leur bouche, fans le miniftere de confeil, qui ne pourra leur être donné, même aprés la confrontation ; nonobftant tous ufages contraires que nous abrogeons: fi ce n'eft pour crime de péculat, concuffion, banqueroute frauduleufe, vol de Commis ou Affociez en affaires de finance ou de banque, & fauffeté de pieces ; à l'égard defquels crimes, les Juges pourront ordonner, fi la matiere le requiert, que les accufez, aprés l'interrogatoire, communiqueront avec leurs Commis. Laiffons au devoir & à la religion des Juges, d'examiner avant le Jugement, s'il n'y a point de nullité dans la procédure.

Aprés la lecture de l'Article.

M. le P. Préfident a dit, que cét Article accorde plus aux accufez, en certains cas, que nôtre ufage ne le permet, & qu'il leur ôte en d'autres cas, ce que tous les Juges leur ont confervé jufqu'à cette heure. Car il permet aux accufez, pour de certains crimes, de communiquer avec leur Commis, même avant la confrontation ; ce qui eft la même chofe que de leur donner confeil. Or dans nôtre ufage on ne permet aucune communication, ni aucun confeil aux accufez, qu'aprés la confrontation, afin qu'ils ne puiffent pas corrompre les témoins. Cependant cét Article défend aux Juges de donner confeil aux accufez, même aprés la confrontation : ce qui eft nouveau à l'égard de l'ufage, & rigoureux envers les accufez.

Qu'il eft vrai que quelquefois le confeil leur fert pour éluder la Juftice, & pour tirer les procez en longueur ; & que quelques criminels fe font échapez des mains de leurs Juges, & exemtez des peines, par le moïen du confeil qu'on leur avoit donné. Mais que fi le confeil a fauvé quelques coupables, il pourroit arriver auffi que des innocens périroient faute de confeil ; & comme il eft impoffible, qu'un Legiflateur prévoïe tous les inconvéniens, il faut qu'il fe regle fur les plus confidérables, & qu'il aille au devant du plus grand mal.

Qu'il eft certain qu'entre tous les maux qui peuvent arriver dans la diftribution de la Juftice, aucun n'eft comparable à celui de faire mourir un innocent, & qu'il vaudroit mieux abfoudre mille coupables.

Que c'étoit une des maximes que le Parlement avoit le plus religieufement obfervées, & que cét efprit de la Compagnie avoit quelque rapport au fentiment de Scipion l'Africain, qui difoit ordinairement : *j'aime mieux fauver la vie à un Citoïen, que faire mourir mille Ennemis.*

Qu'il falloit confiderer auffi, que ce confeil qu'on a accoûtumé de donner aux Accufez, n'eft point un privilege accordé par les Ordonnances ni
par les Loix : que c'étoit une liberté acquife par le droit naturel, qui eft
plus ancien que toutes les Loix humaines. Que la nature enfeignoit à
l'homme d'avoir recours aux lumieres des autres, quand il n'en avoit pas
affez pour fe conduire, & d'emprunter du fecours, quand il ne fe fentoit
pas affez fort pour fe défendre. Que nos Ordonnances ont retranché aux
Accufez tant d'autres avantages, qu'il eft bien jufte de leur conferver ce
qui leur refte , & particulierement le confeil qui en faifoit la principale
partie.

Que fi on vouloit comparer nôtre procedure criminelle à celle des Romains
& des autres Nations, on trouveroit qu'il n'y en avoit point de fi rigoureufe,
que celle qu'on obferve en France , particulierement depuis l'Ordonnance
de 1539.

Qu'à la verité il ne feroit pas raifonnable d'adminiftrer confeil en toutes
fortes de crimes, & à tous les Accufez. Que quand il n'eft queftion que
d'un fimple fait, d'une action, où l'Accufé n'a qu'à dénier ou confeffer,
alors il n'eft point neceffaire de lui donner des perfonnes pour prendre confeil fur ce qu'il doit dire, ou fur ce qu'il doit faire. Mais que quand il y
a beaucoup de procedures, & que l'accufation eft mêlée d'un grand nombre de faits, qui demandent une grande connoiffance de ces matieres, &
une longue difcution, on ne pouvoit pas refufer ce fecours à un Accufé lequel feroit incapable de les démêler tout feul, quand même il n'auroit pas
l'efprit accablé de fa difgrace.

Qu'auffi on avoit bien prévû cét inconvenient en dreffant le prefent Article , dans lequel on avoit exprimé plufieurs cas , où il feroit permis aux
Accufez, de communiquer avec leurs Commis. Qu'il n'y avoit pas de difference entre ces communications, & un confeil ; dautant que les Commis
pouvoient confulter des perfonnes capables, & faire rapport de leur confeil
à l'Accufé. Mais puifqu'on juge par cét Article, qu'en de certains crimes,
l'Accufé aura la liberté de communiquer avec des perfonnes dont il peut tirer
confeli , on n'a pû reftreindre ces crimes à un nombré préfix , comme celui qui
eft fpecifié dans l'Article.

Qu'il eft bon de défendre aux Juges de donner confeil, fi la qualité du
crime ne le requiert pas; mais de leur déterminer tous les cas où ils le doivent faire, & de croire qu'on a prévû toutes fortes de crimes qui fe peuvent
commettre, tout cela n'étoit pas poffible; parce que la malice des hommes
n'a point de bornes , & que les crimes paffez ne peuvent pas faire découvrir
au Legiflateur tous ceux qui fe feront à l'avenir.

Qu'il s'en pouvoit rencontrer de tels , que l'Accufé y auroit plus befoin
de confeil que dans tous ceux où l'Article le leur accorde. Qu'enfin
les actions des hommes venoient d'une caufe fi variable en elle-même,
& que les circonftances les rendoient fi differentes , qu'Ariftote qui avoit
approfondi toutes les maximes de la Morale , auffi avant que perfonne ,
avoit dit ; qu'il n'y falloit point chercher de démonftrations évidentes ,

de définitions exactes , ni de connoiſſance préciſe de la différence formelle des choſes ; qu'il y a auſſi peu de raiſon de prétendre de les y trouver , que de ſe contenter dans les Mathématiques d'une notion confuſe &
imparfaite.

C'eſt pourquoi on pouvoit bien ordonner en général , que les Juges ne
donneroient point de conſeil aux Accuſez , que pour les crimes mêlez de
beaucoup de faits , & qu'ils croiront demander ce ſecours ; mais qu'il lui
paroiſſoit extrêmement difficile & dangereux , de déclarer en particulier ,
quels étoient ces crimes, & d'en exclure par là tous les autres.

M. Puſſort a dit , que cét Article étoit un de ceux dont le public re-
tireroit un plus grand avantage, par la ſûreté qu'il établiroit pour la
preuve. Que l'experience faiſoit connoître , que le conſeil qui étoit
donné , ſe faiſoit honneur & ſe croïoit permis en toute ſûreté de conſcience , de procurer, par toutes voïes , l'impunité à l'Accuſé. Il eſt
vrai que dans l'ancienne Rome , & même par l'uſage du Roïaume
avant l'Ordonnance de 1539. l'Accuſé ſe défendoit par la bouche de ſon
Avocat , même dans les plus grands crimes ; & quoi qu'elle n'ait pas
nommément retranché le conſeil ; neanmoins s'il avoit été jugé neceſſaire à la défenſe des Accuſez, on en auroit indubitablement fait une reſerve dans cette Ordonnance , comme une exception de la regle générale
qu'elle rétabliſſoit.

C'eſt ce qui ſe reconnoît évidemment dans l'inſtruction de ce grand
procez qui fut fait incontinent aprés , à l'Auteur de cette même Ordonnance : car il ſe voit que non ſeulement on lui ôta la liberté de répondre par le
miniſtére d'un Avocat , mais que même toute communication lui fut interdite,
à l'exception de celle du Greffier Maſparault.

Il eſt vrai que le ſilence de l'Ordonnance a été interpreté differemment. L'on s'eſt plaint d'un côté pour les Accuſez, qu'on leur fermoit la
porte de la Juſtice ; & de l'autre, l'on s'eſt élevé contre les longueurs de
l'inſtruction , dont le conſeil étoit la cauſe. Cela a donné lieu aux Juges
d'en uſer differemment, les uns en la refuſant abſolument, les autres en
l'accordant à toutes ſortes d'accuſations , & d'autres ſeulement en de certains cas.

Mais enfin l'on peut dire, que l'on n'a jamais mieux reconnu les deſordres que le conſeil a produits , que dans les derniers tems, particulierement dans la Chambre de Juſtice, où l'on ſçait que les plus grands procez n'ont été jugez, que lors que les Parties ont bien voulu courir le riſque
d'un Jugement.

Qu'il eſt vrai qu'il y a des affaires qui ſont partie civiles , & partie criminelles, comme péculat , concuſſion , & les autres mentionnez en l'Arti-
ticle, dans leſquels on pourroit difficilement ſe diſpenſer de permettre à un
Accuſé, la communication avec ſes Commis ou Correſpondans ; mais il y en
a d'autres où elle ſeroit tres-dangereuſe , comme dans les cas Prevôraux :
n'étant ordinairement queſtion dans ces ſortes de crimes, que de ſçavoir

fi un Accufé a fait un vol , ou un meurtre , ou s'il ne l'a pas commis ; ce qui ne dépend que de la fimple dépofition des témoins. Mais il n'y auroit pas d'apparence de la donner dans toutes fortes de crimes indiftinctement , autrement il n'y auroit pas de fuite que les Accufez ne miffent en ufage , pour interrompre le cours de la procedure.

L'on fçait combien ces fortes de confeils font féconds en ouvertures , pour former des conflits de Jurifdictions ; combien ils inventent de fubtilitez , pour faire trouver des nullitez dans les procedures , & pour faire naître un infinité d'incidens. Cependant comme l'on ne refufe rien à un Accufé , & qu'il faut lire toutes les pieces du procez , auffi - bien celles qui font à fa décharge , que celles qui vont à fa conviction ; pourvû qu'il ait moïen de faire travailler beaucoup d'Avocats , & de fournir aux frais , les expediens ne lui manqueront point pour immortalifer fon procez. Ainfi c'eft proprement aux riches , & pour l'impunité , que le confeil eft accordé. Que neanmoins pour ne pas réduire les chofes à l'impoffible , on avoit exactement recherché les cas qui pouvoient être exceptez de la regle générale de l'Article : & fi la Compagnie en fçavoit quelque autre qui y eût été omis , & qui meritât d'y être compris , il en recevroit volontiers l'ouverture pour la faire au Roi.

Et quant à ce qu'on objecte , que *le confeil eft neceffaire pour examiner les défauts de la procedure , qui fait une des plus effentielles parties du procez criminel :* on répond que la fin de l'Article y a pourvû , en laiffant à la religion des Juges , de l'examiner : perfonne ne le pouvant mieux connoître , que les Juges même ; & même les parens en pourroient faire les obfervations , & en faire voir la nullité , par une Requête.

M. le P. Préfident a dit , qu'il pourra arriver que l'Accufé n'aura point de parens ; que cependant il s'agira de fa vie. Qu'il eft vrai , que dans le Parlement , & dans beaucoup d'autres Compagnies , le Commiffaire qui a fait l'inftruction , ne peut être Rapporteur du procez. Que l'ufage étoit different dans les premieres Jurifdictions , & même dans les Préfidiaux qui jugent en dernier reffort , où les Lieutenans Criminels inftruifent & rapportent; & comme ils préfumeront toûjours leur procedure bonne & valable , un Accufé qui n'aura point d'autre fecours , fe trouvera trop expofé.

M. Talon a dit , que l'Ordonnance de 1539. aïant changé la forme des procez criminels , & obligé les Accufez de répondre par leur bouche , fans miniftére d'Avocat , il s'eft trouvé des occafions , où l'obfervation exacte de cette Ordonnance ôtant aux Accufez les moïens de leur défenfe legitime , & mettant les innocens en danger de périr injuftement , l'ufage a temperé la trop grande févérité de cette Ordonnance , & l'on a accordé la liberté aux perfonnes prévenuës de crimes , de conferer avec leur confeil. Il eft vrai , que de ce qui ne fe devoit faire qu'en connoiffance de caufe , & avec beaucoup de circonfpection, l'on en a dans la fuite formé une maxime générale : & l'on s'eft perfuadé que toutes fortes d'Accufez avoient droit indiftinctement, de demander confeil.

De forte qu'il paroît affez neceffaire d'établir quelque regle , & d'em-pêcher l'abus qui fe pratique fur ce fujet, en n'accordant confeil dans des crimes qui dépendent purement de la dépofition des témoins, & dans lef-quels l'Accufé ne doit fe défendre que par fa bouche; car alors le confeil ne fert qu'à retarder le Jugement du procez, par des appellations, des Requêtes Civiles, & d'autres expédiens de chicane. Mais dans les accufations où il y a des pieces rapportées pour la conviction de l'Accufé, & où il en peut produi-re pour fa défenfe, il eft indifpenfable de lui permettre de communiquer avec fon confeil. Et quoique dans l'Article l'on ait voulu fpécifier quelques-uns de ces crimes, neanmoins il s'en pourra trouver d'autres de pareille natu-re, qu'il eft impoffible de prévoir, & dans lefquels les Juges fe trouveroient avoir les mains liées.

L'on peut alleguer pour exemple, les queftions de fuppofition de Part, ou de Perfonne : & dans la difficulté d'en pouvoir faire une énume-ration exacte, il femble que cela doit être laiffé à l'arbitrage du Juge, en ajoûtant à l'Article cette claufe : *& autres accufations de cette nature*; par le moïen de laquelle les Juges ne pourront accorder de confeil à l'Ac-cufé, que lorfque, par les circonftances du fait & la qualité du crime, ils s'y verront indifpenfablement engagez. Et il faut d'autant moins crain-dre que l'on abufe de ce pouvoir, que fi les Juges avoient à favorifer un Accufé, ce feroit bien plûtôt dans le Jugement définitif de fon procez, dans lequel ils font toûjours les maîtres d'abfoudre, de condamner, ou de modé-rer la peine.

Il pourroit même arriver qu'un Accufé qui auroit été traité avec cette du-reté que de lui refufer toute communication, parce que la Loi ne per-mettoit pas au Juge de la lui accorder, pour peu qu'il parût que lors du Jugement il n'avoit pas eu toute la liberté de fe défendre, cela feul feroit fuffifant pour faire incliner les fuffrages des Juges à l'indulgence. A quoi l'on peut ajoûter, que beaucoup de perfonnes accufées des crimes, pour lef-quels l'on permet de donner confeil, n'ont point de Commis avec lefquels ils puiffent communiquer; & qu'ainfi il faut leur laiffer le choix des perfonnes avec lefquelles ils voudront conférer, ou le déférer à la prudence & à l'arbitra-ge des Juges.

M. Puffort a reparti, qu'encore qu'il ne foit pas de l'ufage de permettre à un Accufé la communication avant la confrontation; neanmoins il pouvoit fe rencontrer des cas, où l'on fe trouve obligé de le faire aprés l'interroga-toire, comme dans le crime de péculat, ou de concuffion, où un Accufé fera interrogé fur des faits réfultans des pieces qu'il ne pourra pas reconnoître, pour n'être pas de fon fait. Que ce cas étant mêlé de civil & de criminel, il faudra neceffairement permettre à l'Accufé de communiquer avec fes Commis ou fes Affociez: la preuve ne devenant parfaite que par l'aveu ou le defaveu que l'Accufé doit faire des pieces, aprés qu'il les aura examinées.

M. le Préſident le Coigneux a dit, qu'il étoit à ſouhaiter que l'on pût marquer dans l'Article, tous les cas où les Juges pourront accorder un conſeil : n'y aïant rien de ſi dangereux, que de le donner en toutes ſortes d'affaires ; & l'Article deviendroit entiérement inutile, ſi on y ajoûtoit ces termes : *Et autres* ; parce qu'il pourroit induire le Juge à le donner en toutes ſortes de cas.

M. le Préſident de Mêmes a dit, que l'uſage de demander conſeil, étoit rare au Palais, & qu'il avoit été peu pratiqué avant l'affaire de Corboyer ; que même ce ne fut pas d'une commune voix qu'on lui permit de le prendre.

☞ *Suivant l'ouverture faite par M. l'Avocat Général Talon, on a ajoûté dans l'Article ces mots :* ſuppoſition de Part, & autres crimes où il s'agira de l'état des perſonnes. *Ce changement eſt le plus conſidérable qu'on ait fait dans cét Article, qui a été arrêté de cette maniere.*

ARTICLE VIII. Les accuſez, de quelque qualité qu'ils ſoient, ſeront tenus de répondre par leur bouche, ſans le miniſtere de conſeil ; qui ne pourra leur être donné, même après la confrontation, nonobſtant tous uſages contraires, que nous abrogeons : ſi ce n'eſt pour crime de péculat, concuſſion, banqueroute frauduleuſe, vol de Commis ou Aſſociez en affaires de Finance, ou de banque, fauſſeté de piéces, ſuppoſition de Part, où il s'agira de l'état des perſonnes : à l'égard deſquels les Juges pourront ordonner, ſi la matiere le requiert, que les accuſez, après l'interrogatoire, communiqueront avec leur conſeil ou leurs Commis. Laiſſons au devoir & à la religion des Juges, d'examiner avant le Jugement, s'il n'y a point de nullité dans la procédure.

ARTICLE IX.

Exception pour les accuſez de crimes non capitaux.

N'Entendons neanmoins empêcher que les accuſez de crimes non capitaux, ne puiſſent aprés l'interrogatoire, conférer avec qui bon leur ſemblera.

Lecture aïant été faite de cét Article.

M. le P. Préſident a dit, que l'Article engagera les Juges à opiner deux fois ſur une même affaire : ſéparant le droit d'avec le fait, ſuivant l'uſage de la Rotte. Il faudra qu'ils jugent d'abord, ſi le crime eſt capital ; & enſuite ſi l'accuſé eſt convaincu. Qu'en matiere de fauſſeté, il eſt difficile d'en faire une exacte diſtinction, les eſpeces en étant entiérement différentes ; & il ſera même bien difficile, qu'un Juge ne témoigne en quelque maniere le Jugement qu'il voudra rendre à l'accuſé, qui en ſera pareillement informé, & en tirera ſes avantages.

M. le Préſident de Novion a dit, qu'il n'eſt pas en la liberté de l'accuſé, de demander d'être mis ſur le Préau, après qu'il a prêté l'interrogatoire ; mais qu'il dépend du Juge de l'ordonner. Que cependant par l'Article l'on donne un titre à l'accusé pour pouvoir obliger les Juges de délibérer si le crime est capital, ou s'il ne l'est pas. Que la conséquence en seroit dangereuse ; parce qu'il pourra arriver, que dans un procez qui s'instruira à l'ordinaire, il surviendra de nouvelles preuves aprés l'interrogatoire de l'accusé, qui rendront le crime Prévôtal.

M. Pussort a dit, que quand la Loi seroit ôtée, il faudroit que le Juge opinât sur le fait & sur le droit ; & qu'ainsi l'Article ne fait point d'inconvénient, & qu'il ne change rien à l'usage observé dans toutes les Jurisdictions du Roïaume, qui est de ne pas interdire aux accusez de conférer avec qui bon leur semble, aprés qu'ils ont été interrogez, lors qu'il n'est point question de crime capital. Qu'il est facile d'en faire la différence.

Et qu'à l'égard du crime de faux, la qualité du fait, comme il seroit posé, & celle des Parties, pourroient suffire pour en faire les distinctions ; mais que pour prévenir toute difficulté, on pourroit tourner l'Article en ces termes : *Pourront neanmoins les Juges, aprés l'interrogatoire, permettre aux accusez de conférer avec qui bon leur semblera, si le crime n'est pas capital.*

M. Talon a dit, que comme il y a souvent difficulté pour sçavoir quels crimes doivent être estimez capitaux, que même le terme est équivoque, que tantôt il s'entend de ceux qui meritent la mort, tantôt de ceux qui emportent confiscation, que les Loix appellent *Maximam capitis diminutionem* ; il est à craindre que cét Article ne produise souvent des difficultez, qu'on aura peine à résoudre : car encore que par l'usage on accorde souvent aux accusez la liberté de communiquer avec leurs proches ou leurs amis, cela dépend du ministere & de la discrétion du Juge ; au lieu que par cét Article le Juge ne peut refuser cette permission, qu'il ne déclare en même tems, que l'accusé est prévenu d'un crime capital.

☞ *Aprés toutes ces observations, le présent Article a été rédigé de la même maniere que M. Pussort l'a proposé, en ces termes :*

ARTICLE IX. Pourront les Juges aprés l'interrogatoire, permettre aux accusez de conférer avec qui bon leur semblera, si le crime n'est pas capital.

ARTICLE X.

Répréfentation des hardes, piéces, &c.

LEs hardes, meubles & piéces servans à la preuve, seront répréfentez à l'accusé lors de son interrogatoire, & les papiers & écritures paraphez par le Juge & l'accusé : sinon sera fait mention de la cause de son refus ; & sera l'interrogatoire continué sur les faits & inductions résultans des hardes, meubles, & piéces de l'accusé.

Lecture

Lecture faite de cét Article , il a été trouvé bon.

☞ *Quoique cét Article ait été approuvé, on a enfuite trouvé à propos d'y faire une addition confidérable, comme on le peut voir dans l'Article, qui eft dans l'Ordonnance de cette maniere.*

ARTICLE X. Les hardes, meubles, & piéces fervans à la preuve, feront repréfentées à l'accufé lors de fon interrogatoire, & les papiers & écritures paraphées par le Juge & l'accufé ; finon fera fait mention de la caufe de fon refus, & fera l'interrogatoire continué fur les faits & inductions refultantes des hardes, meubles & piéces, & l'accufé tenu de répondre fur le champ, & fans qu'il lui en foit donné autre communication ; fi ce n'eft és cas mentionnez en l'Article V I I I. ci-deffus ; aprés neanmoins que l'interrogatoire aura été achevé.

ARTICLE XI.

Interrogatoire de ceux qui n'entendent pas la Langue Françoife.

S I l'accufé eft étranger, & n'entend pas la Langue Françoife, l'Interpréte ordinaire, ou, s'il n'y en a point, celui qui fera nommé d'office par le Juge, aprés avoir prêté ferment, expliquera à l'accufé les interrogatoires qui lui feront faits par le Juge, & au Juge les réponfes de l'accufé ; & fera le tout écrit en Langue Françoife, figné par le Juge, l'Interpréte & l'accufé : finon mention fera faite de fon refus.

Aprés la lecture de l'Article X I.

M. le P. Préfident a dit, que l'Article ne comprend que les Etrangers ; que cependant il y a des François d'une Province du Roïaume, qui n'entendent pas le langage d'une autre. Que par exemple, un Bas-Breton n'entendra pas le François, tel qu'on le parle à Paris : qu'il femble neceffaire de l'expliquer. Que l'on pourroit demander auffi fur ce fujet, fi un étranger qui n'entendroit point la Langue Françoife, pourroit être interrogé en Latin : qu'il en avoit vû un exemple en la perfonne d'un Allemand, que défunt Monfieur le Préfident de Bailleul interrogea en Langue Latine.

M. Puffort a dit, que pour comprendre dans l'Article les Sujets du Roi, auffi-bien que les Etrangers, l'on pourroit mettre ces mots : *Si l'accufé n'entend pas la Langue Françoife*, au lieu de ceux : *S'il eft Etranger*. Et qu'à l'égard de la Langue Latine, il ne croïoit pas que l'on en dût ufer dans les interrogatoires, non plus que dans les autres actes : l'Ordonnance de 1539. aïant défendu de rédiger aucun acte en cette Langue ; parce qu'il n'y a que celle du Prince, dont on fe puiffe fervir en Juftice.

☞ *Cét Article a été arrêté de cette maniere.*
Ordonnance Criminelle. Y

ARTICLE XI. Si l'accufé n'entend pas la Langue Françoife, l'Interpréte ordinaire, ou, s'il n'y en a point, celui qui fera nommé d'Office par le Juge, aprés avoir prêté ferment, expliquera à l'accufé les interrogatoires qui lui feront faits par le Juge, & au Juge les réponfes de l'accufé : & fera le tout écrit en Langue Françoife, figné par le Juge, l'Interpréte & l'accufé ; finon mention fera faite de fon refus de figner.

ARTICLE XII.

De la minute de l'interrogatoire.

NE fera fait aucune rature ni interligne dans la minute des interrogatoires ; & fi l'accufé y fait quelque changement, il en fera fait mention dans la fuite de l'interrogatoire.

☞ Cét Article a paffé fans aucun changement.

ARTICLE XIII.

Lecture en fera faite à l'accufé.

L'Interrogatoire fera lû à l'accufé à la fin de chacune féance, cotté & paraphé par le Juge en toutes fes pages, & figné par lui, & par l'accufé, s'il veut ou fçait figner ; finon fera fait mention de fon refus : le tout à peine de nullité, & de tous dépens, dommages & interêts contre le Juge.

☞ On a fait quelques changemens dans l'Article XIII. qui eft dans l'Ordonnance en ces termes.

ARTICLE XIII. L'interrogatoire fera lû à l'accufé à la fin de chacune féance, cotté & paraphé en toutes fes pages, & figné par le Juge, & par l'accufé, s'il veut ou fçait figner ; finon fera fait mention de fon refus : le tout à peine de nullité, & de tous dépens, dommages & interêts contre le Juge.

ARTICLE XIV.

Commiffaires du Châtelet, quand pourront interroger.

LEs Commiffaires de nôtre Châtelet de Paris, pourront interroger pour la premiere fois, les accufez pris en flagrant délit, les domeftiques accufez par leurs Maîtres, & ceux contre lefquels il y aura decret d'ajournement perfonnel feulement.

ARTICLE XV.

Interrogatoire peut être réïtéré.

L'Interrogatoire pourra être réïtéré toutes les fois que le cas le requerra ; & sera chaque interrogatoire mis en cahier séparé.

ARTICLE XVI.

Défenses aux Juges de rien prendre des prisonniers.

DEffendons à nos Juges & à ceux des Seigneurs, de prendre, recevoir, ni se faire avancer aucune chose par les prisonniers, pour leur interrogatoire ou pour aucuns autres droits par eux prétendus : sauf à se faire païer de leurs droits par la Partie civile, s'il y en a.

☞ *Ces trois derniers Articles ont été trouvés bons , & ils sont dans l'Ordonnance sans aucun changement.*

ARTICLE XVII.

Communication des Interrogatoires.

LEs interrogatoires seront incessamment communiquez à nos Procureurs, ou à ceux des Seigneurs, pour prendre droit par eux, ou requerir ce qu'ils aviseront, sans aucuns frais ni droits.

Lecture faite de l'Article.

M. le P. Président a dit, que l'on ôte par cét Article, aux Procureurs du Roi, des droits qui leur appartiennent, & qu'ils ont perçûs de tout tems.

M. Pussort a reparti, que l'on pouvoit joindre cét Article à l'Article premier du Titre X. qui défend aux Procureurs du Roi, & à ceux des Seigneurs, de rien prendre pour les informations.

☞ *L'on a retranché de cét Article la clause qui porte que les conclusions seront données sans aucuns droits ni frais. C'est le seul changement qu'on ait fait dans cét Article.*

ARTICLE XVIII.

Ils seront communiqués à la Partie civile.

SEra aussi donné communication des interrogatoires à la Partie civile, en toutes sortes de crimes.

ARTICLE XIX.

Quand l'Accusé peut prendre droit par les charges.

L'Accusé de crime auquel il n'écheoit peine afflictive, pourra prendre droit par les charges, après avoir subi l'interrogatoire.

Ces deux Articles ont passé sans aucun changement.

ARTICLE XX.

Si les Procureurs du Roi & autres, prennent droit par les charges.

SI nos Procureurs ou ceux des Seigneurs, & la Partie civile, sont reçûs à prendre droit par l'interrogatoire, & l'Accusé par les charges, la Partie civile pourra donner sa Requête contenant ses demandes, & l'Accusé ses réponses, dans le délai qui sera ordonné ; passé lequel sera procedé au Jugement, encore que les Requêtes & les réponses n'aient point été fournies.

Lecture faite de cét Article.

M. le P. Président a dit, que l'abrogation des *appointemens à ouïr droit*, lui avoit paru bonne ; mais qu'il étoit à craindre que la voïe dont l'Article se sert, ne produisît le même effet.

M. Pussort a dit, que l'on avoit particulierement recherché dans l'Article le retranchement des frais : qu'on ne doit prendre qu'un Ecu pour la Requête, au lieu que les *défenses par attenuation*, sont souvent composées de quantité de rôles, dont les frais entrent en taxe.

☞ *L'Article X X. a été inseré dans l'Ordonnance, sans aucun changement.*

ARTICLE XXI.

Quand l'Accusé doit être oüi sur la sellette.

AVant le Jugement du procez, les Accusez seront interrogez sur la sellete, si en premiere instance les conclusions de nos Procureurs, ou de ceux des Seigneurs, & si en cause d'appel les conclusions de nos Procureurs Généraux, ou la Sentence portent condamnation de peine afflictive.

Lecture faite de cét Article, il a passé.

☞ *Dans la suite on y a fait quelque changement à l'égard de l'expression, de cette maniere.*

ARTICLE XXI. Si pardevant les premiers Juges les conclusions de nos Procureurs, ou de ceux des Seigneurs, & en nos Cours les Sentences dont est appel, ou les conclusions de nos Procureurs Généraux, portent condamnation de peine afflictive, les Accusez seront interrogez sur la sellette.

ARTICLE XXII.

Cét Interrogatoire sera envoïé.

L'Interrogatoire prêté sur la sellette pardevant le Juge des lieux sera envoïé en nos Cours avec le procez, quand il y aura appel ; à peine de cent livres d'amende contre le Greffier.

ARTICLE XXIII.

Comment les Curateurs & les Interprétes seront interrogez.

LEs Curateurs & les Interprétes seront interrogez derriere le Bureau, encore que les conclusions & la Sentence portent peine afflictive contre l'Accusé.

☞ *Ces deux derniers Articles ont été trouvez bons, & l'on n'y a fait aucun changement.*

TITRE XV.

Des Recolemens & Confrontations.

ARTICLE I.

Comment le Juge ordonnera le Recolement.

SI l'accuſation merite d'être inſtruite, le Juge ordonnera que les témoins oüis és informations, & autres qui pourront être oüis de nouveau, feront recolez en leurs dépoſitions, & ſi beſoin eſt, confrontez à l'Accuſé ; & pour cét effet aſſignez dans un délai compétent, ſuivant la diſtance des lieux, la qualité de la perſonne & de la matiere.

Lecture faite de cét Article.

☞ *Il a été trouvé bon, & l'on n'y a fait aucun changement.*

ARTICLE II.

Peines contre les témoins défaillans.

LEs témoins défaillans feront pour le premier défaut condamnez à l'amende ; & en cas de contumace contraints par corps, ſuivant qu'il ſera ordonné par le Juge.

Lecture aïant été faite de cét Article.

M. le P. Préſident a dit, qu'il étoit bon de faire obéïr les témoins ; mais que la contrainte par corps étoit peut-être une peine trop forte.

M. Puſſort, a dit, qu'il ne falloit point autoriſer la contumace : qu'un témoin étoit ſuffiſamment averti lors qu'il l'avoit été deux fois, & condamné à l'amende ; & que la peine ne regarde que les refuſans.

☞ *Cét Article a été conſervé ſans aucun changement.*

ARTICLE III.

Recolement ne sera fait sans être ordonné : exception.

NE pourra être procédé au recolement des témoins, qu'il n'y ait Jugement qui l'ait ordonné. Pourront neanmoins les témoins fort âgez, malades, valetudinaires, prêts à faire voïage, ou pour quelqu'autre urgente necessité, être répétez avant qu'il y ait aucun Jugement qui l'ordonne ; & ne vaudra la répétition du témoin pour confrontation contre le contumax, qu'aprés qu'il aura été ainsi ordonné par le Jugement de defaut & contumace.

Lecture faite de cét Article, il a été trouvé bon.

☞ *On y a neanmoins changé ces mots :* qu'il n'y ait Jugement qui l'ait ordonné, *en ceux-ci :* qu'il n'ait été ordonné par Jugement. *On a encore ajoûté ces mots à la fin de l'Article :* & de contumace. *Voici de quelle maniere il est dans l'Ordonnance.*

ARTICLE III. Ne pourra être procédé au recolement des témoins, qu'il n'ait été ordonné par Jugement. Pourront neanmoins les témoins fort âgez, malades, valetudinaires, prêts à faire voïage, ou pour quelque autre urgente necessité, être répétez avant qu'il y ait aucun Jugement qui l'ordonne ; & ne vaudra la répétition du témoin pour confrontation contre le contumax, qu'aprés qu'il aura été ainsi ordonné par le Jugement de defaut & de contumace.

ARTICLE IV.

Témoins seront recolez, quoique oüis par un Conseiller.

LEs témoins seront recolez, encore qu'ils aïent été oüis pardevant un des Conseillers de nos Cours, & que le même soit commis pour faire le recolement.

Lecture faite de cét Article, il a passé.

☞ *Dans la suite, on a mis à la fin de l'Article :* & que le recolement se fasse pardevant lui ; *au lieu de ces mots :* & que le même soit commis pour faire le recolement.

ARTICLE V.

Formalitez du recolement.

LEs témoins seront recolez séparément, & seront aprés serment, & lecture faite de leur déposition, interpellez de de-

clarer s'ils y veulent ajoûter ou diminuer, & s'ils y perſiſtent, ſera
écrit ce qu'ils y voudront ajoûter ou diminuer, & lecture à eux
faite du recolement, qui ſera parafé, & ſigné dans toutes ſes pages
par le Juge & par le témoin, s'il ſçait, ou veut ſigner ; ſinon ſera
fait mention de ſon refus.

☞ *L'on n'a fait aucun changement dans le préſent Article.*

ARTICLE VI.

Recolement ne ſera réïtéré.

LE recolement ne ſera réïtéré, encore qu'il ait été fait pendant l'abſence de l'accuſé, & que le procez ait été inſtruit en
différens tems, ou qu'il y ait pluſieurs accuſez.

ARTICLE VII.

Il ſera mis dans un cahier ſéparé.

LE recolement des témoins ſera mis dans un cahier ſéparé des
autres procédures.

☞ *Ces deux Articles ont été trouvez bons, & l'on n'y a fait aucun
changement,*

ARTICLE VIII.

Quand les témoins non confrontez font preuve.

S'Il eſt ordonné que les témoins ſeront recolez, & confrontez,
la dépoſition de ceux qui ne l'auront point été, ne fera point
de preuve, s'ils ne ſont point décédez pendant la contumace,

Aprés la lecture de cét Article.

M. le P. Préſident a dit, que les termes de l'Article ſemblent contraires au
ſens que l'on y a voulu donner ; & qu'au lieu de mettre : *ceux qui ne l'auront été,*
il faut mettre : *ceux qui auront été recolez.*

M. Talon a dit, que le ſens de cét Article eſt, que les témoins qui n'ont été
recolez ni confrontez, ne peuvent faire décharge ; & à l'égard de ceux qui ont
été recolez & non confrontez, ils ne feront point pareillement de charge, à
moins qu'il n'y ait un Jugement qui ordonne, que le recolement vaudra confrontation, & qu'ils ſoient décédez ou abſens depuis la contumace ; mais il ſemble que cela auroit beſoin d'être plus nettement expliqué.

M. Puſſort

M. Puffort a dit, que c'eft un vice de Clerc, & qu'il faut reformer l'Article, fuivant l'obfervation qui en a été faite.

☞ *Cet Article a été rectifié par l'addition de ce mot, confronté, qui a été mis après ceux-ci : la dépofition de ceux qui ne l'auront point été. C'eft le feul changement qu'on ait fait dans l'Article.*

ARTICLE IX.

Quand on pourra ordonner le recolement & la confrontation qui n'aura été faite.

DAns les crimes efquels il échoit peine afflictive, les Juges pourront ordonner le recolement & la confrontation des témoins qui n'aura été faite, fi leurs dépofitions font charge confiderable.

ARTICLE X.

Effet de la dépofition d'un témoin non recolé ni confronté.

DAns la vifite du procez, fera fait lecture de la dépofition des témoins qui vont à la décharge, quoi qu'ils n'aïent été recolez ni confrontez, pour y avoir égard par les Juges.

☞ *Ces deux Articles ont été trouvez bons, & l'on n'y a fait aucun changement.*

ARTICLE XI.

Peine contre les témoins qui fe retractent.

LEs témoins qui depuis le recolement retracteront leurs dépofitions, ou les changeront dans des circonftances effentielles, feront pourfuivis & punis comme faux témoins.

Lecture faite de l'Article XI.

M. le P. Préfident a dit, que cet Article fembloit inutile, & même de dangereufe conféquence, en ce qu'il veut abfolument qu'on pourfuive les témoins qui fe retracteront à la confrontation, comme de faux témoins.

Qu'on ne doute point qu'un témoin qui change entierement fa dépofition à la confrontation, après avoir perfifté au recolement, ou qui varie dans une circonftance qui peut aller à établir ou affoiblir la preuve, ne

Ordonnance Criminelle.   Z soit confidéré généralement parlant , comme un faux témoin ; mais qu'il peut être dangereux d'en faire une Loi fi exacte , parce que quelquefois un accufé peut redreffer un témoin à la confrontation , en des circonftances confidérables , & le faire fouvenir de la vérité d'un fait qui lui auroit échappé. Cela fe peut faire quelquefois de bonne foi de la part des accufez , & de la part des témoins ; & c'eft rendre la condition de l'accufé bien plus mauvaife , fi on oblige le témoin à ne fe point retracter à la confrontation , à moins que d'être traité comme criminel. Que tout eft contre l'accufé jufqu'à la confrontation ; car c'eft là où il commence à fe reconnoître , & à être informé de la qualité du crime & de la preuve : c'eft pourquoi il fembloit plus à propos de laiffer cela à la difcrétion du Juge , qui peut connoître fi la contrariété qui fe trouve entre la dépofition , le recolement & la confrontation du témoin , vient de fa mauvaife foi , ou bien de fon ignorance.

M. Puffort a dit , que jufqu'ici il a paffé pour une Loi conftante , établie par les Auteurs , & confirmée par l'ufage , que tout homme qui a prêté deux fermens à la face de la Juftice , ne peut changer impunément. Que l'on a affujeti les Juges à faire recoler les témoins , afin de leur laiffer la liberté de rappeller leur memoire fur les circonftances du fait qu'ils auront avancé ; mais lors qu'ils ont perfifté en leurs dépofitions , par le moïen du recolement , ils ont engagé leur témoignage à la Juftice , & leur retractation ne peut être confidérée que comme l'effet d'une fubornation. La dépofition confirmée par le recolement a mis en peril la vie de l'accufé. Que lui qui parle , fe fouvenoit d'avoir envoïé des témoins prifonniers , pour s'être retractez dans la confrontation. Que l'ufage étoit de leur faire leur procez , encore qu'ils n'euffent point été corrompus , par la feule raifon de l'engagement des deux premiers fermens. Que l'on en avoit un exemple tout récent dans le procez de Lamiere ; & l'on fçait qu'il ne fut pas condamné pour avoir été corrompu , mais feulement pour n'avoir pû foûtenir , lors de la confrontation , ce qu'il avoit avancé par fa dépofition , & foûtenu dans le recolement. Que l'on avoit crû l'Article neceffaire à la fûreté publique ; & bien loin de produire de faux témoins , dans la neceffité où il les jette de foûtenir leur témoignage , vrai ou faux , lors de la confrontation , qu'au contraire il obligera les témoins à s'obferver , & à ne pas rendre légérement leurs dépofitions.

M. le P. Préfident a dit , qu'il femble que l'on pourroit prendre un tempérament , qui feroit de mettre que l'Article n'entendroit comprendre que ceux qui fe retracteroient abfolument , & non pas ceux qui ne feroient que varier dans quelque circonftance , qui ne feroit pas tout-à-fait effentielle.

M. Puffort a répondu , que ces mots de *circonftance effentielle* , fe trouvent dans l'Article , & fatisfont à tout ; qu'ainfi il n'y a rien à y ajoûter.

☞ *Nonobftant les reflexions faites par M. le P. Préfident , cet Article a été confervé , fans changement.*

ARTICLE XII.

Les Accusez seront en prison pendant la confrontation.

LEs Accusez contre lesquels il y aura originairement décret de prise de corps, seront en prison pendant le tems de la confrontation, & en sera fait mention dans la procedure.

Aprés la lecture de l'Article XII.

M. le P. Président a dit, qu'il y a un cas dans lequel l'Article ne peut être éxécuté, sçavoir lors qu'en jugeant l'appel les Juges Souverains ne trouveront pas qu'il y ait lieu de décerner prise de corps, & renvoïeront l'Accusé en état d'ajournement personnel pardevant les premiers Juges.

M. Pussort a dit, que si les premiers Juges ont bien jugé, il faut confirmer leur Jugement ; & que s'il est mal rendu, il faut l'infirmer, & renvoïer les Parties pardevant un autre Juge.

M. le Président de Novion a dit, qu'un Accusé qui se sera remis volontairement dans les prisons de la Conciergerie, sur l'appel d'un décret de prise de corps décerné par le Lieutenant Criminel de Lyon, ne sera pas renvoïé dans les prisons de Lyon avec des Gardes pour le conduire : qu'il y auroit trop de dureté.

M. Talon a dit, qu'il n'y a point d'inconvenient d'obliger un Accusé, contre lequel il y auroit décret de prise de corps, de se mettre en état pour subir la confrontation, à moins qu'il n'en soit dispensé par le Juge Superieur ; car comme les premiers Juges ne doivent pas décreter legerement prise de corps, il ne leur doit pas être permis de convertir ensuite ce décret en ajournement personnel. Mais il arrive tous les jours que lors que l'on plaide au Parlement l'appel d'une procedure criminelle, & d'un décret de prise de corps, l'on renvoie les Accusez pour l'instruction desdits procez, en état d'ajournement personnel ; & il n'y a rien en cela qui soit contraire au bien de la Justice. De sorte qu'il faudroit, ce semble, ajoûter à l'Article, *si ce n'est qu'en jugeant les appellations, il ne soit autrement ordonné.*

M. Pussort a dit, que l'on pouvoit mettre une exception dans l'Article, pour laisser la liberté aux Juges Superieurs de renvoïer un Accusé, contre lequel il y aura eu décret de prise de corps, en état d'ajournement personnel, pour subir la confrontation pardevant les premiers Juges. Qu'il le falloit proposer au Roi.

☞ *L'addition proposée par M. l'Avocat Général Talon, a été faite, & le present Article a été rédigé de cette maniere.*

ARTICLE XII. Les Accusez contre lesquels il y aura originairement décret de prise de corps, seront en prison pendant le tems de la confrontation, &

en sera fait mention dans la procedure ; si ce n'est que par nos Cours en jugeant les appellations, il en ait été autrement ordonné.

ARTICLE XIII.

Formalité des confrontations.

LEs confrontations seront écrites dans un cahier séparé, & chacune en particulier, paraphée & signée du Juge dans toutes les pages, par l'Accusé & par le témoin, s'ils sçavent ou veulent signer ; sinon sera fait mention de la cause de leur refus.

☞ *Cét Article a passé, & il est dans l'Ordonnance sans changement.*

ARTICLE XIV.

Confrontation du témoin à l'Accusé.

POur proceder à la confrontation du témoin, l'Accusé sera mandé, & aprés le serment par eux prêté en presence l'un de l'autre, le Juge interpellera le témoin de déclarer si l'Accusé, qui lui est representé, est celui dont il a entendu parler dans sa déposition & son recolement ; & demandera aussi à l'Accusé s'il connoît le témoin : & seront leurs déclarations & reconnoissances écrites par le Greffier.

Lecture faite de cét Article.

M. l'Avocat Général Talon a dit, que l'usage du Parlement, du Châtelet, & de la plûpart des autres Jurisdictions, est que l'on interpelle le témoin & l'Accusé, de se reconnoître, avant que l'Accusé fournisse de reproches, & que l'on fasse lecture de la déposition ; que le témoin déclare, si l'Accusé qui lui est representé, est celui dont il a entendu parler ; & l'on ne voit point de necessité ni de raison apparente pour changer cét usage & en introduire un nouveau.

M. Pussort a dit, que cét usage n'est point universellement observé dans toutes les Compagnies. Que dans les confrontations qui ont été faites à la Chambre de Justice, l'on a toûjours demandé au témoin, si l'Accusé étoit celui dont il avoit entendu parler par sa déposition, avant qu'elle eût été lûë ; mais qu'il paroissoit meilleur de faire cette interpellation aprés la lecture de la déposition, & que cela pouvoit être mis dans l'Article.

☞ *L'Article XIV. a été réformé de cette maniere.*

ARTICLE XIV. Pour proceder à la confrontation du témoin, l'Accusé sera mande, & aprés le ferment prété par le témoin & par l'Accusé, en presence l'un de l'autre, le Juge les interpellera de déclarer s'ils se connoissent.

ARTICLE XV.

Lecture des premiers Articles de la déposition.

SEra fait ensuite lecture à l'Accusé, des premiers articles de la déposition du témoin, contenant son nom, âge, qualité, & demeure, la connoissance qu'il aura dit avoir des Parties, & s'il est leur parent ou allié.

ARTICLE XVI.

Reproches seront donnés avant la lecture de la déposition.

L'Accusé sera ensuite interpellé par le Juge, de fournir sur le champ ses reproches contre le témoin, si aucuns il a ; & averti qu'il n'y sera plus reçû aprés avoir entendu la lecture de sa déposition, dont sera fait mention.

ARTICLE XVII.

Témoins enquis de la verité des reproches.

LEs témoins seront enquis de la verité des reproches, & ce que le témoin & l'Accusé diront sera écrit.

☞ *Ces trois derniers Articles sont dans l'Ordonnance sans aucun changemem.*

ARTICLE XVIII.

Aprés les reproches, lecture sera faite de la déposition.

APrés que l'Accusé aura fourni ses reproches, ou déclaré qu'il n'en veut point fournir, lecture lui sera faite de la déposition, & du recolement du témoin, avec interpellation de déclarer s'ils contiennent verité ; & ce qui sera dit par l'Accusé & par le témoin, sera aussi rédigé par écrit.

☞ *Ensuite des observations faites sur l'Article XIV. on a inseré dans celui-ci les mots suivans :* & si l'Accusé est celui dont il a entendu parler dans ses dépositions & recolemens. *Voici de quelle maniere cét Article est rédigé.*

ARTICLE XVIII. Aprés que l'Accusé aura fourni ses reproches, ou déclaré qu'il n'en veut point fournir, lecture lui sera faite de la déposition & du recolement du témoin, avec interpellation de déclarer s'ils contiennent verité, & si l'Accusé est celui dont il a entendu parler dans ses dépositions & recolemens ; & ce qui sera dit par l'Accusé & le témoin, sera aussi rédigé par écrit.

ARTICLE XIX.

Quand l'Accusé sera forclos de fournir des reproches,

L'Accusé ne sera plus reçû à fournir de reproches contre les témoins, aprés qu'il aura entendu la lecture de sa déposition,

ARTICLE XX.

Limitation.

POurra neanmoins en tout état de cause, proposer des reproches, s'ils sont justifiez par écrit,

☞ *L'on n'a fait aucun changement dans ces deux derniers Articles.*

ARTICLE XXI.

Nullité des déclarations des témoins : peine.

DEffendons aux Juges d'avoir égard aux déclarations faites par les témoins depuis la confrontation, lesquelles nous déclarons nulles. Voulons qu'elles soient rejetées du procez ; & neanmoins le témoin qui l'aura faite, & la Partie qui l'aura produite, condamnez chacun à quatre cens livres d'amende envers Nous.

Lecture ayant été faite de cét Article.

M. le P. Président a dit, que la peine de cét Article n'étoit pas assez forte, & qu'il étoit plus juste de faire le procez à un témoin qui donne déclaration pour détruire sa déposition, lors que la confrontation a été faite, qu'à celui qui se retracte lors de la confrontation.

M. Pussort a dit, qu'il y avoit grande différence, entre la rétractation d'un témoin & la confrontation, & la déclaration que l'on peut éxiger de lui par autorité ou par corruption lorsque l'instruction est parfaite ; parce qu'il est beaucoup plus facile de surprendre la déclaration d'un témoin, auquel on fait entendre qu'elle ne lui peut faire de préjudice, aïant consommé tout ce qui étoit de son fait par la confrontation, que de l'obliger de faire un faux serment en Justice, lors qu'il est confronté. Mais comme l'Article declare nulles toutes declarations, elles deviendront si rares dans la suite, que l'on n'en devoit pas appréhender l'abus, & que l'on pourroit y ajoûter, *d'en faire en quelque tems, & de quelque qualité qu'elles puissent être.*

M. le Président de Novion a dit, que l'Article ne laissera pas d'embarasser la religion du Juge.

M. le P. Président a ajoûté, qu'en effet il falloit faire différence entre ce qui se fait lors de la confrontation, & de la declaration qui se donne hors du Jugement : que l'un & l'autre pouvoient bien être appellez un témoignage ; mais qu'ils n'étoient pas tous deux rendus par un témoin. Que cette différence avoit son principe dans la raison, qui ne donne de l'autorité & de la foi au témoignage d'un homme, & ne le fait considerer comme témoin, qu'aprés qu'il a prêté serment, & déposé devant un Juge. C'est sur cette consideration qu'est fondée la maxime qui dit : *Testibus, non testimoniis, fides adhibenda.* Mais quoique les Juges fassent grande différence, entre la déposition d'un témoin, & un témoignage tiré de ce même témoin aprés la confrontation, & même qu'un témoignage de cette qualité, ne fasse pas de foi en Justice, il ne laisse pas de convaincre le témoin de mauvaise foi, & de fausseté, & il le rend par conséquent fort punissable.

M. Pussort a dit, que l'Ordonnance ne pouvoit pas aller plus loin que la nullité, & la condamnation d'amende ; mais qu'il croïoit que l'on pouvoit faire l'Article général, & annuller toutes les declarations renduës hors Jugement.

M. Boucherat a dit, qu'il seroit peut-être suffisant d'ajoûter à la fin de l'Article : *Ou autre plus grande peine, s'il y échoit.*

M. Talon a dit, qu'encore que la peine établie par cét Article, contre le témoin qui donne une declaration contraire à sa déposition, paroisse légére, & qu'il semble que celui qui se retracte, par une declaration contraire à la déposition qu'il a renduë en Justice, doive être traité comme un faux témoin ; neanmoins les declarations étant souvent extorquées par violence, ou par surprise dans la débauche, elles ne sont pas si criminelles qu'une retractation faite en presence du Juge, elles ne doivent être d'ailleurs d'aucune consideration ; & puisque cette maxime tirée de la Jurisprudence Romaine, est incontestable, c'est avec beaucoup de raison que l'on ordonne, que ces declarations doivent être rejettées comme nulles, & que l'on défend aux Juges d'y avoir aucun égard.

☞ *L'ouverture faite par Monsieur Boucherat, a été suivie, & l'on a ajoûté à l'Article cette clause :* & autre plus grande peine, s'il y échoit. *C'est le seul changement qu'on ait fait dans cét Article.*

ARTICLE XXII.

Ce qui sera fait , si l'accusé remarque quelque contrariété dans la déposition.

SI l'accusé remarque dans la déposition , quelque contrariété , ou circonstance qui puisse éclaircir le fait ; & justifier son innocence , il pourra prier le Juge d'interpeller le témoin de les reconnoître , sans pouvoir lui-même faire l'interpellation ; & seront les remarques , interpellations , reconnoissances & réponses , aussi rédigées par écrit.

ARTICLE XXIII.

Extension aux autres confrontations.

TOut ce que dessus aura lieu dans les confrontations qui seront faites des accusez les uns aux autres.

ARTICLE XXIV.

Si la procédure est nulle , le Juge la refera à ses frais.

S'Il est ordonné que les témoins seront oüis une seconde fois , ou le procez fait de nouveau , à cause de quelque nullité dans la procédure, le Juge qui l'aura commise, sera condamné d'en faire les frais , & païer les vacations de celui qui y procédera ; & encore les dommages & interêts de toutes les Parties.

☞ *Ces Articles ont été trouvez bons , & l'on n'y a fait aucun changement , excepté dans l'Article XXII. au commencement duquel , après ces mots ; dans la déposition, on a ajouté , du témoin.*

TITRE XVI.

Des Lettres d'Abolition, Remiſſion, Pardon, &c.

ARTICLE I.

Lettres d'abolition, pour quels crimes ſeront accordées.

LEs Lettres d'abolition ſeront accordées ſeulement pour les crimes qui meritent peine de mort, & qui ſeroit encourüe avec les Lettres de remiſſion.

ARTICLE II.

Quand, & comment ſeront ſcellées.

ELles ne pourront être ſcellées, qu'aprés avoir été ſignées par un Secretaire de nos Commandemens, aprés en avoir pris nos ordres.

ARTICLE III.

Forme des Lettres d'abolition.

TOutes les circonſtances du fait y ſeront déduites, & ne pourront plus contenir la clauſe, que le cas eſt pardonné & aboli, en quelque ſorte & maniere qu'il ſoit arrivé.

Lecture aïant été faite de ces trois Articles.

M. le Chancelier a dit, que le Roi lui feroit la grace de prendre connoiſſance de ces Articles, & de juger s'ils ſont conformes aux Ordonnances.

M. le P. Préſident a dit, qu'aprés cela il n'avoit rien à dire ſur ces Articles.

☞ *Ces trois premiers Articles ont été ſupprimez.*

A R T I C L E IV.

Comment elles seront entérinées.

ENjoignons à nos Cours, & autres Juges, aufquels l'adreffe en fera faite, de les entériner inceffamment, fi elles font conformes aux charges & informations.

Lecture faite de l'Article I V.

M. le P. Préfident a dit, que l'ufage avoit toûjours mis beaucoup de différence entre les Lettres d'abolition, & les Lettres de remiffion ; maïs que l'Ordonnance que l'on examinoit, étoit la premiere qui eût parlé nettement de celles d'abolition. Qu'elles n'étoient point autorifées dans la Juftice, parce que le mot d'*abolition*, eft un terme de puiffance abfoluë, qui fait trembler les Loïx, & fufpend les effets de la vangeance publique : *Si judicas, cognofce ; fi regnas, jube.* Que neanmoins on avoit toûjours fait deux fortes de remontrances fur ces Lettres ; l'une de l'atrocité du crime, lorfque les Juges y trouvoient de l'indignité, & l'autre, lorfque l'énoncé des Lettres n'étoit pas conforme aux charges ; parce que l'on préfumoit, que le Roi n'avoit entendu remettre à l'accufé, que le crime énoncé dans les Lettres : *Si preces, veritate nitantur ;* enforte qu'elles n'auroient peut-être pas été accordées, fi le Roi avoit été informé de la vérité du fait. Que cependant l'Article ne marque point ce que les Compagnies Souveraines auront à faire dans ces rencontres : que le Parlement auroit à defirer, que le Roi eût agréable de lui faire fçavoir fes intentions là-deffus.

M. le Chancelier a dit, qu'à l'égard de l'atrocité du crime, les remontrances pourroient être faites ; mais qu'en cas que l'expofé ne fût pas conforme aux informations, les Juges pouvoient paffer outre au Jugement du procez.

M. Puffort a dit, que les Lettres de remiffion, font Lettres de Juftice, & les Abolitions font pures graces, émanées de l'autorité du Prince ; mais que l'Article ne défendoit pas aux Juges de faire des remontrances au Roi, & fur l'atrocité du fait, & fur le faux expofé des Lettres. Que fi neanmoins cela formoit quelque doute, on le pourroit exprimer dans l'Article.

M. Talon a dit, qu'il y a deux chofes qui peuvent empêcher d'entériner les Lettres d'abolition : l'une, quand le crime eft énorme ; & l'autre, quand les Lettres ne font pas conformes aux informations. Au premier cas, les Juges n'ont autre pouvoir, que de repréfenter au Prince l'atrocité du fait, & lui faire comprendre combien la Juftice fouffre, par l'indulgence que l'on apporte à pardonner des crimes, qui offenfent la Société civile, & meritent un châtiment exemplaire. Il n'en eft pas de même, qnand les informations ne font pas conformes aux Lettres ; car alors le crime que l'on punit, n'eft point celui que le Prince a pardonné; mais un autre tout différent, duquel il n'auroit point accordé la grace, s'il lui avoit été repreſenté dans ſes veritables circonſtances.

En effet les déguiſemens ne ſe font jamais, que lorſque l'on deſeſpere d'obtenir l'abolition du crime, ſi l'on le repreſentoit tel qu'il eſt arrivé : outre que celui qui impoſe au Roi, en lui déguiſant le crime qu'il a commis, pour ſurprendre ſa religion, merite plûtôt punition que grace, pour ſon menſonge. Et ſi l'on établit une fois, que quand les informations ſeront entierement différentes de l'énoncé des Lettres d'abolition, on ne puiſſe débouter l'impetrant de ſes Lettres, il n'y a point de crime, ſi énorme qu'il puiſſe être, qui ne demeure impuni ; car un Accuſé aïant obtenu des Lettres d'abolition, ſur des faits entierement ſuppoſez, les Juges aimeront mieux les entériner, que s'expoſer à faire des remontrances, & pour cét effet députer des Officiers, & envoïer des informations. Quand même le zele de la Juſtice les engageroit à entreprendre toutes ces démarches, le premier pas étant fait, le Roi aura peine à rétracter ſa grace ; & au lieu que dans l'Article I I I. on croit avoir fait quelque choſe d'important en faveur de la Juſtice, en ôtant des Lettres d'abolition cette clauſe : *En quelque ſorte & maniere que le fait ſoit arrivé* ; elle ſe trouvera à l'avenir implicitement dans toutes les Lettres d'abolition.

L'effet de cette clauſe étoit pour empêcher que les Juges, ſous prétexte du changement de quelque circonſtance, ne déboutaſſent l'impetrant de l'effet de ſes Lettres ; ce qui marque aſſez que l'uſage a toûjours été, que quand les Lettres d'abolition n'étoient pas conformes aux charges, les Juges n'étoient point obligez d'y avoir égard ; parce qu'en cela on pouvoit dire, que le coupable n'a point veritablement de Lettres : le crime dont il étoit convaincu, n'étant point celui que le Roi lui a pardonné. De ſorte qu'il y auroit moins de péril de conſerver l'uſage de cette clauſe, *En quelque ſorte & maniere que le cas ſoit arrivé*, pour en uſer tres-rarement, & avec une extrême circonſpection ; que non pas de vouloir qu'elle ait ſon effet en toutes ſortes de Lettres d'abolition, encore qu'elle n'y ſoit pas inſérée.

Il ne faut point craindre que les Juges condamnent injuſtement celui auquel le Prince aura pardonné par ſes Lettres d'abolition : ils ſe porteront bien plûtôt à l'indulgence qu'à la ſeverité ; c'eſt à l'Accuſé qui ne peut ignorer ſon crime, à l'expoſer tout entier, & à ne rien déguiſer ; puiſqu'on peut dire, que la Juſtice & la clemence du Roi, imite celle de Dieu, qui n'abolit les pechez des hommes, que lors qu'ils ont été ſincerement confeſſez.

M. Puſſort a repris, que toutes les Lettres d'abolition étoient rapportées devant le Roi, qui ne les accorde que rarement, & pour de grandes conſiderations. Que l'énoncé des Lettres pourra expoſer le fait un peu moins fortement que n'aura fait un Témoin dans ſa dépoſition ; & que ce ſeroit manquer de reſpect aux ordres du Roi, de condamner, ſous ce prétexte, un Accuſé auquel le Roi auroit peut-être remis le crime, quand Sa Majesté auroit eû une entiere connoissance du metite des charges.

Qu'au surplus la clause, *En quelque forte & maniere que le cas fût arrivé*, a été retranchée ; & que rien ne seroit plus dangereux que de la rétablir.

Qu'à l'égard des Compagnies Superieures qui ont leur établissement à Paris, il leur sera facile de faire des remontrances, & elles pourront apprendre dans peu de tems les intentions du Roi ; & à l'égard de celles qui font éloignées, il ne feroit pas necessaire qu'un Président vînt lui-même faire les remontrances de la Compagnie ; mais il suffiroit de les envoïer à Monsieur le Chancelier, qui recevroit les ordres du Roi, & en feroit part.

M. le Président de Novion a dit, qu'il n'y avoit pas d'exemple, que l'on eût passé outre au Jugement d'un procez criminel, au préjudice des Lettres d'abolition ; mais qu'il arrivoit souvent, que l'on faifoit des remontances fur les cas qui ont été marquez.

☞ *Sur les observations qui ont été faites touchant les remontrances que les Juges peuvent faire fur l'atrocité du crime, l'on a ajouté à cét Article une clause qui permet ces remontrances. Comme les trois premiers Articles de ce Titre ont été supprimez, le present Article est le premier dans l'Ordonnance, en ces termes.*

ARTICLE I. Enjoignons à nos Cours & autres Juges, aufquels l'adreffe des Lettres d'abolition sera faite de les enteriner inceffamment fi elles font conformes aux charges & informations. Pourront neanmoins nos Cours nous faire remontrances, & nos autres Juges representer à nôtre Chancelier ce qu'ils trouveront à propos fur l'atrocité du crime.

ARTICLE V.

Pour quels cas les Lettres de remiffion seront accordées.

LEs Lettres de remiffion feront accordées pour les homicides involontaires feulement, ou qui feront commis dans la neceffité d'une legitime défenfe de la vie.

ARTICLE VI.

Pour quels cas celles de pardon feront fcellées.

LEs Lettres de pardon feront fcellées pour les cas efquels il n'échoit peine de mort, & qui neanmoins ne peuvent être excufez.

Lecture faite de ces deux Articles.

☞ *Ils ont été trouvez bons, & ils font les II. & III. Articles dans l'Ordonnance.*

ARTICLE VII.

Cas pour lesquels elles ne seront données.

NÉ seront données aucunes Lettres de remiſſion ou pardon, pour les duels, ni pour les aſſaſſinats préméditez, tant aux principaux auteurs, qu'à ceux qui les auront aſſiſtez, pour quelque occaſion ou prétexte qu'ils puiſſent avoir été commis, ſoit pour vanger leurs querelles, ou autrement; non plus qu'à ceux qui à prix d'argent, ou autrement, ſe loüent, ou s'engagent pour tuer, outrager, exceder, ou recourre des mains de la Juſtice les priſonniers pour crimes; ceux qui les auront loüez ou induits pour ce faire, encore qu'il n'y ait eu que la ſeule machination ou attentat, & que l'effet ne s'en ſoit enſuivi; ni à ceux qui auront excedé ou outragé aucuns de nos Magiſtrats ou Officiers, Huiſſiers & Sergens, exerçant, faiſant ou éxécutant quelques actes de Juſtice: & ſi aucunes Lettres d'abolition, ou remiſſion étoient expédiées pour les cas ci-deſſus, nos Cours pourront nous en faire leur remontrances dans les délais, & en la maniere preſcrite par le premier Titre de nôtre Ordonnance du mois d'Avril 1667.

Aprés la lecture de cét Article.

M. le P. Préſident a dit, que l'on avoit omis de comprendre dans l'Article les Lettres d'abolition.

M. Puſſort a dit, qu'il eſt vrai qu'il y avoit une erreur dans l'Article, en ce que l'on avoit mis *Remiſſion* dans l'Article, pour *Abolition*; & que cette erreur venoit de ce qu'il avoit été tranſcrit ſur l'Ordonnance de Moulins, qui donne aux Lettres de remiſſion, la même force qu'ont aujourd'hui celles d'abolition. Que cela pouvoit être réformé dans l'Article, & dans les autres de ce Titre; & que le mot d'*Abolition*, ne ſe trouvoit dans aucune Ordonnance.

M. Talon a dit, qu'il faut mettre dans tous ces Articles le terme d'*Abolition*, au lieu de celui de *Remiſſion* ou *Pardon*; & il ſemble qu'aux crimes pour leſquels le Roi permet de n'avoir point d'indulgence, il faudroit y ajoûter celui de *Rapt*, ſuivant la diſpoſition expreſſe de l'Ordonnance de 1639. Il faut encore expliquer, ſi les Lettres d'abolition ſeront adreſſées aux Baillifs & Sénéchaux, ou aux Préſidiaux; & de quelle ſorte ces Juges pourront s'adreſſer au Roi, pour lui repreſenter l'atrocité du crime, pour lequel l'abolition aura été accordée.

M. Puſſort a dit, qu'il y avoit deux ſortes de crimes de Rapt: l'un de ſéduction, & l'autre de violence; & que ce dernier pouvoit être joint aux autres cas de l'Article. Qu'à l'égard des Préfidiaux, ils peuvent faire des remontrances comme les Compagnies Superieures : qu'ainfi on pourroit mettre dans l'Article, *Nos Cours, & autres nos Juges qui jugent en dernier reffort.*

M. le P. Préfident a dit, que les Préfidiaux n'ont pas droit de faire des remontrances; mais qu'ils peuvent feulement s'adreffer à Monfieur le Procureur Général pour l'inviter ; & qu'encore qu'il n'y ait point d'appel de leurs Jugemens, neanmoins le Parlement confervoit toûjours une police fuperieure fur ces Juges, qui étoient obligez par le devoir de leurs Charges, de lui rendre compte dans les occafions importantes, & même d'implorer fon autorité pour le bien de la Juftice.

M. Puffort a dit, que l'ordre le plus naturel, feroit de leur prefcrire de s'adreffer à Monfieur le Chancelier.

M. le P. Préfident a dit, qu'il y avoit encore une obfervation importante à faire fur cét Article, qui eft qu'il pourroit être fuivi d'un tres-grand inconvenient, par la relation que l'on lui donne au Titre premier de l'Ordonnance de 1667. en ce que l'Article V. de ce Titre porte, que les Compagnies feront tenuës de faire leurs remontrances dans huitaine, aprés lequel tems les Edits, Lettres, & Déclarations, feront tenuës pour enregiftrées : ce qui ne pourroit être appliqué à l'Article, fans accorder l'impunité aux Accufez, au même tems qu'on leur accorde des Lettres d'abolition; ces fortes de Lettres ne pouvant pas être toûjours regiftrées en fi peu de tems.

M. Puffort a dit, que quand on a rappellé dans l'Article le premier Titre de l'Ordonnance de 1667. ce n'a pas été dans le deffein que fa difpofition y fût appliquée toute entiere : le premier Titre de cette Ordonnance ne regardant que les affaires publiques , & non pas les particulieres, comme font généralement toutes Lettres de graces & conceffions faites à des perfonnes privées. Que fi neanmoins cela demandoit quelque interprétation dans l'Article, on pourroit ôter les termes qui rappellent l'Ordonnance de 1667.

☞ *En confequence de toutes les obfervations qui ont été faites fur le prefent Article, on y a fait les changemens fuivans.*

I. L'on a mis les Lettres d'Abolition, au lieu de Remiffion ou Pardon.

II. On y a ajoûté le crime de Rapt commis par violence.

III. L'on a retranché la citation de l'Ordonnance de 1667.

IV. On a ordonné, que les Juges inferieurs s'adrefferont à M. le Chancelier, pour faire leurs remontrances.

Le prefent Article eft le IV. dans l'Ordonnance, & il a été arrêté de cette maniere :

ARTICLE IV. Ne feront données aucunes Lettres d'abolition pour les duels, ni pour les affaffinats préméditez, tant aux principaux auteurs, qu'à ceux qui les auront affiftez, pour quelque occafion ou prétexte qu'ils puiffent avoir été commis, foit pour vanger leurs querelles ou autrement ; ni à ceux qui à prix d'argent ou autrement fe loüent ou s'engagent pour tuer, outrager, exceder, ou recourre des mains de la Juftice les prifonniers pour crimes ; ni à ceux qui les auront loüez ou induits pour ce faire, encore qu'il n'y ait eu que la feule machination ou attentat , & que l'effet n'en foit enfuivi : pour cri-

re de rapt commis par violence ; ni à ceux qui auront excédé ou outragé aucuns de nos
Magistrats ou Officiers & Sergens, exerçant, faisant ou exécutant quelque acte de Justice.
Et si aucunes Lettres d'abolition ou remission étoient expédiées pour les cas ci-dessus, nos
Cours pourront nous en faire leurs remontrances, & nos autres Juges réprésenter à nôtre
Chancelier ce qu'ils estimeront à propos.

SEPTIE'ME CONFERENCE.

Du Mercredi, 18. Juin 1670.

Monsieur Pussort, avant l'ouverture de la Conférence, a dit, qu'il avoit
ordre du Roi de faire entendre à la Compagnie, que l'intention de Sa
Majesté étoit, de ne point toucher aux trois premiers Articles du Titre XVI.
Des Lettres d'Abolition, & qu'Elle se rapportoit à Monsieur le Chancelier, de
les supprimer, ou de les rédiger, ainsi qu'il le jugeroit à propos.

Après quoi l'on a continué l'examen des Articles contenus au Titre XVI.

ARTICLE VIII.

Quelles Lettres seront scellées en la grande Chancellerie.

LEs Lettres d'Abolition, celles pour ester à droit après les
cinq années de la contumace, de rappel de Ban ou de Galeres, commutation de peine, réhabilitation du condamné en ses
biens & bonne renommée, & de revision de procez, ne pourront
être scellées qu'en nôtre grande Chancellerie, en la forme prescrite par les Articles II. & III. du present Titre.

Lecture faite de cét Article.

M. le P. Présidént a dit, qu'autrefois on scelloit à la petite Chancellerie les
Lettres de Remission ; mais qu'il dépend de Monsieur le Chancelier, de conserver, ou de réformer cét usage.

M. le Chancelier a dit, que l'usage étoit de présenter requête au Conseil,
tendante à revision du procez ; que si le Conseil jugeoit qu'il y eût lieu d'appro-
fondir l'affaire, l'on rendoit Arrêt sur requête, portant renvoi à Messieurs les
Maîtres des Requêtes, pour donner leur avis, qui ensuite étoit donné & porté
au Conseil ; & s'il se trouvoit en faveur du suppliant, il étoit ordonné qu'il seroit
procédé à la revision du procez, & qu'à cét effet les Lettres necessaires seroient
expédiées sur l'Arrêt. On prenoit des Lettres adressantes à la Compagnie qui
avoit jugé le procez, si ce n'est qu'il se trouvât quelque cause de suspicion, au-

quel cas on renvoïoit au Grand Conseil, ou en quelqu'autre Compagnie, lesquelles Lettres se prenoient au Grand Sceau.

☞ On a retranché de cét Article les mots suivans, qui sont à la fin : en la forme prescrite par les Articles II. & III. du présent Titre. Au surplus, l'Article a été conservé, & il est le V. dans l'Ordonnance.

ARTICLE IX.

Le Jugement sera attaché sous le contre-scel des Lettres de rappel.

L'Arrêt ou le Jugement de condamnation, sera attaché sous le contre-scel des Lettres de rappel de Ban, ou de Galeres, commutation de peine, ou de réhabilitation ; à faute de quoi les impetrans ne pourront s'en aider, & défendons aux Juges d'y avoir égard.

ARTICLE X.

Leur entérinement.

ENjoignons à nos Juges, même à nos Cours, d'entériner les Lettres de rappel de Ban, ou de Galeres, commutation de peine, & de réhabilitation, qui leur seront adressées, sans examiner si elles sont conformes aux charges & informations ; sauf à Nous représenter par nos Cours, ce qu'elles jugeront à propos.

ARTICLE XI.

Lettres de revision de procez.

POur obtenir des Lettres de revision de procez, le condamné sera tenu d'exposer le fait avec ses circonstances, par requête qui sera rapportée en Nôtre Conseil, & envoïée, s'il est jugé à propos, aux Maîtres des Requêtes de Nôtre Hôtel, pour avoir leur avis, que Nous voulons ensuite être rapporté en Nôtre Conseil. Et si les Lettres sont justes, il sera ordonné par Arrêt, qu'elles seront expédiées & scellées ; & pour cét effet elles seront signées par un Secretaire de nos Commandemens.

Lecture faite de ces Articles.

☞ Ils ont passé sans aucun changement ; & ils sont les VI. VII. & VIII. de ce Titre dans l'Ordonnance.

ARTICLE

ARTICLE XII.

Piéces qui feront attachées fous le contre-fcel.

L'Avis des Maîtres des Requêtes de nôtre Hôtel, & l'Arrêt de nôtre Confeil, feront attachez fous le contre-fcel des Lettres de revifion ; & l'adreffe faite aux Juges qui auront jugé le procez.

Lecture faite de l'Article I X.

M. le P. Préfident a dit, que les Lettres de revifion font en matiére criminelle ; ce que les propofitions d'erreur font en matiére civile : avec cette différence, que les propofitions d'erreur doivent être jugées dans la même Chambre, & par les mêmes Juges qui ont jugé le procez ; & pour les Lettres de revifion, elles font bien adreffées ordinairement à la même Chambre, par exemple, à la Tournelle ; mais il n'y a pas de neceffité, que les mêmes Juges qui ont donné l'Arrêt contre lequel on fe pourvoit, s'y trouvent. Quelquefois même ces Lettres de revifion font adreffées à une autre Compagnie Souveraine que celle qui a donné l'Arrêt : fans qu'elles puiffent jamais être portées pardevant d'autres Juges que des Compagnies Souveraines ; parce que les condamnez par les autres Juges, ont la voïe de Droit, qui eft de l'appel. Que cependant il faut prendre garde que l'on n'induife de l'Article, que les Lettres de revifion puiffent être adreffées aux Préfidiaux, & aux Prevôts des Maréchaux ; parce qu'au lieu de revifion, l'appel de leurs Jugemens, quoique rendus en dernier reffort, eft reçû par le Roi, qui renvoïe l'affaire & les Parties au Parlement, & même quelquefois au Grand Confeil, pour en connoître.

M. Puffort a dit, que le renvoi fe fait au Grand Confeil, & non ailleurs : qu'il eftimoit que l'on pouvoit reformer l'Article, en mettant, *que les Lettres feront adreffées à celle de nos Cours, qui aura jugé le procez.*

☞ *Cèt Article eft le I X. dans l'Ordonnance ; & fur la propofition de M. Puffort, il a été reformé de cette maniere.*

ARTICLE IX. L'avis des Maîtres des Requêtes de nôtre Hôtel, & l'Arrêt de nôtre Confeil, feront attachez fous le contre-fcel des Lettres de revifion, & l'adreffe faite à celle de nos Cours, où le procez aura été jugé.

ARTICLE XIII.

Piéces nouvelles comment feront produites.

LEs Parties pourront produire devant les Juges aufquels elles feront renvoïées, de nouvelles piéces, qu'elles attacheront à une requête, de laquelle fera baillé copie à la Partie, enfemble des

Ordonnance Criminelle.   B b

piéces, pour y répondre auffi par requête , dont fera pareillement baillé copie dans le délai qui fera ordonné, paffé lequel , & aprés que le tout aura été communiqué à nos Procureurs , fera procédé au Jugement des Lettres fur ce qui fe trouvera produit.

ARTICLE XIV.

Gentilshommes exprimeront leur qualité dans les Lettres.

DAns les lettres de remiffion , pardon , pour efter à droit , rappel de Ban & de Galeres, commutation de peine, réhabilitation , & revifion de procez, obtenuës par les Gentilshommes , ils feront tenus d'exprimer nommément leur qualité , à peine de nullité.

Lecture faite de ces deux Articles.

☞ *Ils ont été trouvez bons , & ils font les X. & X I. dans l'Ordonnance.*

ARTICLE XV.

A quel Juge les Lettres doivent être adreffées.

LEs Lettres obtenuës par les Gentilshommes, ne pourront être adreffées qu'à nos Cours, chacune fuivant fa jurifdiction & la qualité de la matiere ; qui pourront neanmoins, fi la Partie civile le requiert , & qu'elles le jugent à propos, renvoïer l'inftruction fur les lieux.

ARTICLE XVI.

Limitation.

POurront les Lettres obtenuës par les Gentilshommes, être adreffées aux Préfidiaux , fi leur compétence y a été jugée.

Lecture aïant été faite.

M. le P. Préfident a dit , que ces Articles étoient conformes à l'ancienne Ordonnance , & qu'en apparence cette Ordonnance faifoit honneur aux Gentilshommes ; mais qu'en effet , elle étoit en quelque façon contre eux ; parce qu'elle ôtoit la faculté de fe choifir des Juges, les obligeant de fe faire juger au Parlement, qui a plus d'autorité pour faire Juftice contre des perfonnes puiffantes , que n'auroit un Préfidial ; c'eft pourquoi même les Gentilshommes ne pouvoient pas renoncer à ce privilege. Cependant l'Article XV. leur donne la faculté d'attirer au Préfidial la connoiffance des Lettres qu'ils auront obtenuës, ce qui produiroit un tres-grand inconvenient, pouvant par un Jugement d'une competence affectée, attribuer la connoiffance d'un crime à un petit Préfidial qu'ils croiront leur être plus favorable que le Parlement.

M. Puffort a dit, que cette intelligence étoit difficile à préfumer dans un Préfidial compofé de plufieurs Juges. Qu'en effet, fi un Accufé pouvoit être afûré de la protection d'un Préfidial, il y auroit plus de fûreté pour lui, & fes mefures feroient beaucoup plus juftes, de fe faire abfoudre tout d'un coup par le premier Jugement, que de prendre le dangereux circuit de la grace du Prince, pour fe mettre en état d'en pourfuivre l'entérinement. Que l'Article XV. a été mis dans ce titre fuivant la difpofition des anciennes Ordonnances, & particulierement de celle de ...... pour empêcher que les Gentilshommes n'abufaffent de leur crédit & de leur autorité ; mais que le cas ceffant, & fe trouvant jugé Prevôtalement (parce qu'un Gentilhomme peut être prévenu de vol) la connoiffance de ces Lettres doit être renvoïée pardevant les Juges qui ont été déclarez competens.

☞ *On n'a fait aucun changement dans ces deux Articles, qui font les XII. & XIV. de ce Titre dans l'Ordonnance.*

ARTICLE XVII.

Adreffe des Lettres obtenuës par Roturiers.

L'Adreffe des Lettres obtenuës par des perfonnes de qualité roturiere, fera faite à nos Baillifs & Sénéchaux des lieux où il y a Siege Préfidial; & dans les Provinces efquelles il n'y a point de Préfidial, l'adreffe fera faite aux Juges reffortiffans nuëment en nos Cours, & non autres : à peine de nullité des Jugemens.

☞ *L'on n'a fait aucun changement dans cét Article, qui eft le XIII. dans l'Ordonnance.*

ARTICLE XVIII.

Ceux qui prefenteront des Lettres, feront prifonniers.

NE pourront les Lettres d'abolition, remiffion, pardon, & pour efter à droit, être prefentées par ceux qui les auront obtenuës, s'ils ne font effectivement prifonniers & écroüez ; & feront les écroües attachez aux Lettres, & iceux contraints de demeurer en prifon, jufqu'au jugement diffinitif des Lettres.

Défendons à tous Juges, de les élargir à caution, ou autrement,
à peine de suspension de leurs Charges, & de païer par eux, les
condamnations qui interviendront contre les Accusez.

*☞ Cét Article est le XV. de l'Ordonnance. L'on y a inséré ces mots : pen-
dant toute l'instruction, aprés ceux-ci : & eux contraints de demeurer en prison. C'est le seul changement qu'on y ait fait.*

ARTICLE XIX.

Dans quels tems elle seront presentées.

LEs Lettres seront presentées dans trois mois du jour de l'obtention, passé lequel tems, défendons aux Juges d'y avoir
égard; & ne pourront les impétrans en obtenir de nouvelles, ni
être relevez du laps de tems.

ARTICLE XX.

Les Lettres n'empêcheront l'éxécution des décrets.

L'Obtention & la signification des Lettres, ne pourront empêcher l'éxécution des décrets, ni l'instruction, jugement,
& éxécution de la contumace, jusqu'à ce que l'Accusé soit actuellement en état dans les prisons du Juge auquel l'adresse en aura été
faite.

ARTICLE XXI.

Toutes les procedures seront portées au Greffe.

LEs charges & informations, & toutes les autres pieces du
procez, même la procedure faite depuis l'obtention des Lettres, seront incessamment portées aux Greffes des Juges ausquels
l'adresse en sera faite : ce que Nous voulons avoir lieu à l'égard
des Lettres de revision.

ARTICLE XXII.

Les Lettres seront signifiées à la Partie civile.

LEs Lettres seront signifiées à la Partie civile, & copie baillée
avec Assignation, en vertu de l'Ordonnance du Juge pour
fournir ses moïens d'opposition, & proceder à l'entérinement. Et

feront les formes & délais prescrits par nôtre Ordonnance de 1667.
observez, si ce n'est que la Partie civile consente de proceder avant
l'échéance des délais, par acte signé, & dûëment signifié.

ARTICLE XXIII.

Elles seront communiquées aux Procureurs du Roi.

NE pourra être procedé au Jugement des Lettres, qu'elles
n'aïent été, ensemble le procez, communiquez à nos Procureurs.

ARTICLE XXIV.

Comment elles seront presentées.

LEs Demandeurs en Lettres d'abolition, remission, & pardon, seront tenus de les presenter à l'Audiance, tête nuë, &
à genoux; & affirmeront, aprés qu'elles auront été lûës en leur
presence, qu'elles contiennent verité, qu'ils ont donné charge de
les obtenir, & qu'ils s'en veulent servir : aprés quoi seront renvoïez en prison.

Lecture faite de ces six Articles.

☞ *Ils ont été approuvez, & l'on n'y a fait aucun changement. Ils sont les*
XVI. XVII. XVIII. XIX. XX. & XXI. de ce Titre dans l'Ordonnance.

ARTICLE XXV.

Ce qui est permis nonobstant la presentation des Lettres.

NOs Procureurs, ou ceux des Seigneurs, & la Partie civile,
s'il y en a, pourront nonobstant la presentation des Lettres
de remission & pardon, informer par addition; ne seront neanmoins les témoins recolez ni confrontez avant le Jugement des
Lettres, sauf en jugeant d'en ordonner le recolement & la confrontation, si le cas n'est pas remissible, ou que les Lettres ne
soient pas conformes aux informations.

Aprés la lecture de l'Article XXV.

M. le P. Président a dit, que cét Article est contraire à l'usage ordinaire.
Qu'un procez criminel n'est point en état, si, lors qu'il y a des informations
faites par addition, le recolement & la confrontation n'en ont été faits. Que la
Partie publique & la Partie civile le peuvent requerir : que cela est de droit &
& ne leur peut être refusé.

M. le Préfident de Novion a ajoûté, que fuivant la difpofition de l'Article, il faudroit fouvent vifiter & juger en même tems deux fois ; l'une en déboutant des Lettres ou interloquant, & l'autre en jugeant diffinitivement le procez.

M. Talon a dit, que la plus forté preuve des procez criminels, a ordinairement procedé des additions d'informations qui ont été faites ; & que comme elles faifoient la principale partie des procez, l'on n'a point jugé de Lettres, que les Impétrans n'aient fubi le recolement & la confrontation ; qu'autrement ce feroit démembrer le procez & le juger imparfaitement.

M. Puffort a dit, que les Lettres fe trouvant conformes aux charges, & le cas remiffible, il n'y a point de neceffité de faire le recolement, ni la confrontation. Que l'on a eftimé que la difpofition de l'Article étoit de l'ufage, & qu'on ne pourroit pas même en tous les cas propofez, fe difpenfer de voir le procez deux fois. Que l'inftruction faite fur les premieres informations, mettoit un procez en état, & les Lettres s'y trouvant conformes, l'on pouvoit le juger. Que cela n'empêchoit pas que M. le Procureur Général, fes Subftituts, ou la Partie, ne puffent demander permiffion d'informer par addition, & le recolement & la confrontation en confequence : qu'il feroit en la liberté des Juges de l'ordonner, & que l'Article ne portoit rien de contraire.

M. le P. Préfident a dit, que l'on s'accordera aifément, lors que l'on entendra l'état de la queftion. Qu'il y a grande difference entre dire, que tous les témoins oüis és informations & additions, feront recolez & confrontez avant qu'on juge les Lettres de remiffion : ou bien d'ordonner en les jugeant, que, fans s'arrêter aux Lettres dont l'impétrant fera débouté, il fera paffé outre au recolement & confrontation. Que la queftion eft de fçavoir, fi le Juge aprés la prefentation des Lettres, peut *ex causâ*, ordonner le recolement & la confrontation ? Que jufqu'ici on a toûjours accordé cela au Procureur Général, lors qu'il l'a demandé.

Que pour fçavoir fi les Lettres font conformes aux charges, il faut voir toutes les charges & le procez entier. Que ce n'eft pas la feule information qui fait la charge, mais que c'eft la confrontation qui lui donne la forme & la perfection. Que lors qu'il s'agit d'une matiere qui n'eft pas grave, on s'en pourroit difpenfer ; mais que l'on ne le pouvoit pas faire dans une affaire capitale, en laquelle un accufé, qui voudroit prendre droit par les charges, ne feroit pas écouté ; & que l'on doit laiffer ce difcernement à l'office du Juge.

M. le Préfident de Maifons a dit, qu'il eft neceffaire d'obferver, que l'Article permet aux Juges Roïaux de faire informer par addition : que cependant les Lettres de remiffion ne leur font jamais adreffées.

M. Talon a dit, que la difpofition de cét Article peut être dangereufe ; car encore que dans quelques occafions rares & fingulieres, celui qui a obtenu les Lettres de remiffion, prenant droit par les informations, l'on fe difpenfe de recoler & confronter les témoins : fi eft-ce que pour l'ordinaire, le procez criminel doit être inftruit dans toutes fes formes, & les témoins recolez & confrontez , avant que de prononcer fur l'entérinement des Lettres ; & toutes les fois que les premiers Juges fe font difpenfez de cette formalité , & qu'ils ont entériné des Lettres , avant que de faire cette inftruction , ils ont été blâmez. Et aux termes aufquels l'Article eft conçû , tout le monde croira , que quand un accufé eft porteur de Lettres de remiffion , il faut prononcer fur ces Lettres , foit en les entérinant , foit en l'en déboutant , avant que l'on puiffe achever l'inftruction du procez. Ainfi il faudra deux Sentences ou deux Arrêts ; & toutes les affaires criminelles , où il y aura des Lettres de remiffion , periront par la longueur.

Que fi l'on dit , que l'intention de cét Article , eft , qu'en jugeant l'interrogatoire prêté par l'accufé fur les Lettres , l'on examine s'il y a lieu de faire une plus grande inftruction : en ce cas , il faut mettre l'Article en d'autres termes , & dire , qu'*avant procéder à l'entérinement des Lettres , l'on pourra informer par addition ; même ordonner le recolement & confrontation des témoins : fi ce n'eft que l'accufé ait pris droit par les informations , & M. le Procureur Général & fes Subftituts par la confeffion de l'accufé.*

Et il faut obferver , que l'on doit être d'autant plus religieux , à ne pas accepter la declaration des accufez qui prennent droit par les informations , que l'on ne fçauroit jamais , par une declaration de cette qualité , prononcer aucune condamnation de peine afflictive ; & que d'ailleurs fouvent les témoins peuvent augmenter lors du recolement.

Il faut encore obferver que ces mots : *ou ceux des Seigneurs ,* doivent être retranchez : les Lettres de remiffion ne pouvant être adreffées qu'à des Juges Roïaux ; & conféquemment les Procureurs Fifcaux ne peuvent faire aucune pourfuite , depuis que la connoiffance du crime leur eft ôtée par la préfentation des Lettres de remiffion.

M. Puffort a dit , que l'on pouvoit ôter de l'Article , ce qui regarde les Procureurs des Seigneurs.

M. le Chancelier a dit , qu'il eftimoit que l'on pourroit fuivre l'ufage ordinaire.

☞ *Sur toutes ces obfervations , on a retranché ces mots de l'Article :* ou ceux des Seigneurs. *L'on en a auffi fupprimé la derniere partie , qui commence par ces mots :* ne feront néanmoins , &c. *Il eft le* XXII. *dans l'Ordonnance en ces termes.*

ARTICLE XXII. Nos Procureurs , & la Partie civile , s'il y en a , pourront , nonobftant la préfentation des Lettres de remiffion & pardon , informer par addition , & faire recoler & confronter les témoins.

ARTICLE XXVI.

Défenfes de rien prendre pour la préfentation des Lettres.

DEfendons aux Lieutenans Criminels, & tous autres Juges, aux Greffiers & Huiffiers, de prendre ni recevoir aucune chofe, encore qu'elle leur fût volontairement offerte, pour l'attache, lecture, ou publication des Lettres, ou pour conduire & faire entrer l'impétrant à l'Audiance, & fous quelqu'autre prétexte que ce foit : à peine de concuffion & de reftitution du quadruple.

ARTICLE XXVII.

Demandeur en Lettres, où fera interrogé ?

LE Demandeur en Lettres fera interrogé dans la prifon par le Rapporteur du procez, fur les faits réfultans des charges & informations.

ARTICLE XXVIII.

Défenfes de les entériner fans avoir vû toutes les charges.

DEfendons à tous Juges, même à nos Cours, de procéder à l'entérinement des Lettres, que toutes les informations & charges n'aïent été portées & communiquées à nos Procureurs, vûës & examinées par les Juges; nonobftant toutes fommations qui pourroient avoir été faites aux Greffiers de les apporter, & les diligences dont les Demandeurs en Lettres pourroient faire apparoir : fauf à décerner des exécutoires, & ordonner d'autres peines contre les Greffiers qui feront en demeure.

ARTICLE XXIX.

Interrogatoire dans la Chambre.

LEs impétrans feront interrogez dans la Chambre, fur la Selette, avant le Jugement, & l'interrogatoire rédigé par écrit par le Greffier, & envoïé avec le procez en nos Cours, en cas d'appel.

ARTICLE

ARTICLE XXX.

Dans quels cas les impétrans en seront déboutez.

SI les Lettres de remission & de pardon, sont obtenuës pour des cas qui ne soient remissibles, ou si elles ne sont point conformes aux charges, les impétrans en seront déboutez.

ARTICLE XXXI.

Amende contre ceux qui succomberont.

LEs impétrans des Lettres de remission, qui succomberont, seront condamnez en trois cens livres d'amende envers Nous, & cent cinquante livres envers la Partie.

Lecture faite de ces six derniers Articles.

☞ Ils ont passé sans aucun changement, & ils sont dans l'Ordonnance.

TITRE XVII.

Des Defauts & Contumaces.

ARTICLE I.

Perquisition de l'accusé, & annotation de ses biens.

SI le decret de prise de corps ne peut être exécuté contre l'accusé, il en sera fait perquisition, & ses biens seront saisis & annotez, sans que pour raison de ce il soit obtenu aucun Jugement.

ARTICLE II.

Perquisition, où sera faite.

LA perquisition sera faite à son domicile ordinaire, ou au lieu de sa résidence, si aucune il a dans le lieu où s'instruit le procez, & copie laissée du procez verbal de perquisition.

Ordonnance Criminelle. Cc

ARTICLE III.

Quand, & où le decret sera affiché.

SI l'accusé n'a point de domicile, ou ne réside au lieu de la Jurif-diction, la copie du decret sera affichée à la porte de l'Auditoire.

Lecture faite de ces trois premiers Articles.

☞ *Ils ont passé sans aucun changement.*

ARTICLE IV.

Comment sera faite la saisie des meubles.

LA saisie des meubles de l'accusé sera faite en la maniere pref-crite au Titre *des Saisies & Exécutions*, de nôtre Ordonnance de 1667.

Lecture faite de l'Article I V.

M. le P. Préfident a dit, que cét Article doit être joint aux XXVI. & XXXIII. pour être mieux entendus ; & a obfervé, qu'ils femblent fe contredire, en ce que l'Article IV. ne fait mention que de la faifie des meubles, fans parler de la vente, dont les formes ne font reglées par aucun autre Article de ce Titre ; & cependant par l'Article XXVI. on veut que fi l'accufé fe repréfente dans l'année, le prix provenant de la vente de fes meubles, lui foit rendu ; & par l'Article XXXIII. l'on fup-pofe que les meubles font encore en nature aprés les cinq ans ; puis qu'il veut que les Fermiers du Domaine, & les Hauts-Jufticiers ne s'en puiffent mettre en poffeffion, qu'aprés ce tems : qu'il faudroit accorder ces trois Articles.

M. Puffort a dit, qu'ils étoient fort bien d'accord ; car en un mot il fera de l'office du Juge, de faire vendre les meubles qu'il prévoira pouvoir déperir, pour, en cas de vente, être le prix reftitué, ou les meubles qui fe trouveront en nature, rendus lors qu'il fera ainfi ordonné.

M. le P. Préfident a dit, que quoique cette explication éclairciffe la diffi-culté, neanmoins il étoit à craindre que la plûpart des Juges n'entendent pas cét Article, & qu'ils ne foient induits à erreur. C'eft pourquoi il fe-roit bon d'ajoûter, que *les Juges pourront ordonner la vente des meubles qui dépériront par le tems.*

M. Puffort a reparti, que la condition portée par l'Article XXVI. de refti-tuer le prix de la vente, ne peut être appliquée qu'au cas que les meubles aïent été vendus, pour éviter le dépériffement ; qu'on ordonne tous les jours ces fortes de ventes, & que l'Article ne dit rien de nouveau.

☞ *L'avis de M. Puffort a prévalu, & l'on n'a fait aucun changement dans cét Article.*

ARTICLE V.

Comment fera faite celle des immeubles.

LEs fruits des immeubles feront faifis, & Commiffaires établis à leur garde : avec les formalitez prefcrites par nôtre Ordonnance , pour les féqueftres & Commiffaires.

ARTICLE VI.

Quels feront les Commiffaires établis.

DEffendons à tous Juges, d'établir pour Gardiens ou Commiffaires, les parens ou domeftiques des Fermiers & Receveurs de nôtre domaine, ou des Seigneurs à qui la confifcation appartient.

ARTICLE VII.

Comment l'Accufé fera affigné.

SI l'Accufé eft domicilié, ou réfide dans le lieu de la Jurifdiction, il y fera affigné à comparoir dans quinzaine ; finon l'Exploit d'affignation fera affiché à la porte de l'Auditoire.

ARTICLE VIII.

Ce qui fera fait , s'il ne comparoît.

AFaute de comparoir dans la quinzaine, il fera affigné par un feul cri public à la huitaine ; mais les jours de l'affignation & de l'échéance ne feront compris dans les délais.

ARTICLE IX.

Comment , & où fera fait le cri public.

LE cri fera fait à fon de Trompe, fuivant l'ufage, à la place publique , & à la porte de la Jurifdiction ; & encore au devant du domicile ou réfidence de l'Accufé , s'il en a aucun.

Aprés la lecture de ces cinq Articles.

M. le P. Préfident a dit, que l'abrogation que l'on fait par ces Articles, des proclamations à trois briefs jours, étoit bonne ; parce que ces trois briefs jours tombant quelquefois en des jours de Fête, le terme ne pouvoit être certain : au lieu qu'en le fixant à la huitaine, il devenoit affuré.

☞ *Ces cinq Articles font dans l'Ordonnance de la même maniere.*

ARTICLE X.

Affignation des Accufez qui doivent fe reprefenter.

SI l'Accufé, qui a pour prifon la fuite de nôtre Confeil, ou de nôtre Grand Confeil, le lieu de la Jurifdiction où s'inftruit fon procez, ou les chemins de celle où il aura été renvoié, ne fe reprefente pas, il fera affigné par une feule proclamation à la porte de l'Auditoire, & le Procez verbal de proclamation affiché au même endroit, & procedé fans autres formalitez, au refte de l'inftruction, & jugement du procez.

Lecture ayant été faite de cét Article.

M. le P. Préfident a dit, qu'il étoit nouveau, mais bon, en ce qu'il abrogeoit un grand nombre de procedures, dans un cas où elles font inutiles.

M. Talon a dit, qu'il faut joindre enfemble les Articles X. & XXIV. puifque l'un & l'autre aboliffent les contumaces de prefence : avec cette diftinction pourtant, que l'on ne prefcrit aucune formalité pour continuer l'inftruction du procez contre celui qui a brifé les prifons ; & qu'à l'égard de celui qui a été élargi à la charge de fe reprefenter, l'on ordonne qu'il fera affigné par une feule proclamation. Que la difpofition de cét Article eft tres-utile ; & les contumaces de prefence, qui fe pratiquoient en peu de Jurifdictions, n'aboutiffoient qu'à des longueurs tres-fuperfluës. Mais la queftion eft, de fçavoir fi l'Accufé qui n'a point été interrogé & n'a point rempli le décret, & qui a obtenu un Arrêt de défenfes du Parlement, ou du Grand-Confeil, qui arrête le cours de la procedure criminelle : fi cét Accufé venant à s'abfenter, & le décret étant confirmé, il faut inftruire contre lui une contumace, ou s'il fuffit d'une fimple proclamation. Il femble qu'en cette efpece, il eft difficile de fe difpenfer d'inftruire une contumace, le décret n'aïant point été rempli.

M. Puffort a dit, que tant qu'un Accufé eft en demeure de remplir le décret, la contumace fubfifte toûjours, & l'on peut l'inftruire contre lui.

☞ *Le préfent Article eft pareillement dans l'Ordonnance.*

ARTICLE XI.

Défenses d'ordonner d'autres Assignations.

DEffendons aux Juges d'ordonner autre Assignation ou Proclamation, que celles ci-dessus, à peine d'interdiction, & des dommages & interêts des Parties.

Lecture faite de l'Article XI.

M. le P. Président a dit, que cét Article ne contenoit que la répétition des peines contenuës dans les autres.

☞ *Nonobstant cette reflexion, le present Article a été conservé.*

ARTICLE XII.

Quand & à qui la procedure sera remise.

APrés le délai des Assignations, la procedure sera remise au Parquet de nos Procureurs, ou de ceux des Seigneurs, pour y prendre leurs conclusions.

Aprés la lecture de l'Article XII.

M. le P. Président a dit, qu'avant que de remettre le procez au Parquet, l'on avoit accoûtumé de prendre un Certificat du Geolier, portant que l'Accusé ne s'étoit point mis dans les prisons ; & que même l'on prenoit un défaut au Greffe.

M. Pussort a dit, que le Certificat du Geolier étoit inutile ; parce qu'un Accusé ne manquoit pas de faire signifier qu'il s'est remis dans les prisons ; & que cela ne se fait pas sans que les Parties, & les Juges en aïent bien-tôt connoissance. Qu'à l'égard du défaut au Greffe, il étoit entierement inutile, & qu'il en falloit abroger l'usage.

☞ *L'Article XII. a été mis dans l'Ordonnance sans changement.*

ARTICLE XIII.

Du recolement des Témoins.

SI la procedure est valablement faite, les Juges ordonneront que les témoins seront recolez en leurs dépositions, & que le recolement vaudra confrontation.

A R T I C L E XIV.

Des conclusions diffinitives.

APrés le recolement, le procez sera derechef communiqué à nos Procureurs, ou à ceux des Seigneurs, pour prendre leurs conclusions diffinitives.

A R T I C L E XV.

Forme du Jugement de contumace.

LE même Jugement déclarera la contumace bien instruite, en ajugera le profit, & contiendra la condamnation de l'Accusé. Défendons d'y inserer la clause: *Si pris & apprehendé peut être;* dont nous abrogeons l'usage.

Lecture faite de ces trois Articles.

☞ *Ils ont été trouvez bons, & l'on n'y a fait aucun changement.*

A R T I C L E XVI.

Exécution des Jugemens de contumace.

LEs seules condamnations de mort naturelle, seront éxécutées par effigie; & celles des Galeres, amende honorable, bannissement perpétuel, flétrissure, & du foüet, écrites seulement dans un tableau, sans aucune effigie: & seront les effigies, comme aussi les tableaux, attachez par l'Exécuteur de la Haute-Justice, à une potence dans la place publique. Et toutes les autres condamnations par contumace, seront seulement signifiées, & copie baillée au domicile, ou residence du condamné, si aucune il a dans le lieu de la Jurisdiction; sinon affichée à la porte de l'Auditoire.

Aprés la lecture de cét Article.

M. le P. Président a dit, que l'on pouvoit s'abstenir de mettre dans une Ordonnance, ces termes d'*Executeur* & de *Potence.*
M. Pussort a dit, qu'on pouvoit les ôter.

☞ *Sur l'observation faite par M. le P. Président, cét Article a été reformé de cette maniere.*

ARTICLE XVI. Les feules condamnations de mort naturelle feront exécutées par effigie, & celles des galeres, amende honorable, banniffement perpetuel, flétriffure & du foüet, écrites feulement dans un tableau fans aucune effigie : & feront les effigies, comme auffi les tableaux, attachées dans la place publique. Et toutes les autres condamnations par contumace, feront feulement fignifiées, & baillée copie au domicile, ou réfidence du condamné, fi aucune il a dans le lieu de la Jurifdiction ; finon affichée à la porte de l'Auditoire.

ARTICLE XVII.

Procez verbal de l'exécution.

LE procez verbal d'exécution fera mis au pied du Jugement, figné du Greffier feulement.

ARTICLE XVIII.

Comment la contumace eft anéantie.

SI le contumax eft arrêté prifonnier, ou fe reprefente aprés le Jugement, ou même aprés les cinq années, dans les prifons du Juge qui l'aura condamné, les defauts & contumaces feront mis au néant, en vertu de nôtre prefente Ordonnance ; fans qu'il foit befoin de Jugement, ou d'interjetter appel de la Sentence de contumace.

Ces deux Articles ont été trouvez bons.

☞ *Dans la fuite, aprés ces mots du commencement de l'Article XVIII.* fi le contumax eft arrêté prifonnier, *on a ajoûté ceux-ci :* ou fe repréfente.

ARTICLE XIX.

Frais de la contumace.

LEs frais de la contumace feront païez par l'accufé, aprés avoir été taxez en vertu de nôtre prefente Ordonnance, fans neanmoins que faute de païement, il puiffe être furfis à l'inftruction & Jugement du procez.

ARTICLE XX.

Interrogatoire & confrontation.

IL fera enfuite interrogé, & procédé à la confrontation des témoins ; encore qu'il eût été ordonné que le recolement vaudroit confrontation.

Ces deux Articles ont été trouvez bons, & ont paffé.

ARTICLE XXI.

Quelles dépofitions feront rejettées.

LA dépofition des témoins décédez avant le recolement, fera rejettée, & ne fera point lûë lors de la vifite du procez.

Lecture faite de cét Article.

M. le P. Préfident a dit, que l'Article étoit bon, parce qu'en aucun cas la dépofition du témoin ne peut charger un accufé, quand elle n'a point été fuivie du recolement ; mais que ce pourroit être une queftion de fçavoir, fi la dépofition d'un témoin qui va à la décharge d'un accufé, doit être lûë, quoique le recolement n'ait point été fait.

M. Puffort a dit, qu'il y avoit égale raifon de ne point lire la dépofition d'un témoin, lors qu'il n'aura point été recolé, foit qu'elle aille à la charge ou décharge de l'accufé.

☞ *Nonobftant la réponfe de M. Puffort, l'obfervation faite par M. le P. Préfident a été fuivie, & l'on a ordonné que les dépofitions feroient lûës, quand elles iroient à la décharge de l'accufé. Voici de quelle maniere cét Article a été rédigé.*

ARTICLE XXI. La dépofition des témoins décédez avant le recolement, fera rejettée, & ne fera point lûë lors de la vifite du procez, fi ce n'eft qu'ils aillent à la décharge ; auquel cas leur dépofition fera lûë.

ARTICLE XXII.

Dépofition du témoin décédé pendant la contumace.

SI le témoin qui a été recolé, eft décédé ou mort civilement pendant la contumace, fa dépofition fubfiftera, & en fera faite confrontation literale à l'accufé, dans les formes prefcrites pour la confrontation des témoins ; & ne pourra en ce cas l'accufé fournir de reproches, s'ils ne font juftifiez par piéces.

Aprés la lecture de cét Article.

M. le P. Préfident a dit, que lors qu'il arrivera qu'un témoin, depuis fon recolement, aura été condamné à quelque peine afflictive, & que l'accufé lui en fera reproche, il fera bien difficile que le Juge n'en faffe confidération.

M. Puffort a dit, que les Juges feront telles confiderations qu'il leur

plaîra

plaira ſur la qualité du témoin , & ſur celle de ſa dépoſition ; mais dans la règle générale elle doit ſubſiſter.

M. Talon a dit , qu'encore que le reproche que l'accuſé fournit contre un témoin décédé après le recolement , s'il n'eſt juſtifié par piéces , ne merite point de conſideration ; neanmoins le Commiſſaire eſt tenu de le rédiger. Cependant il ſemble par la fin de l'Article , que défenſes ſoient faites de recevoir ces reproches : & pour ôter toute ambiguité , on pourroit le rédiger en ces termes : *Et n'auront en ce cas les Juges aucun égard aux reproches que l'accuſé pourra fournir , s'ils ne ſont juſtifiez par piéces.*

M. Puſſort a dit , que l'obſervation étoit bonne , & que la fin de cét Article pouvoit être réformée.

☞ *Sur l'obſervation faite par M. Talon , le preſent Article a été réformé de cette maniere.*

ARTICLE XXII. Si le témoin qui a été recolé , eſt décédé ou mort civilement pendant la contumace , ſa dépoſition ſubſiſtera , & en ſera faite confrontation literale à l'accuſé dans les formes preſcrites pour la confrontation des témoins. Et n'auront en ce cas les Juges aucun égard aux reproches , s'ils ne ſont juſtifiez par piéces.

ARTICLE XXIII.

De ceux qui ne pourront être confrontez.

LE même aura lieu à l'égard des témoins , qui ne pourront être recolez , à cauſe d'une longue abſence , d'une condamnation aux galeres , ou banniſſement à tems , ou quelqu'autre empêchement legitime , pendant le tems de la contumace.

Aprés la lecture faite.

M. le P. Préſident a dit , qu'il falloit mettre dans l'Article *Confronté* , au lieu de *Recolé* ; autrement l'on donneroit plus à un témoin abſent , qu'à un témoin mort. Que d'ailleurs l'Article n'explique point , par quelle voie l'on devoit prouver l'abſence du témoin : ſi ce ſeroit par enquête reſpective : Que ce détail pouvoit être de conſéquence.

M. Puſſort a dit , qu'à l'égard de la premiere obſervation , il eſt vrai que par un vice de Clerc , on a mis le mot de *Recolé* , au lieu de *Confronté* ; & que pour ce qui concerne la preuve de l'abſence d'un témoin , il dépendoit des Parties de la faire. Ainſi qu'il ſeroit en leur pouvoir , & des Juges , d'y avoir tel égard qu'ils jugeroient bon être.

M. Talon a dit , qu'il ne ſeroit pas inutile de déterminer de quelle maniere on juſtifiera l'abſence d'un témoin , à l'effet de le confronter figurativement à l'accuſé : & s'il ne ſuffit pas , comme il s'eſt pratiqué juſqu'ici , d'un procez verbal de perquiſition , atteſté par lés principaux habitans du lieu de ſa demeure ; ſans qu'il ſoit neceſſaire de faire , pour raiſon de ce , un nou-

Ordonnance Criminelle. D d

veau procez, en procédant par information. Que l'on en a usé de cette maniere aux Grands-Jours.

M. Pussort a répondu, que l'on en usera de même.

☞ *L'on a changé le mot de Recolé, en celui de* Confronté. *C'est le seul changement que l'on ait fait dans cét Article.*

ARTICLE XXIV.

De l'accusé qui s'évade des prisons.

SI l'accusé s'évade des prisons depuis son interrogatoire, il ne sera ni ajourné, ni proclamé à cri public; & le Juge ordonnera que les témoins seront oüis, & ceux qui l'auront été, recolez; & que le recolement vaudra confrontation, & procédé au Jugement du procez dans les formes prescrites ci-dessus.

ARTICLE XXV.

De celui qui les force.

LE procez sera aussi fait à l'accusé, pour le bris des prisons, & pour raison de ce crime, par defaut & contumace.

Lecture faite des deux Articles précédens.

M. le P. Président a dit, que par le Droit naturel, l'évasion d'un prisonnier n'étoit pas un crime; que neanmoins il y avoit des Parlemens, comme en Bretagne, où elle étoit punie sévérement, quoi qu'elle eût été faite sans bris de prisons. Que dans le Parlement de Paris la simple évasion n'étoit pas punie; mais seulement le bris, & même d'une peine fort légére.

M. Pussort a dit, que l'Article n'entendoit parler que des prisonniers qui ont forcé les prisons, & non pas de ceux qui se sont évadez sans avoir commis aucune violence.

☞ *L'on a retranché cette clause qui est à la fin de l'Article XXIV. & procédé au Jugement du procez dans les formes prescrites ci-dessus.*

Et ces mots de l'Article XXV. pour raison de ce crime, ont été pareillement retranchez. Au surplus, ces deux Articles ont été inserez dans l'Ordonnance de cette maniere.

ARTICLE XXIV. Si l'accusé s'évade des prisons depuis son interrogatoire, il ne sera ni ajourné, ni proclamé à cri public, & le Juge ordonnera que les témoins seront oüis, & ceux qui l'auront été, recolez, & que le recolement vaudra confrontation.

ARTICLE XXV. Le procez fera auffi fait à l'Accufé pour le crime du bris des prifons, par défaut & contumace.

ARTICLE XXVI.

Du Condamné qui fe reprefente dans l'année.

SI le Condamné fe reprefente, ou eft mis prifonnier dans l'année de l'execution du Jugement de contumace, main-levée lui fera faite de fes meubles & immeubles ; & le prix provenant de la vente des meubles, à lui rendu, les frais déduits, en confignant l'amende à laquelle il aura été condamné.

Cét Article a été trouvé bon.

ARTICLE XXVII.

De celui qui ne fe prefente qu'aprés l'année.

NE pourra neanmoins prendre les fruits de fes immeubles, s'il ne fe prefente, ou n'eft arrêté prifonnier qu'aprés l'année de l'execution.

Aprés la lecture de l'Article X X V I I.

M. le P. Préfident a dit, que cét Article eft nouveau, & contraire à l'ufage, en ce qu'il ordonne que les accufez qui ne fe prefenteront point dans l'année de l'éxécution du Jugement de contumace, perdront les fruits de leurs immeubles, dont par les Ordonnances ils n'étoient privez qu'aprés les cinq années expirées. Que l'Ordonnance de Moulins le porte expreffément, & déclare que c'eft en confirmant les précedentes Ordonnances. Qu'il n'y en a aucune qui ait dérogé à cét Article ; mais qu'au contraire l'Article X. d'Amboife l'a confirmé.

M. Puffort a dit, que l'Article étoit conforme aux difpofitions des Ordonnances fur le fait de la contumace. Que l'Article X X. de l'Ordonnance de Rouffillon, porte, que *Si les Accufez ne fe reprefentent, ou ne font emprifonnez dans l'an après la faifie, ils perdront les fruits de leurs heritages faifis & annotez.* Que l'Ordonnance de Moulins a été plus avant, puis qu'elle a voulu, que non feulement les Condamnez par contumace, perdiffent les fruits de leurs immeubles, fuivant les précédentes Ordonnances ; mais encore la proprieté aprés les cinq ans : & il n'y avoit que l'Ordonnance de Rouffillon qui en eût parlé. Et comme l'intention de celle de Moulins étoit d'en fortifier, & non pas d'en affoiblir la difpofition, l'on peut dire que fon efprit n'a point été d'y déroger, ni conféquemment d'ordonner que les fruits, de même que les immeubles, ne feront acquis qu'aprés les cinq années. Car pour ce qui eft de l'Edit d'Amboife, il ne fait aucune mention du tems auquel le Condamné perdra les fruits ; mais il regle feulement la forme de la confignation de l'amende , & de fournir aux frais du procez. Qu'ainfi il ne voïoit pas de raifon à l'indulgence de l'ufage , & que l'Article paroiffoit bon , parce qu'il ne faut point favorifer la contumace.

M. le P. Préfident a reparti , que l'Ordonnance de Rouffillon n'avoit pas été obfervée , & que l'ufage prefent étoit fondé fur ce que l'on a crû que l'Ordonnance de Moulins y avoit dérogé ; parce qu'aux termes aufquels elle eft conçûë , elle femble n'ordonner la perte des fruits , qu'après les cinq ans de la condamnation : n'é ant pas fait mention de la faifie ou annotation.

M. l'Avocat Général Talon a dit , que l'Article X X. de l'Ordonnance de Rouffillon , avoit paru bon dans tous les tems ; puifqu'il avoit été confirmé par des Déclarations données dans les Grands-Jours de 1582. 1583. 1596. & 1634.

☞ *Sur les difficultés que l'Article X X V I I. a fait naître , on a trouvé à propos de le fupprimer.*

ARTICLE XXVIII.

Défenfes de prendre les meubles des Condamnés.

DEffendons à tous Juges , Greffiers , Huiffiers , Archers , ou autres Officiers de Juftice , de prendre ou faire tranfporter à leur logis , ni même au Greffe , aucuns deniers , meubles , hardes , ou fruits appartenans aux Condamnez , ou à ceux même contre lefquels il n'y auroit que décret ; ni de s'en rendre adjudicataires fous leur nom , ou fous noms interpofez , fous quelque prétexte que ce foit : à peine d'interdiction , & du double de la valeur.

ARTICLE XXIX.

Effet de la contumace aprés les cinq années.

SI ceux qui auront été condamnez ne fe reprefentent , ou ne font conftituez prifonniers dans les cinq années de l'execution de la Sentence de contumace , les condamnations pécuniaires , amendes & confifcations , feront réputées contradictoires , & vaudront comme ordonnées par Arrêt ; Nous refervant neanmoins la faculté de les recevoir à efter à droit , & leur accorder nos Lettres pour fe purger : Et fi le Jugement qui interviendra , porte abfolution , & n'emporte point de confifcation , les meubles & immeubles fur eux confifquez , leur feront rendus en l'état qu'ils se trouveront ; sans pouvoir prétendre neanmoins aucune restitution des amendes, interêts civils , & des fruits des immeubles.

Lecture faite de ces deux Articles.

☞ *Ils ont passé, & ils sont le XXVII. & le XXVIII. de l'Ordonnance.*

ARTICLE XXX.

De celui qui décédera aprés les cinq années.

CElui qui aura été condamné par contumace à mort, aux Galeres perpetuelles, ou qui aura été banni à perpetuité du Roiaume , qui décédera aprés les cinq années sans s'être representé, ou avoir été constitué prisonnier , sera réputé mort civilement, du jour de l'execution de la Sentence de contumace.

Lecture faite de l'Article XXX.

M. le P. Président a dit , que l'Article ne parle point de ceux qui décédent pendant les cinq années.

M. Pussort a dit, qu'il y avoit un Titre , pour purger la memoire d'un défunt, dans lequel il en seroit fait mention.

☞ *Cét Article est le XXIX. de l'Ordonnance , sans aucun changement.*

ARTICLE XXXI.

Des fruits des Condamnez par contumace.

LEs Receveurs de nôtre Domaine, les Seigneurs, ou autres, à qui la confiscation appartient , pourront pendant les cinq années, percevoir les fruits & revenus des biens des Condamnez , des mains des Fermiers redevables, & Commissaires. Leur défendons de s'en mettre en possession, ni d'en joüir par leurs mains, à peine du quadruple, applicable moitié à Nous, moitié aux pauvres du lieu, & des dépens, dommages & interêts des Parties.

ARTICLE XXXII.

Des confiscations pendant les cinq années.

NOus ne ferons aucun don des confiscations qui nous appartiendront pendant les cinq années de la contumace : ce que

Nous défendons pareillement aux Seigneurs Hauts-Justiciers. Déclarons nuls tous ceux qui pourront être obtenus de Nous, ou faits par les Seigneurs; sinon pour les fruits des immeubles seulement.

Aprés la lecture de ces deux Articles.

M. le P. Président a demandé, si les cinq années dont les fruits appartiennent au Roi ou aux Seigneurs, commenceront à courir du jour que la première année de la contumace sera expirée, ou du jour de l'execution de la condamnation.

M. Pussort a répondu, que le Roi, & les Seigneurs Hauts-Justiciers, joüiront des fruits des immeubles qui auront appartenu aux Condamnez par contumace, par les mains des Fermiers & Commissaires, pendant les cinq années, lesquelles commenceront à courir du jour de l'éxécution du Jugement par contumace.

☞ *L'on n'a fait aucun changement dans ces deux Articles, qui sont le XXX. & le XXXI. de l'Ordonnance.*

A R T I C L E　X X X I I I.

Des confiscations aprés les cinq années.

Prés les cinq années expirées, les Receveurs de nôtre Domaine, les Donataires, & les Seigneurs, à qui la confiscation appartiendra, seront tenus de se pourvoir en Justice, pour avoir permission de s'en mettre en possession; & avant d'y entrer, faire faire Procez verbal de la qualité & valeur des meubles & effets mobiliers, & de l'état des immeubles, dont ils joüiront ensuite en pleine proprieté : à peine contre les Donataires & les Seigneurs, d'être déchûs de leurs droits, qui seront ajugez aux pauvres du lieu; & contre les Receveurs de nôtre Domaine, de dix mille livres d'amende, applicable moitié à nôtre profit, & moitié aux pauvres du lieu.

Lecture faite de ce dernier Article.

☞ *Il a été approuvé, & il est le XXXII. & dernier de ce Titre dans l'Ordonnance.*

TITRE XVIII.

Des Muets & Sourds.

ARTICLE I.

Curateur à l'accusé muet, ou sourd.

SI l'accusé est muet, ou tellement sourd qu'il ne puisse oüir, le Juge lui nommera d'office un curateur, qui sçaura lire, & écrire.

ARTICLE II.

Serment du curateur.

LE curateur fera serment de bien & fidellement défendre l'accusé, dont sera fait mention, à peine de nullité.

ARTICLE III.

Il pourra s'instruire.

POurra le curateur s'instruire secretement avec l'accusé, par signes, ou autrement.

ARTICLE IV.

Réponses par qui seront signées.

LE muet ou sourd qui sçaura écrire, pourra écrire & signer toutes ses réponses, dires & reproches contre les témoins, qui seront encore signez du curateur.

ARTICLE V.

Le curateur fera tous actes au lieu de l'accusé.

SI le sourd ou muet ne sçait, ou ne veut signer, le curateur répondra en sa presence, fournira de reproches contre les témoins, &

fera reçû à faire tous actes, ainſi que pourroit faire l'accuſé, & ſeront les mêmes formalitez obſervées. Il ſera neanmoins debout &
nuë tête en preſence des Juges, lors du dernier interrogatoire, quelque concluſion ou Sentence qu'il y ait contre l'accuſé.

Lecture faite de ces cinq premiers Articles.

☞ *Ils ont paſſé ſans changement, excepté l'Article V. dans lequel, au lieu de ces mots : Il ſera neanmoins debout, &c. on a mis, à la reſerve ſeulement que le curateur ſera debout, &c.*

A R T I C L E VI.

De qui la procédure, & le Jugement feront mention.

SI l'accuſé eſt ſourd ou muet, ou enſemble ſourd & muet, tous les actes de la procédure feront mention de l'aſſiſtance de ſon curateur ; à peine de nullité, & de tous dépens, dommages & inte-rêts des Parties contre les Juges : le diſpoſitif neanmoins du Juge-ment diffinitif ne fera mention que de l'accuſé.

A R T I C L E VII.

Muet volontaire n'aura de curateur.

NE ſera donné aucun curateur à l'accuſé qui ne voudra pas répondre, le pouvant faire.

☞ *Ces deux Articles n'ont reçû aucun changement.*

A R T I C L E VIII.

Le Juge l'interpellera de répondre.

LE Juge lui fera ſur le champ trois interpellations de répondre, à chacune deſquelles il lui declarera qu'autrement ſon procez lui ſera fait, comme à un muet volontaire, & qu'aprés il ne ſera plus reçû à répondre ſur ce qui aura été fait en ſa preſence, pendant ſon refus de répondre.

Lecture faite de cét Article.

M. le P. Préſident a dit, que ce Titre eſt conforme à la pratique du
Parlement,

Parlement , mais qu'il se trouvoit une difficulté sur cét Article : sçavoir que les trois interpellations faites à l'accusé de répondre , étoient trop pré--cipitées. Qu'au Parlement l'usage étoit de les faire à trois différens jours ; parce qu'un accusé qu'on interroge au moment de sa capture, peut être surpris : Qu'il voudra peut-être délibérer sur la compétence du Juge : Qu'il lui faut donner quelque tems pour se reconnoître , & que le tempérament qu'on y pourroit apporter , seroit de lui faire trois interpellations dans les vingt-quatre heures, en trois différentes séances : sçavoir, le matin , l'après midi , & le lendemain matin.

M. Pussort a dit, qu'il n'y a rien de si recommandé que l'expédition de la matiere criminelle. L'on quitte tout pour y travailler : l'on y employe les jours de Fêtes ; & que le procez pouvant être fait & parfait dans les vingt-quatre heures à un homme present, il doit répondre sur le champ.

Que si les délais de ces interpellations étoient établis , cela deviendroit de stile : Les accusez prendroient cependant conseil, & tous les autres avantages que leur donne la longueur des instructions. Qu'il est raisonnable de les secourir ; mais qu'il ne faut pas favoriser la contumace. Qu'il n'y en a pas de plus affectée que celle d'un accusé qui refuse de répondre à son Juge. Qu'il peut faire des protestations que les réponses ne lui puissent préjudicier, s'il a des raisons pour ne pas subir l'interrogatoire devant le Juge qui l'interroge.

M. le Président de Novion a dit , que l'accusé ne sçaura pas cette Ordonnance.

M. Pussort a reparti, que l'Ordonnance étant publique , elle doit être connuë d'un chacun, & lûë de tout le monde. Que toutes les formalitez ont été augmentées de jour à autre, & que les accusez ne manquent jamais d'en être avertis.

M. Talon a dit, que l'usage du Châtelet a changé dans les différens tems, sur la forme de faire le procez aux muets volontaires. Qu'anciennement on leur créoit un curateur ; mais que comme on y a reconnu de l'inconvénient , en ce qu'il falloit recommencer la procédure, lorsque l'accusé offroit de répondre par sa bouche , on a introduit l'usage d'interpeller à trois jours différens : ce qui affecte beaucoup plus la contumace que trois sommations faites sur le champ.

M. le Président de Maisons a dit , qu'il est bon de laisser quelque intervalle entre les sommations qui sont faites à l'accusé ; parce qu'ayant refusé de répondre, il n'est plus recevable à demander de prêter l'interrogatoire.

M. le P. Président a dit , que c'est par cette considération, qu'il a proposé de faire trois sommations, à trois séances différentes , dans les vingt-quatre heures.

M. Pussort a dit , qu'il en falloit parler au Roi.

☞ *Sur toutes ces observations l'on a arrêté de laisser au Juge la liberté de donner un délai pour répondre ; mais on a fixé la longueur de ce délai à vingt-quatre heures. Voici de quelle maniere cét Article a été rédigé.*

Ordonnance Criminelle.

E e

ARTICLE VIII. Le Juge lui fera sur le champ trois interpellations de répondre, à chacune desquelles il lui declarera qu'autrement son procez lui sera fait comme à un muet volontaire ; & qu'après il ne sera plus reçû à répondre sur ce qui aura été fait en sa presence, pendant son refus de répondre. Pourra neanmoins le Juge, s'il le trouve à propos, donner un délai pour répondre, qui ne pourra être plus long de vingt-quatre heures.

ARTICLE IX.

Mention sera faite du refus de répondre.

SI l'accusé persiste en son refus, le Juge continuëra l'instruction de son procez, sans qu'il soit besoin de l'ordonner ; & en sera fait mention en chacun Article des interrogatoires, & autres procédures faites en la presence de l'accusé, qu'il n'a voulu répondre : à peine de nullité des actes où mention n'en aura été faite, & des dépens, dommages & interêts de la Partie contre le Juge.

Aprés la lecture de cét Article.

M. le P. Président a demandé, si dans le cas de l'Article, on ordonnera que l'accusé sera jugé comme un muet.

M. Pussort a dit, qu'il suffira de lui faire entendre l'Ordonnance, & qu'elle lui servira de Jugement.

M. Talon a demandé, si l'accusé proposant un déclinatoire, il ne faudra pas faire droit sur sa demande.

M. Pussort a dit, que s'il allégue un déclinatoire ou incompétence, il la faudra juger.

☞ *L'Article IX. est pareillement dans l'Ordonnance.*

ARTICLE X.

Si ensuite l'accusé veut répondre.

SI dans la suite de la procédure, l'accusé veut répondre, ce qui sera fait jusqu'à ses réponses subsistera, même la confrontation des témoins contre lesquels il n'aura fourni de reproches ; & ne sera plus reçû à en fournir, s'ils ne sont justifiez par pieces.

ARTICLE XI.

S'il cesse de le vouloir.

ET s'il a commencé de répondre, & cessé de le vouloir faire, la procedure sera continuée, comme il est ordonné ci-dessus.

Lecture faite de ces deux derniers Articles.

☞ *Ils ont été trouvez bons, & l'on n'y a fait aucun changement.*

TITRE XIX.

Du Jugement des Reproches.

ARTICLE I.

Quand on procedera au Jugement des Reproches.

AVant la visite du procez, il sera procedé au Jugement des reproches des témoins, aprés la lecture de tout ce qui concerne les reproches, contre chacun des témoins, tant par le Procez verbal de confrontation, que par les autres pieces.

Lecture faite de ce premier Article.

M. le P. Président a dit, que la maniere de juger les reproches des témoins, n'étoit pas uniforme dans toutes les Compagnies. Que dans le Parlement de Paris, & dans la plûpart des autres Parlemens, ils se jugent conjointement avec le fond du procez ; mais que dans celui de Toulouse, & au Grand Conseil, on juge les reproches séparément. Qu'il pouvoit y avoir des inconveniens de part & d'autre, & qu'il falloit examiner ce qui seroit le plus avantageux au bien de la Justice.

Qu'en jugeant les reproches séparément du fond, il faudra voir necessairement le procez deux fois : cela sera d'une tres difficile exécution à la Tournelle & au Châtelet, où il se juge de gros procez, & en quantité. Et s'il arrive que l'Accusé ait fourni de reproches contre tous les témoins, qui sont souvent en fort grand nombre, faudra-t'il opiner autant de fois qu'il y aura de témoins reprochez ? Sera-t'il possible de juger un procez qui sera de longue difcution , & ne tombera-t'on pas dans les longueurs que l'on doit fur tout éviter dans les matieres criminelles ?

La Tournelle change quatre fois l'année. Il y a des Compagnies qui changent tous les fix mois ; & il arriveroit que les reproches feroient jugez dans un femeftre , & le principal dans l'autre.

D'ailleurs , il fera bien difficile qu'en jugeant les reproches , il n'échappe quelque chofe aux Juges de leur fentimens , & que les Accufez , qui font informez de tout , ne s'en prévalent. L'examen de ces reproches fera naître de incidens : Il faudra les vérifier dans trois jours , renouveller les délais , & communiquer au Parquet cette inftruction , & obferver beaucoup d'autres formalitez qui éloigneront le Jugement.

L'on peut dire , qu'en jugeant féparément les reproches du fond , on ôte la confufion du procez , en recherchant quantité de faits qui fe peuvent juger féparément , & dont il feroit difficile de fe fouvenir lors qu'il eft queftion d'opiner fur le fond.

Mais on peut répondre , que les Juges font leurs obfervations & leurs etons pour foulager leur memoire , & qu'en matiere criminelle , il étoit beaucoup plus fûr de rappeller toutes les efpeces , & joindre toutes les circonftances d'une affaire , pour y apporter fon jugement , que de le partager & en juger les differentes parties à diverfes reprifes.

M. Puffort a dit , qu'aïant à porter fon jugement fur l'ufage de differentes Compagnies , il eft à craindre que l'on n'incline toûjours en faveur de celles dans lefquelles on a été élevé : Neanmoins lui qui parle peut dire , qu'il n'y avoit rien à quoi il fe fût plus particulierement appliqué , qu'à fe défendre de cette prévention ; & qu'au fait dont il s'agiffoit , après avoir examiné la matiere , & pefé les raifons de part & d'autre , il ne voïoit rien de mieux , que ce qui fe pratiquoit à cét égard au Grand-Confeil.

Qu'en effet , il n'y avoit rien qui pût davantage embaraffer l'efprit des Juges , ni les jetter dans une plus grande confufion , que de les obliger à juger une infinité de reproches avec le fond d'un procez. Un Juge trouvera la dépofition d'un témoin précife ; mais le jugeant valablement reproché , il demandera que le fait du reproche foit approfondi. Un autre ne s'arrêtera pas au reproche , & fe laiffera perfuader par la dépofition qu'il trouvera formelle ; & dont la force aura fait impreffion fur fon efprit. Cependant ces deux fentimens oppofez ferviront de fondement à leurs opinions.

D'ailleurs , il faudra lire les dépofitions de tous les témoins , même de ceux qui par l'évenement demeureront valablement reprochez : au lieu qu'en jugeant les reproches féparément , il ne reftera plus rien qui ne doive paffer pour conftant , & fur quoi les Juges ne puiffent fonder avec certitude leur Jugement.

Le Rapporteur met le fait du procez , enfuite il propofe les reproches & les réponfes : on opine fur le premier rapport. Mais comme la plûpart de ces reproches font rejettez , quand ils font vagues & non circonftanciez , & que même il y a fouvent un grand nombre de témoins , qui ne font point reprochez , & fur la qualité defquels on n'opine point , ce Jugement n'eft pas de fi grande étenduë.

Du nombre des témoins qui auront été entendus , il y en aura peu ou point, qui foient valablement reprochez ; & par le moïen de cette précifion, lorfqu'il s'agit de juger le fonds , l'on n'eft plus en peine de la qualité des témoins ; parce qu'elle eft affurée par le Jugement des reproches , & l'on ne s'arrête qu'à ce qu'ils ont dit dans leurs dépofitions. Et comme cela fe pratique en matiere civi-le , fans faire de peine, à plus forte raifon en doit-on ufer ainfi en matiere criminelle , ou l'exactitude doit être plus grande. Qu'au Parlement de Touloufe, au Grand Confeil , à la Cour des Aides , & aux Requêtes de l'Hôtel , on fe trouve bien de cét ufage : & il y a toutes fortes de raifons de le confer-ver.

M. Talon a dit , que rien n'eft plus capable d'empêcher l'expédition des affaires criminelles , que la difpofition de cét Article : & bien qu'elle fe pratique dans quelques Tribunaux, neanmoins ni au Parlement, ni au Châtelet, ni dans la plûpart des autres Jurifdictions, elle n'eft point en ufage ; & il feroit quafi impoffible de l'obferver.

Les Compagnies qui jugent peu de procez criminels , s'y peuvent plus facilement accoûtumer ; mais s'il falloit à la Tournelle, ou au Châtelet ufer de ce circuit , l'on ne pourroit pas expédier le tiers des affaires qui s'y jugent à prefent fans peine ; & la neceffité d'opiner en détail fur les reproches propofés contre chaque témoin, l'obligation de communiquer au Parquet la feüille du Jugement des reproches , tout cela produiroit des longueurs & des embarras infinis. On ne fe plaint point que la pratique contraire apporte aucun inconvenient: Il eft donc bien plus expédient de fe conformer à ce qui eft de l'ufage plus univerfel , que de réduire les Juges à voir deux fois entierement un procez , & opiner fingulierement fur les reproches propofez contre chaque témoin.

M. le Préfident de Maifons a dit , qu'il y avoit neceffité , pour donner à l'Article fon éxécution , de diftinguer les grands procez , d'avec ceux qui ne font pas de difcution.

M. le P. Préfident a demandé , comment fe fera la preuve de ces reproches ?

M. Puffort a dit , qu'elle fe doit faire d'office , & aux frais de l'Accufé ; mais que cela ne s'éxécutoit pas.

M. le P. Préfident a dit , qu'il le faudroit expliquer , fuivant l'Ordonnance de 1539. qui veut que ce foit d'office.

M. Puffort a dit , qu'on en uferoit comme on avoit fait par le paffé.

☞ *Voyez aprés le dernier Article de ce Titre.*

ARTICLE II.

Reproches valables annullent la déposition.

SI les reproches ne font jugez valables, la dépofition du témoin fubfiftera ; & s'ils font valables & juftifiez, elle fera rejettée & ne fera point lûë.

ARTICLE III.

Des reproches valables, non juftifiez.

SI les reproches font jugez valables & non fuffifamment jufti-fiez, les Juges pourront déclarer la preuve admiffible, par ac-tes ou par témoins.

ARTICLE IV.

De la preuve des reproches.

NOnobftant que la preuve des reproches ait été déclarée ad-miffible, il fera procedé inceffamment à la vifite & au Juge-ment du procez ; fauf, s'il n'y a preuve fuffifante, à ordonner que l'Accufé vérifiera dans trois jours, les faits des reproches, par pié-ces, ou par témoins, qu'il fera tenu de nommer fur le champ, au-trement il n'y fera plus reçû.

ARTICLE V.

Aprés le délai, les reproches feront communiquez.

LE délai étant expiré, le procez & la feüille du Jugement des reproches, feront derechef communiquez à nos Procureurs, & à ceux des Seigneurs, pour y prendre leurs conclufions dans vingt-quatre heures au plus tard, & paffé outre au Jugement, en l'état qu'il fe trouvera.

ARTICLE VI.

Aux frais de qui la preuve en fera faite.

LA preuve des reproches fera faite aux frais de l'Accufé, s'il eft folvable, finon de la Partie civile.

ARTICLE VII.

En quel cas elle sera faite aux frais du Domaine.

S'Il n'y a point de Partie civile, ou qu'elle ne puisse notoirement avancer les frais, les Seigneurs & les Engagistes de nos Domaines y seront contraints chacun à leur égard ; même dans nos autres Justices, le Receveur de nos Domaines, du fonds qui sera par Nous ordonné à cét effet.

Lecture faite de ces Articles, ils ont été trouvez bons.

☞ *Nonobstant cela, on a supprimé ce Titre, & les sept Articles dont il est composé. Ainsi il n'en est fait aucune mention dans l'Ordonnance.*

TITRE XX.

Des Jugemens & Procez Verbaux de Torture.

Ce Titre est le XIX. de l'Ordonnance.

ARTICLE I.

Quand les Juges peuvent ordonner la question.

S'Il y a preuve considerable contre l'accusé d'un crime qui merite peine de mort, & qui soit constant, tous Juges pourront ordonner qu'il sera appliqué à la question, au cas que la preuve ne soit pas suffisante.

Cét Article a été trouvé bon.

ARTICLE II.

Ils pourront ordonner que les preuves subsisteront.

LEs Juges pourront aussi arrêter, que nonobstant la condamnation à la question, les preuves subsisteront en leur entier, pour pouvoir condamner l'accusé à toutes sortes de peines pecu-

niaires ou afflictives : excepté toutefois celle de mort , à laquelle
l'accusé qui aura souffert la question , sans rien avoüer , ne pourra
être condamné.

Aprés la lecture de cét Article.

M. le P. Président a dit , qu'il n'appartient qu'aux Juges Souverains de faire
cét arrêté : *Manentibus indiciis.* Que c'est une chose qui doit être secrete , &
qui perd son effet , lors qu'elle vient à la connoissance d'un condamné.

M. Pussort a dit , qu'il avoit crû que cela étoit d'usage au Châtelet. Qu'en
cas d'appel , cela s'exécuteroit de l'autorité du Parlement ; mais que sans difficulté elle devoit appartenir aux Juges en dernier ressort.

M. Talon a dit , que la disposition de cét Article , qui veut que l'accusé qui
aura souffert la question sans rien avoüer , ne puisse être condamné à mort , est
pleine de justice & d'humanité ; mais il semble qu'il faut y ajoûter cette exception : *Si ce n'est qu'il survienne de nouvelles preuves.*

M. Pussort a dit , que l'observation lui paroissoit bonne , & qu'on pouvoit
ajoûter dans l'Article : *Si ce n'est qu'il survienne quelque nouvelle preuve entre la
question & le Jugement.*

M. le P. Président a dit , qu'il seroit à souhaiter que la maniere de donner la
question fût uniforme dans tout le Roïaume , parce qu'en certains endroits on
la donne si rudement , que celui qui la souffre est mis hors d'état de pouvoir
travailler , & en demeure souvent estropié le reste de ses jours. Que cependant
la question n'est pas ordonnée comme une peine , & ne rend pas infame celui
qui y est appliqué : Que nous avons reçû cette belle maxime des Romains , ausquels Tertullien dit : *Apud Tyrannos tormenta pro pœnâ adhibentur , apud vos
soli quaestioni temperantur.*

M. Pussort a dit , qu'il étoit difficile de rendre la question uniforme : que la
description qu'il en faudroit faire , seroit indécente dans une Ordonnance ; mais
qu'il est sous-entendu dans l'Article , que les Juges prendront garde , lors
qu'ils la feront donner , que les condamnez n'en demeurent pas estropiez.
Qu'au surplus , la question préparatoire lui avoit toûjours semblé inutile ; &
que si l'on vouloit ôter la prévention d'un usage ancien , l'on trouveroit qu'il
est rare qu'elle ait tiré la verité de la bouche d'un condamné.

M. le P. Président a dit , qu'il voïoit de grandes raisons de l'ôter ; mais qu'il
n'avoit que son sentiment particulier.

☞ *Cette derniere ouverture est demeurèe sans effet ; mais suivant l'Observation faite par M. Talon , on a ajoûté cette clause :* si ce n'est qu'il survienne de
nouvelles preuves depuis la question.

ARTICLE

ARTICLE III.

Pourquoi elle est ordonnée contre les condamnez.

PAr le Jugement de mort il pourra être ordonné, que le condamné sera préalablement appliqué à la question, pour avoir révélation des complices.

Lecture faite de cét Article, il a été trouvé bon.

☞ *Aprés l'Article III. l'on en a inseré un nouveau dans l'Ordonnance, touchant les condamnez par Jugement Prevôtal, qui révélent leurs complices. Voici de quelle maniere il a été rédigé.*

ARTICLE IV. Si celui qui aura été condamné à mort par Jugement Prevôtal, & en dernier ressort, préalablement appliqué à la question, revéle aucun de ses complices, qui soient arrêtez sur le champ ; la confrontation pourra en être faite, encore que le Prevôt n'ait été déclaré compétent pour connoître les complices. Sera tenu neanmoins de faire aprés juger sa compétence.

ARTICLE IV.

Défenses de présenter l'accusé à la question.

DEfendons à tous Juges, à l'exception de nos Cours seulement, d'ordonner que l'accusé sera présenté à la question, sans y être appliqué.

Cét Article a été trouvé bon.

☞ *Il est le V. dans l'Ordonnance, sans aucun changement.*

ARTICLE V.

La condamnation sera prononcée sur le champ.

LE Jugement de condamnation à la question sera dressé & signé sur le champ, & le Rapporteur assisté de l'un des autres Juges, se transportera, sans divertir, à la chambre de la question, pour le faire prononcer à l'accusé.

☞ *Cét Article a passé, & il est le VI. de l'Ordonnance.*

Ordonnance Criminelle.   F f

A R T I C L E VI.

Quand il fera déféré à l'appel.

SI l'accufé appelle de la Sentence de condamnation à la queftion, il fera déféré à l'appel ; & s'il n'y a point d'appel, ou s'il
eft interjetté depuis qu'on aura commencé de donner la queftion,
il fera paffé outre, & la Sentence exécutée.

Lecture faite.

M. Talon a dit, que puis qu'un accufé n'a pas la liberté d'acquiefcer à une
Sentence portant condamnation de peine afflictive, non pas même à un fimple
banniffement, il femble que par une conféquence neceffaire, celui qui eft condamné à la queftion doit être transféré au Parlement, quand même il n'y auroit
point d'appel par lui interjetté de la Sentence.

M. Puffort a dit, que le mot de peine ne convient point à la queftion ; parce
qu'elle n'eft pas ordonnée comme une peine, mais comme une préparation à la
peine. Que neanmoins l'obfervation lui en paroiffoit bonne, & qu'il en falloit
parler au Roi.

☞ *Sur l'obfervation faite par M. Talon, cét Article a été fupprimé, & l'on*
en a dreffé un autre, qui porte que les Sentences de condamnation à la queftion ne
feront exécutées qu'aprés avoir été confirmées par Arrêt. Il eft conçû en ces termes.

ARTICLE VII. Les Sentences de condamnation à la queftion ne pourront être exécutées, qu'elles n'aient été confirmées par Arrêt de nos Cours.

A R T I C L E VII.

Interrogatoire avant la queftion.

L'Accufé fera interrogé aprés avoir prêté ferment, avant qu'il
foit appliqué à la queftion, & fignera fon interrogatoire ; finon fera fait mention de fon refus.

A R T I C L E VIII.

Procez verbal de la queftion.

LA queftion fera donnée en préfence des Commiffaires, qui
chargeront leur procez verbal de l'état de la queftion, & des
reponfes, confeffions, dénégations, & variations à chacun Article
de l'interrogatoire.

ARTICLE IX.

Quand les peines en pourront être modérées.

IL fera loifible aux Commiffaires, de faire modérer & relâcher une partie des rigueurs de la queftion , fi l'accufé confeffe ; & s'il varie, de le faire mettre dans les mêmes rigueurs : mais s'il a été délié & entierement ôté de la queftion, il ne pourra plus y être remis.

ARTICLE X.

Interrogatoire aprés la queftion.

APrés que l'Accufé aura été tiré de la queftion, il fera fur le champ & derechef interrogé fur fes déclarations . & fur les faits par lui confeffez ou déniez ; & l'interrogatoire par lui figné : finon fera fait mention de fon refus.

ARTICLE XI.

Elle ne pourra être réitérée.

OUelque nouvelle preuve qui furvienne , l'Accufé ne pourra être appliqué deux fois à la queftion pour un même fait.

Lecture faite de ces cinq Articles.

☞ Ils ont paffé fans changement , & ils font les VIII. IX. X. XI. & XII. de ce Titre dans l'Ordonnance.

TITRE XXI.

Ce Titre eft le X X. de l'Ordonnance,

De la converfion des Procez ordinaires en Procez criminels , & des Procez criminels en Procez ordinaires.

MOnsieur le Premier Préfident a obfervé fur ce Titre , qu'on reçoit les Parties en procez ordinaire ; mais que l'on ne convertit pas les procez criminels , en procez ordinaires.

M. Puſſort a dit, que ſouvent un procez criminel commence par une action civile.

M. le P. Préſident a repris, que c'étoit un nouveau procez, & non pas une converſion d'un procez en un autre.

M. Puſſort a dit, que le Titre pouvoit être conçû en d'autres termes.

☞ *Sur l'obſervation faite par M. le P. Préſident, ce Titre a été reformé de cette maniere.* De la converſion des procez civils en procez criminels, & de la reception en procez ordinaires.

A R T I C L E I.

Procez commencé par voïe civile peut être pourſuivi extraordinairement.

LEs Juges pourront ordonner, qu'un procez commencé par les voies civiles, ſera pourſuivi extraordinairement, s'ils connoiſſent qu'il peut y avoir lieu à quelque peine corporelle.

A R T I C L E I I.

EN convertiſſant les procez ordinaires, en procez criminels, ils pourront décerner par le même Jugement, décret de priſe de corps, ou d'ajournement perſonnel, ſuivant la qualité de la preuve.

Sur ces deux Articles.

M. le P. Préſident a dit, que ce n'eſt pas l'inſtruction, mais le Jugement qui fait connoître qu'il y a du crime dans une action.

M. Puſſort a répondu, qu'en tout état de cauſe, les Jûges qui trouveront de la preuve, pourront décreter.

M. Talon a obſervé, qu'on ne peut pas dire, qu'un procez civil doive, ou puiſſe être converti en criminel ; mais quand dans une affaire civile le Juge découvre du crime, il peut décreter contre les Accuſez, & à cét effet s'il y a quelque enquête, répeter les témoins, & enſuite inſtruire l'accuſation par voïe ordinaire. Car encore qu'une information ſe puiſſe convertir en enquête, une enquête ne ſe convertit jamais.

☞ *L'on n'a fait aucun changement au premier Article. A l'égard du II. l'on y a fait des changemens conſiderables. Voici de quelle maniere il a été reformé.*

A R T I C L E II. En inſtruiſant les procez ordinaires, ils pourront, s'il y écheoit, décerner décret de priſe de corps, ou d'ajournement perſonnel, ſuivant la qualité de la preuve & ordonner l'inſtruction à l'extraordinaire.

ARTICLE III.

S'Il paroît avant la confrontation des témoins, que l'affaire ne doit pas être pourfuivie criminellement, les Juges recevront les Parties en procez ordinaire ; & pour cét effet ordonneront, que les informations feront converties en enquêtes, & permis à l'Accufé d'en faire de fa part, dans les formes prefcrites pour les enquêtes.

Aprés la lecture faite de cét Article.

M. le P. Préfident a dit, que lors qu'avant la confrontation des témoins il paroît aux Juges que l'affaire ne doit pas être pourfuivie criminellement, ils ne reçoivent pas les Parties en procez ordinaires ; mais qu'à proprement parler, ils changent la forme d'inftruire, & font un procez civil au lieu d'un procez criminel ; mais on ne remet les Parties en procez ordinaires, que quand aprés la confrontation les Juges ont reconnu qu'il n'y avoit pas de preuves fuffifantes pour affeoir une condamnation.

M. Puffort a dit, que la difpofition de cét Article étoit tirée de l'Article 150. de l'Ordonnance de 1539. qui porte, que *fi la matiere eft legere, les Juges recevront les Parties en procez ordinaire ;* parce que l'Ordonnance n'a pas voulu prononcer par voïe d'abfolution, & que d'ailleurs le terme de *civilifer* n'eft pas de l'Ordonnance.

M. Talon a dit, que bien que cét Article foit conforme à la difpofition de l'Ordonnance de 1539. il femble neanmoins qu'il doit être interpreté, & conformé fuivant l'ufage qui fe pratique : Pour cela, il faut obferver qu'avant l'Ordonnance de 1539. les procez criminels s'inftruifoient comme les affaires civiles, que l'Accufé fe défendoit par le miniftere d'un Avocat & d'un Procureur, & que les plus grandes accufations, mêmes capitales, étoient portées à l'Audiance, où l'une & l'autre des Parties produifoient les témoins & les preuves litterales qu'elles avoient raffemblées, l'une pour inftruire fon accufation, l'autre pour fervir à fa juftification. L'Ordonnance aïant changé cette coûtume, & obligé les Accufez de crimes capitaux, de répondre & de fe défendre par leur bouche, elle a permis neanmoins aux Juges, en cas qu'aprés l'interrogatoire l'affaire parût moins griéve, de la remettre en procez ordinaire ; c'eft à dire, de fuivre ce qui fe pratiquoit avant l'Ordonnance. Mais cela n'a point été obfervé, à caufe des longueurs dans lefquelles on auroit engagé les Parties, en fuivant cette ancienne forme. Car en un mot, recevoir les Parties en procez ordinaires, c'eft permettre à l'Accufé de faire preuve & enquête de fa part, & à la Partie civile de faire entendre de nouveaux témoins auffi par forme d'enquête ; & fi l'on ajoûte à tout cela la faculté portée par l'Article V. de ce Titre, de renouveller la procedure criminelle, s'il furvient quelque nouvelle preuve , & que l'affaire s'y trouve difpofée. Il eft certain que rien ne peut être plus contraire à l'expédition , & au bien de la Juftice , & ne peut engager les Parties en de plus grands frais , que cette faculté donnée aux Juges , de recevoir les Parties en procez ordinaire ; & l'on ne peut pas douter , que dans le retranchement que l'on fait d'ailleurs de leurs émolumens , ils n'abufent fouvent de ce pouvoir pour en tirer du profit.

Ce n'eft pas que toutes fortes d'accufations criminelles doivent être toûjours pourfuivies par recolement & confrontation des témoins : il y auroit fouvent de la vexation d'en ufer ainfi ; mais ce que l'on doit prefcrire aux Juges , eft qu'en matiere legere , comme d'injures & autres femblables , ils ne doivent pas même permettre d'informer , mais d'affigner les Parties & les regler fur le champ. Que fi outre les injures il y a quelque excez , mais qui ne foit pas fort confiderable , ils peuvent & doivent , au lieu de décreter l'information , ordonner que celui duquel on fe plaint fera affigné , & fur le récit qui fera fait à l'Audiance des informations , arbitrer la réparation.

La même chofe fe doit pratiquer lors qu'une information a été décretée, & que l'Accufé aïant fubi l'interrogatoire, a pris droit par les informations, ou la Partie civile par les confeffions de l'Accufé ; car alors , fi le crime n'eft pas atroce , & ne merite point de punition corporelle , il faut encore renvoïer les Parties à l'Audiance , & les juger diffinitivement fur le récit des informations , de la même maniere qu'il fe pratique à l'Audiance de la Tournelle ; mais en tous ces cas , jamais ne reprendre l'extraordinaire, parce qu'on fe difpenfe d'inftruire extraordinairement , & l'on abandonne , pour ainfi dire , l'accufation criminelle , à caufe qu'elle paroît legere , & qu'elle ne merite point d'animadverfion publique , & non pas faute de preuve.

Il y a encore un autre cas, dans lequel une action criminelle eft civilifée , fçavoir lorfque celui qu'on accufe , ne défavouë pas l'action qu'on lui impute ; mais prétend être en droit de la faire : Car alors l'on met les Parties fur l'extraordinaire , hors de Cour , l'on convertit les informations en enquête , l'on permet à l'Accufé de faire enquête de fa part , & l'on renvoïe les Parties devant les Juges qui connoiffent des affaires civiles : & jamais encore dans cette efpece , l'accufation éteinte ne fe renouvelle.

Ce n'eft pas qu'il n'ait été de l'ufage de recevoir les Parties en procez ordinaire , & de reprendre l'extraordinaire s'il furvenoit de nouvelles preuves ; mais cela ne fe pratiquoit que dans les crimes capitaux , lorfque l'Accufation étant inftruite dans toutes fes formes , les témoins recolez & confrontez , il ne fe trouvoit aucune preuve fuffifante pour prononcer aucune condamnation contre l'Accufé ; mais il y en avoit pourtant fuffifamment pour ne lui pas accorder fon abfolution : car lors par une efpece d'interlocutoire , on recevoit les Parties en procez ordinaire , l'Accufé avoit la liberté de faire entendre des témoins pour prouver fon innocence ; fi l'Accufateur découvroit de nouvelles preuves , il pouvoit auffi faire enquête de fa part , & l'affaire étoit lors pourſuivie civilement ; mais avec la liberté de réputer l'accuſation criminelle, en cas qu'il paruſt de nouvelles charges.

Comme ce circuit étoit long & penible, il engageoit les Parties dans des frais & des procédures infinies ; & c'eſt avec beaucoup de raiſon que par l'Article IV. on ordonne, qu'après la confrontation, on prononcera diffinitivement ſur l'abſolution ou condamnation de l'accuſé. Il faut pourtant obſerver que quelquefois on ordonne, *qu'il ſera plus amplement informé.* Il eſt vrai qu'on a fait juſqu'ici cette différence, que lors qu'il n'y a de Partie que M. le Procureur Général ou ſes Subſtituts, ſi les Juges ne ſont pas ſuffiſamment éclaircis pour condamner ou abſoudre l'accuſé, ils ordonnent *qu'il ſera plus amplement informé ;* mais quand il y a Partie civile, au lieu d'ordonner cette information plus ample, on reçoit les Parties en procez ordinaire. De ſorte qu'aboliſſant cét uſage de recevoir en procez ordinaire, reſtera la difficulté de ſçavoir ſi l'on ne pourra pas toûjours ordonner, *qu'il ſoit plus amplement informé,* lors même qu'il y aura une Partie civile ; & ce qui peut donner matiere à ce doute, eſt, que l'Article IV. dit en termes formels, *qu'après la confrontation des témoins, l'accuſé ne pourra plus être reçû en procez ordinaire ; & qu'il ſera prononcé diffinitivement ſur ſon abſolution ou ſa condamnation.*

M. le Préſident de Mêmes a dit, qu'en recevant les Parties en procez ordinaire, c'étoit toûjours à condition de prendre l'extraordinaire s'il y avoit lieu. Qu'étant à la Tournelle, il en avoit vû un exemple conſiderable. Un Meſſager de Bourdeaux aïant été chargé de voiturer des deniers du Roi, il fut volé par deux hommes, qui lui enleverent une ſomme notable ; pour raiſon de quoi aïant fait informer, & le procez inſtruit à l'un de ceux qu'il accuſoit d'avoir commis le vol, il ne ſe trouva qu'un ſeul témoin qui dépoſât favorablement du fait : ce qui donna lieu à ordonner, *qu'avant faire droit, l'accuſé ſeroit mis à la queſtion ordinaire & extraordinaire,* & l'aïant ſoufferte ſans rien avoüer, les Parties furent reçûës en procez ordinaire. Le procez aïant été long-tems diſcontinué, & ce Meſſager ſe trouvant de nouveau pourſuivi par les Fermiers que ce vol regardoit, il fit tant de diligence de ſa part, qu'il trouva un autre témoin qui dépoſa auſſi formellement que l'autre : en conſéquence de quoi la procédure criminelle aïant été repriſe, & l'accuſé arrêté, ſon procez lui fut fait & parfait, ſur cette nouvelle preuve, & fut par l'évenement condamné à la roüe, & exécuté.

☞ *Nonobſtant toutes ces reflexions, l'Article I I I. a été inſéré dans l'Ordonnance, ſans aucun changement.*

ARTICLE IV.

Quand l'accuſé ne ſera plus reçû en procez ordinaire.

APrés la confrontation des témoins, l'accuſé ne pourra plus être reçû en procez ordinaire, mais ſera prononcé diffinitivement ſur ſon abſolution ou ſa condamnation.

Lecture faite de cét Article.

M. le P. Préfident a dit, que la difpofition de cét Article, qui abroge l'ufage de recevoir les Parties en procez ordinaire aprés la confrontation, peut être bonne ; mais qu'il faut fçavoir fi l'on entend abroger le *plus amplement informé.*

M. Puffort a dit, qu'il y avoit deux manieres de prononcer : l'une, l'abfolution ; & l'autre le *plus amplement informé.* Que l'Ordonnance ne défendoit point cette derniere.

M. Talon a dit, que lors qu'il y a une Partie civile, on reçoit en procez ordinaire ; mais que quand il n'y a que M. le Procureur Général de Partie, on ordonne un *plus amplement informé ;* foit qu'il y ait Partie civile, foit qu'il n'y en ait pas : M. le Procureur Général demeurant toûjours Partie.

☞ *Le préfent Article a été de même infèré dans l'Ordonnance.*

ARTICLE V.

La voïe extraordinaire peut être reprife.

ENcore que les Parties aïent été reçûës en procez ordinaire, la voïe extraordinaire fera requife, fi la matiere y eft difpofée.

Lecture faite de ce dernier Article.

☞ *Il a paffé fans aucun changement, & il eft auffi le V. dans l'Ordonnance.*

TITRE XXII.

Ce Titre eft le X X I. de l'Ordonnance.

De la maniere de faire le procez aux Communautés des Villes, Bourgs & Villages, Corps & Compagnies.

ARTICLE I.

Cas aufquels le procez leur eft fait.

LE procez fera fait aux Communautez des Villes, Bourgs & Villages, Corps & Compagnies, qui auront commis quelque rebellion, violence, ou autre crime.

ARTICLE

ARTICLE II.

Elles nommeront un Sindic.

ELles seront tenuës pour cét effet, de nommer un Sindic ou Député, suivant qu'il sera ordonné par le Juge, & à leur refus, il nommera d'office un curateur.

ARTICLE III.

Le Sindic sera en qualité : exception.

LE Sindic, Député, ou Curateur subira les interrogatoires, & la confrontation des témoins, & sera emploïé dans toutes les procédures en la même qualité ; & non dans le dispositif du Jugement, qui sera rendu seulement contre les Communautez, Corps & Compagnies.

ARTICLE IV.

Quelles condamnations seront ordonnées.

LEs condamnations ne pourront être que de réparation civile, dommages & interêts envers la Partie, d'amende envers Nous, privation de leurs privileges, & de quelqu'autre punition qui marque publiquement la peine qu'elles auront encouruë.

ARTICLE V.

Le procez pourra aussi être fait aux auteurs des crimes.

LEs poursuites qui se feront contre les Communautez, n'empêcheront pas que le procez ne soit fait aux principaux auteurs du crime, & à leurs complices ; mais s'ils sont condamnez en quelque peine pecuniaire, ils ne pourront être tenus de celles ausquelles les Communautez auront été condamnées.

Tous les Articles de ce Titre ont été trouvez bons.

☞ Quoique ces Articles aient été approuvez, neanmoins dans la revision l'on a ajoûté ces mots, par leur crime, à ceux-ci, qui sont à la fin de l'Article IV. La peine qu'elles auront encouruë.

Ordonnance Criminelle.   G g

D'ailleurs, on a changé la disposition de l'Article V. qui a été rédigé de cette maniere.

ARTICLE V. Outre les poursuites qui seront contre les Communautez, voulons que le procez soit fait aux principaux auteurs du crime, & à leurs complices: mais s'ils sont condamnez en quelque peine pecuniaire, ils ne pourront être tenus de celles ausquelles les Communautez auront été condamnées.

TITRE XXIII.

De la maniere de faire le procez au cadavre, ou à la memoire d'un défunt.

ARTICLE I.

Dans quels cas on fait ce procez.

LE procez ne pourra être fait au cadavre, ou à la memoire d'un défunt, si ce n'est pour crime de Leze-Majesté divine ou humaine, dans les cas où il échet de faire le procez aux funts, duel, homicide de soi-même, ou rebellion à Justice avec force ouverte, dans la rencontre de laquelle il aura été tué.

ARTICLE II.

Un Curateur sera nommé.

LE Juge nommera d'office un curateur au cadavre du défunt, s'il est encore extant, sinon à sa memoire: & sera preferé le parent du défunt, s'il s'en offre quelqu'un pour en faire la fonction.

ARTICLE III.

Fonctions du Curateur.

LE curateur sçaura lire & écrire, fera le serment, & le procez sera instruit contre lui en la forme ordinaire; sera neanmoins debout seulement, & non sur la selette, lors du dernier interrogatoire ; son nom sera compris dans toute la procedure ; mais la condamnation sera renduë contre le cadavre, ou la mémoire seulement.

ARTICLE IV.

Il pourra interjetter appel.

LE Curateur pourra interjetter appel de la Sentence renduë contre le cadavre, ou la memoire du défunt ; il pourra même y être obligé par quelqu'un des parens, lequel en ce cas sera tenu d'avancer les frais.

ARTICLE V.

Les Cours en pourront élire un autre.

NOs Cours pourront élire un autre Curateur, que celui qui aura été nommé par les Juges dont est appel.

☞ *Les cinq Articles de ce Titre ont été trouvez bons, & ils sont de même dans l'Ordonnance.*

TITRE XXIV.

De l'Abrogation des Appointemens, Ecritures, & Forclusions en matiere criminelle.

Ce Titre est le XXIII. de l'Ordonnance.

ARTICLE I.

Abrogation des Appointemens.

ABrogeons les Appointemens à oüir droit, produire, bailler défenses par attenuation, causes & moïens de nullité, réponses, fournir moïens d'obreption, & d'informer, & donner conclusions civiles, & tous autres appointemens.

ARTICLE II.

Et des conclusions civiles, défenses &c.

ABrogeons aussi l'usage de fournir des conclusions civiles, défenses, avertissemens, inventaires, contredits, causes &

moïens de nullité d'appel , griefs & réponses, commandement , ou
forclusion de produire & contredire, pris à l'Audiance ou au Greffe.

Aprés la lecture de cét Article.

M. le P. Préfident a dit , qu'il y avoit beaucoup de chofes à dire fur les appointemens à oüir droit, qui ne fervent qu'à déclarer que le procez eft en état,
& non pas à l'y mettre ; en forte que regulierement on ne doit point écrire ni
produire en confequence d'un appointement à oüir droit. Que c'eft ce qui s'obferve encore en matiere civile , lors qu'on appointe les Parties à oüir droit fur
une inftance évoquée, qui a été inftruite par les premiers Juges.

Que l'appointement à oüir droit en matiere criminelle , ne fe donne qu'aprés
que l'inftruction eft entierement achevée par la confrontation : que l'ufage
neanmoins y a inferé la faculté de donner des conclufions civiles , & des défenfes par attenuation, & d'écrire & produire, qui eft l'effet des appointemens à
oüir droit , qui fe donnent à l'ordinaire. Qu'il croit être bien à propos d'abroger ces appointemens à oüir droit : que même fouvent on n'en donnoit pas
dans les procez criminels, principalement lors qu'il n'y avoit que le Procureur
Général de Partie , & que l'on fourniroit plus aifément & avec moins de frais,
par des Requêtes , ce que l'on croit neceffaire pour la défenfe des Accufez.

M. Puffort a dit , qu'il avoit déja été obfervé dans une Conference précédente , qu'une Requête pour laquelle il n'entroit en taxe que trois livres , cau-
feroit bien moins de frais aux Parties , que les fuites d'un appointement à oüir
droit.

☞ *L'on n'a fait aucun changement dans ces deux Articles.*

ARTICLE III.

Quelles écritures pourront être données.

POurront neanmoins les Parties prefenter leurs Requêtes,& y
attacher les pieces que bon leur femblera, dont fera baillé
copie à l'Accufé , autrement la Requête & pieces feront rejettées ;
Et pourra l'Accufé y répondre par Requête , qui fera auffi figni-
fiée , & baillé copie, comme auffi des pieces qui y feront attachées ; fans neanmoins , qu'à faute d'en bailler par l'Accufé ou
par la Partie, le jugement du procez puiffe être retardé. Ce qui
aura pareillement lieu en caufe d'appel, qui fera jugé fur ce qui
aura été produit devant les Juges des lieux.

Lecture faite de cét Article.

M. le P. Préfident a dit , que l'Article veut que les Accufez donnent copie des pieces ; que cependant il arrive souvent qu'un Accusé dénué de tout secours, ne presente les pieces qui servent à sa justification, que lors qu'il est mis sur la sellette. Que si l'Article avoit lieu, les pieces devroient être rejettées faute de communication : ce qui ne doit être ordonné, & ne peut être éxécuté.

M. Pussort a dit, que si les pieces sont inutiles à l'Accusé, on les doit rejetter, & si elles servent à sa justification, il faut qu'il en donne copie.

☞ *Cét Article a aussi passé sans changement.*

ARTICLE IV.

Quelles procedures pourront être produites en cause d'appel.

NE pourront neanmoins d'autres procedures criminelles être produites en cause d'appel, que celles sur lesquelles le procez aura été jugé sur les lieux.

Lecture aïant été faite.

M. le P. Président a dit, que cét Article est contre l'usage : qu'on ne peut pas refuser à un Accusé de recevoir toutes les pieces qu'il presente, & de les voir ; mais qu'ordinairement on les joint au procez : & que s'il y a differentes procedures criminelles contre un Accusé, on les doit voir toutes en cause d'appel.

M. Pussort a dit, qu'il falloit proposer au Roi d'ôter l'Article.

☞ *Cét Article a été supprimé.*

ARTICLE V.

Délais pour l'instruction & jugement.

LEs Juges pourront, s'ils le trouvent à propos, donner & regler les délais pour l'instruction & jugement du procez, aprés lesquels il sera passé outre, sans sommation ni commandement.

Aprés la lecture de cét Article.

M. le P. Président a dit, que l'on rétablit les appointemens à oüir droit par le moïen de ces délais ; & que l'Article ne marque pas comment ils seront reglez.

M. Pussort a dit, que ce seroit par une Ordonnance.

M. le Président de Novion a dit, que l'usage de ces sortes d'Ordonnances sur Requêtes, est fort abusif.

M. Puſſort a dit, qu'il ne trouveroit pas de meilleur expédient, que de le faire prononcer à l'Audiance : qu'il en feroit la propoſition au Roi.

☞ *Cét Article a été pareillement ſupprimé.*

TITRE XXV.

<table><tr><td>Ce Titre eſt le XXIV. de l'Ordon-nance.</td><td>

Des Concluſions diffinitives de nos Procureurs, ou de ceux des Juſtices Seigneuriales.</td></tr></table>

ARTICLE I.

Communication du procez pour conclure.

A Prés que le recolement & la confrontation auront été pa-rachevez, & les reproches des témoins jugez, nos Procureurs ou ceux des Seigneurs, prendront communication du procez, pour y donner leurs concluſions diffinitives : ce qu'ils feront tenus de faire dans vingt-quatre heures au plus tard.

Aprés la lecture de l'Article I.

M. le P. Préſident a dit, que le terme de vingt-quatre heures étoit trop court.

M. Puſſort a dit, que l'on pouvoit mettre, *inceſſamment.*

☞ *Sur cette obſervation, l'on a mis dans l'Article,* inceſſamment, *au lieu de* vingt-quatre heures au plus tard.

D'ailleurs comme l'on a ſupprimé le Titre XIX. Du Jugement des reproches, ainſi qu'il eſt obſervé ci-devant ; il a été neceſſaire de retrancher du preſent Article ces mots : & les reproches des témoins jugez. *Ainſi il a été redigé de cette maniere.*

ARTICLE I. Aprés que le recolement & la confronration auront été parachevez nos Procureurs ou ceux des Seigneurs, prendront communication du procez, pour y donner leurs concluſions diffinitives : ce qu'ils feront tenus de faire inceſſamment.

ARTICLE II.

Défenses d'assister au Jugement, & d'y conclure.

LEur défendons d'assister à la visite ou au Jugement du procez, ou d'y donner leurs conclusions de vive voix, dont Nous abrogeons l'usage.

Lecture aïant été faite de cét Article.

M. le P. Président a dit, que l'usage du Châtelet étoit de donner des conclusions de vive voix, aux petites affaires qui requierent célérité.

M. Pussort a dit, qu'au fameux procez qui fut fait sous le Roi François I. le Procureur Général demanda à diverses reprises d'assister à la visite ; mais cela lui fut refusé.

M. Talon a dit, que la presence du Procureur du Roi sert beaucoup à l'expédition, parce qu'il arrive souvent des incidens sur lesquels il faut avoir promptement des conclusions ; & que sa presence est si peu incompatible, que lors qu'il est absent, le Siege commet le dernier reçû des Conseillers pour donner des conclusions.

M. Pussort a dit, qu'il ne falloit pas autoriser ces sortes d'entreprises ; que le Roi avoit sévérement condamné un Conseiller au Présidial, pour avoir pris des conclusions dans une affaire, au refus du Procureur du Roi.

M. le P. Président a dit, que cette affaire étoit singuliere, & avoit des circonstances toutes particulieres, éloignées du fait dont il s'agit.

☞ *Sur l'observation faite par M. le P. Président, on a ajoûté une exception en faveur du Châtelet de Paris ; & cét Article a été arrêté de cette maniere.*

ARTICLE II. Leur défendons d'assister à la visite, d'y donner leurs conclusions de vive voix, dont nous abrogeons l'usage. N'entendons neanmoins rien innover à ce qui s'observe dans nôtre Châtelet de Paris.

ARTICLE III.

Forme des conclusions.

ILs donneront leurs conclusions par écrit, & cachetées, sans expliquer les raisons sur lesquelles elles seront fondées.

Lecture aïant été faite de cét Article.

M. le P. Président a dit, qu'il n'étoit pas de l'usage de donner des conclusions cachetées.

M. Pussort a dit, que c'étoit l'usage du Grand Conseil, & qu'il étoit bon.

☞ *On a fait quelques changemens à cét Article touchant l'expreſſion, qui a été réformée ainſi.*

A R T I C L E III. Les concluſions ſeront données par écrit, & cachetées ; & ne contiendront les raiſons ſur leſquelles elles ſeront fondées.

T I T R E   XXVI.

Des Sentences, Jugemens & Arrêts.

Ce Titre eſt le XXV. de l'Ordonnance.

A R T I C L E I.

ProceZ criminels ſeront expédiez.

ENjoignons à tous Juges, même à nos Cours, de travailler à l'expédition des affaires criminelles par préférence à toutes autres.

Lecture faite de cét Article, il a été trouvé bon.

A R T I C L E II.

Ils ſeront inſtruits nonobſtant appellations , &c.

IL ſera procédé à l'inſtruction & au Jugement des procez criminels, nonobſtant toutes les appellations, même de Juge incompétent & recuſé ; & ſi les accuſez refuſent de répondre ſous pretexte d'appellations, le procez leur ſera fait comme à des muets volontaires, juſqu'à Sentence diffinitive.

Aprés la lecture faite de cét Article.

M. le P. Préſident a dit, que par l'Article XVIII. de l'Ordonnance de Rouſſillon, l'appel comme de Juge incompétent, faiſoit ſurſeoir l'inſtruction : n'y aïant rien qui lie davantage les mains du Juge, que le defaut de pouvoir ; & qu'il n'y avoit pas tant d'inconvénient à ſurſeoir une inſtruction, pourvû que l'accuſé fût encore dans les priſons, qu'à la laiſſer faire par un Juge incompétent.

M. Puſſort a dit, que l'Ordonnance de Rouſſillon contient deux cas : l'un regarde l'appel du decret de priſe de corps, qu'elle veut être exécuté nonobſtant l'appel ; même comme de Juge incompétent ; l'autre concerne le
ſurplus

surplus de l'inſtruction dont elle arrête le cours par l'appel de l'incompétence , & par la recuſation des Juges. Que ſi cét Article étoit juſte en ſa premiere partie , l'uſage avoit fait connoître qu'il y avoit des inconvéniens dans la ſeconde ; parce que l'inſtruction eſt toûjours privilégiée , & que la ſurſéance fait déperit la preuve. En effet, ſi l'on autoriſe l'appel comme de Juge incompétent, l'abus en ſera grand, parce qu'il deviendra de ſtile en toutes ſortes d'affaires criminelles ; & d'ailleurs les proteſtations d'un accuſé le mettent toûjours en état de faire juger ſon appel, ſans que ſes réponſes lui puiſſent préjudicier , ni empêcher la caſſation de la procédure, & qu'on ne lui donne d'autres Juges, s'il ſe trouve bien fondé en ſon appel ; & qu'ainſi l'Article paroît bon.

M. le P. Préſident a dit , qu'en cela il n'y va que du tems ; que l'accuſé étant en état, il n'y peut pas avoir d'inconvénient ; & que l'Ordonnance de Rouſſillon eſt à cét égard exécutée.

M. Talon a dit, que pour empêcher ces longueurs , on pourroit obliger un accuſé à cotter un Procureur.

☞ *Nonobſtant l'obſervation faite par M. le P. Préſident , cét Article a paſſé ſans aucun changement.*

ARTICLE III.

Procédures faites depuis l'appel des accuſés.

LEs procédures faites avec les accuſez, volontairement & ſans proteſtation depuis leurs appellations , ne pourront leur être oppoſées comme fin de non recevoir.

Lecture faite de cét Article , il a été trouvé bon.

SEPTIE'ME ET DERNIERE CONFERENCE.

Du Mardi , 8. Juillet 1670.

SUITE DU TITRE XXVI.

ARTICLE IV.

De ceux qui ont été jugés par contumace.

LEs défaillans ne feront reçûs à prefenter requête , foit en premiere inftance ou en caufe d'appel , qu'ils ne foient mis en état : ils pourront neanmoins propofer leurs exoines.

Lecture faite de l'Article IV.

M. le P. Préfident a dit , que jufqu'ici pour obtenir des défenfes , il a fallu fe mettre en état ; mais comme l'appel eft une voïe de Droit , en quelque état que foit un accufé , l'on ne peut pas lui refufer de le recevoir appellant : d'autant plus que l'appel n'eft pas fufpenfif , & n'empêche pas les Juges de paffer outre.

M. Puffort a dit , qu'il fembloit que toute Audiance dût être refufée à un accufé , qui ne fe préfentoit point à Juftice ; que neanmoins l'ufage étant au contraire , on peut ajoûter dans l'Article : *fi ce n'eft pour être reçû appellant.*

M. le Chancelier a dit , qu'il étoit de l'ufage du Confeil , lors qu'il s'agiffoit d'une évocation ou d'un Reglement de Juges , de mettre dans les Lettres la clause : *Que l'accufé feroit obligé de fe mettre en état lors de la fignification des Lettres , à peine de nullité d'icelles.*

M. le P. Préfident a dit , que cela s'obfervoit au Confeil , parce que l'on n'y prenoit point connoiffance du fonds ; mais qu'il n'en étoit pas de même des Compagnies , où les défenfes fe donnent avec connoiffance de caufe , aprés avoir vû les charges.

M. Talon a dit , qu'il y avoit encore une autre obfervation à faire fur cét Article , qui eft , que fa difpofition femble équivoque , en ce que le terme de *défaillant*, peut s'entendre de ceux qui font en décret de prife de corps; & cependant il ne doit s'appliquer qu'à ceux dont le procez eft jugé par défaut & contumace.

M. Puffort a dit, que l'Article ne peut s'entendre que de ceux dont le procez a été jugé par contumace, parce qu'à l'égard de ceux qui font en décret, il y été pourvû par le Titre *des Décrets*; mais que neanmoins pour le rendre plus intelligible, on y pouvoit ajoûter, *ceux contre lefquels la contumace eft inftruite & jugée.*

☞ *Ces derniers mots ont été mis au commencement de l'Article, à la place de ceux-ci*, les défaillans. *Au furplus l'Article a été confervé.*

ARTICLE V.

Quand les procez pourront être jugés fans information.

LEs procez criminels pourront être inftruits & jugez, encore qu'il n'y ait point d'information, fi d'ailleurs il y a preuve fuffifante par les interrogatoires, & par pieces autentiques ou reconnuës par l'Accufé, & par les autres préfomptions & circonftances du procez.

Cét Article a été trouvé bon.

ARTICLE VI.

Sentences qui feront éxécutées nonobftant l'appel.

LEs Sentences des premiers Juges, qui ne contiendront que des condamnations pécuniaires, feront éxécutées par maniere de provifion, & nonobftant l'appel, en donnant caution, fi dans les Juftices des Seigneurs elles n'excedent la fomme de quarante livres envers la Partie, & de vingt livres envers le Seigneur; dans les Juftices Roïales, qui ne reffortiffent nuëment aux Parlemens, fi elles n'excedent cinquante livres envers la Partie, & vingt cinq livres envers Nous; & dans les Bailliages & Sénéchauffées où il y a Préfidial, Siege des Duchez & Pairies, & autres reffortiffans nuëment en nos Cours de Parlement, cent livres envers la Partie, & cinquante livres envers Nous: & fe chargeront les Receveurs de nos amendes, des fommes qui nous feront ajugées, par forme de confignation, fans frais, ni droits; & feront tenus de les emploïer en recette aprés les deux années de la condamnation, s'ils ne juftifient les avoir reftituées en vertu d'Arrêts de nos Cours.

Lecture faite de cét Article.

M. le P. Préfident a dit, que les anciennes Ordonnances n'ont pas donné un pouvoir fi ample aux Juges dont il eft fait mention dans l'Article ; mais que comme les efpeces font augmentées par fucceffion de tems, la proportion fembloit y avoir été gardée.

M. Puffort a dit, qu'il y avoit une obfervation à faire fur cét Article, qui eft que l'Ordonnance de 1566 comprend dans la limitation du pouvoir des Juges, les dépens avec le principal : ce qui pourroit faire de l'équivoque, & donner lieu de douter fi les dépens y feroient compris ; & qu'il eftimoit néceffaire d'en faire mention nommément.

M. Talon a obfervé, qu'il feroit peut-être mieux d'ordonner, que les Receveurs des amendes employeront les amendes en recette, fauf à les mettre en reprife ou en dépenfe dans leur compte.

M. Puffort a dit, qu'il feroit difficile de les retirer, fi elles étoient une fois emploïées en recette & dépenfe, & qu'il fembloit plus fûr de les faire recevoir par forme de confignation.

☞ *L'expédient propofé par M. Talon, n'a pas été fuivi ; mais fur l'obfervation faite par M. Puffort, l'on a diftingué les dépens d'avec le principal, par cette claufe qui a été ajoûtée : fi, outre les dépens, dans les Juftices des Seigneurs, &c. C'eft le feul changement que l'on ait fait dans cét Article.*

ARTICLE VII.

Quelle amende porte notte d'infamie.

L'Amende qui aura été ainfi païée par provifion, ne portera aucune notte d'infamie, fi elle n'eft confirmée par Arrêt.

Lecture faite de cét Article, il a paffé.

☞ *Quoique le prefent Article ait été approuvé, neanmoins dans la revifion il a été changé de cette maniere.*

ARTICLE VII. L'amende païée par provifion en la maniere ci-deffus, ne portera aucune notte d'infamie, fi elle n'eft confirmée par Arrêt.

ARTICLE VIII.

On ne peut donner des défenfes contre les Sentences ci-deffus.

DEffendons à nos Cours de donner aucunes défenfes ou furféances d'éxécuter les Sentences de provifion, qui n'excederont les fommes ci-deffus. Déclarons nulles celles qui pourroient être données. Voulons, fans qu'il foit befoin de demander main-levée, que les Sentences foient éxécutées par provifion, & que les Parties qui auront demandé des défenfes ou furféances, & les Procureurs qui auront figné les Requêtes, ou fait quelques autres pourfuites, foient condamnés chacun en cent livres d'amende, qui ne pourra être remife ni moderée.

Lecture faite de l'Article V I I I.

M. le P. Préfident a dit, que cét Article devoit s'appliquer à toutes fortes de Sentences, tant diffinitives que par provifion, que cependant il ne faifoit mention que de celles de provifion.

M. Puffort a dit, que ce mot de *provifion* s'étoit gliffé dans l'Article, & qu'il falloit l'ôter.

☞ *Cette ouverture a été fuivie, & au furplus l'Article a paffé.*

ARTICLE IX.

Quels procez ne feront jugez de relevée.

AUcun procez ne pourra être jugé de relevée, fi nos Procureurs, ou ceux des Seigneurs, y ont pris des conclufions à mort, ou s'il y échoit une peine de mort.

Aprés la lecture de l'Article I X.

M. le P. Préfident a dit, que l'ufage de la Tournelle étoit de juger de relevée les procez qui ne vont qu'aux Galeres à tems.

M. Puffort a dit, que la lecture de l'Article faifoit connoître que la difpofition ne regardoit que les premiers Juges, & non pas les Compagnies Superieures; qui jugent peu de procez en premiere inftance. Que neanmoins fi l'Article faifoit quelque peine, l'on y pouvoit marquer qu'il ne s'entend, que des premiers Juges.

M. Talon a dit, qu'on pouvoit referver aux Compagnies la faculté d'en ufer à cét égard en la maniere accoûtumée.

M. Puffort a dit, que cela lui paroiffoit bon.

☞ *On a étendu la difpofition de cét Article à la peine de mort naturelle &* civile, des Galeres & du baniffement à tems. *L'on a auffi confervé les Cours dans leur ufage à cét égard, & l'Article a été rédigé de cette maniere.*

ARTICLE IX. Aucun procez ne pourra être jugé de relevée, fi nos Procureurs ou ceux des Seigneurs y ont pris des conclufions à mort, ou s'il y échoit peine de mort naturelle ou civile, des Galeres, ou baniffement à tems. N'entendons neanmoins rien innover à cét égard à l'ufage obfervé par nos Cours.

H h ij

ARTICLE X.

Nombre des Juges aux procez jugez à la charge de l'appel.

AUx procez qui feront jugez à la charge de l'appel par les Juges Roïaux, ou ceux des Seigneurs affifteront au moins trois Juges qui feront Officiers, fi tant il y en a dans le Siege, ou Graduès, & fe tranfporteront au lieu où s'exerce la Juftice, fi l'Accufé eft prifonnier, & feront prefens au dernier interrogatoire.

Lecture aïant été faite de cét Article.

M. le P. Préfident a dit, que cét Article étoit nouveau, & pouvoit produire des inconveniens, en ce que les Seigneurs pourront induire de fa difpofition, qu'ils peuvent avoir jufqu'au nombre de trois Officiers : que cependant par les Ordonnances & par les Reglemens, ils ne peuvent avoir de Lieutenans; parce qu'on a reconnu que la multiplicité des Officiers fera tomber dans le même inconvenient que l'Ordonnance a voulu éviter. D'ailleurs, il faudra faire venir ces Officiers des Sieges voifins, ce qui ne fe pourra faire fans grands frais. A l'égard des Graduez, le Parlement avoit fait un Reglement, portant injonction aux Seigneurs de ne commettre que des Graduez à l'exercice de leur Juftice; mais les inconveniens qui s'y font rencontrez, en ont empêché l'éxécution, en forte qu'il a fallu abandonner ce Reglement : d'autant plus que dans les petites Juftices, il peut y avoir des gens de bons fens, & propres à être Officiers, qui ne font pas neanmoins Graduez. Qu'enfin les Juges des Seigneurs, ne jugeant qu'à la charge de l'appel, & pouvant être reformez, il n'y a point d'inconvenient qu'ils ne foient pas Graduez.

M. Puffort a dit, que l'on ne pouvoit apporter trop de précaution lors qu'il s'agit de la vie & de l'honneur des Sujets du Roi; particulierement fi l'on confidere que les Gentilshommes peuvent être jufticiables des Juges des Seigneurs, qui font fans experience, & qui peuvent être facilement corrompus. Qu'encore qu'il y ait appel de leurs Jugemens, neanmoins il refte toûjours quelque flétriffure d'une condamnation infamante, quoi qu'elle foit infirmée & fuivie d'une réparation : qu'ainfi la précaution de l'Article étoit trés-prudente.

M. le P. Préfident a dit, que la difpofition de l'Article étoit bonne pour les crimes graves, & non pas pour les affaires legeres, comme font ordinairement celles de la Campagne, d'où les Juges prendront occafion, pour tirer des émolumens, d'y en appeller d'autres.

M. Puffort a dit, que l'on pouvoit ajoûter dans l'Article *és affaires où il y aura conclufions à peine afflictive.*

M. Talon a dit, que dans toutes les Juftices Seigneuriales il n'y a qu'un Juge établi, même dans celles dont le détroit eft fort étendu, comme dans le Bailliage de faint Germain des Prez : excepté neanmoins dans les Juftices des Duchez & Pairies ; & que c'eft aux Juges à prendre du confeil, quand les affaires le requierent, & qu'ils en ont befoin ; & que les Juges des environs de Paris ne jugent point d'affaires au grand Criminel, fans appeller du confeil au Palais.

☞ *L'on a ajoûté dans cét Article la claufe propofée par M. Puſſort, fur l'obfervation faite par M. le P. Préfident ; & l'Article a été arrêté de cette maniere.*

ARTICLE X. Aux procez qui feront jugez à la charge de l'appel par des Juges Roïaux, ou ceux des Seigneurs, efquels il y aura des conclufions à peine afflictive, affifteront au moins trois Juges qui feront Officiers, fi tant il y en a dans le Siege, ou Graduez, & fe tranfporteront au lieu où s'exerce la Juftice, fi l'accufé eft prifonnier, & feront prefens au dernier interrogatoire.

ARTICLE XI.

Nombre des Juges aux Jugemens en dernier reffort.

LEs Jugemens en dernier reffort fe donneront par fept Juges au moins ; & fi ce nombre ne fe rencontre dans le Siege, ou fi quelques-uns des Officiers font abfens, recufez, ou s'abftiennent pour caufe jugée legitime par le Siege, il fera pris des Graduez.

Cét Article a paffé.

ARTICLE XII.

Nombre des voix pour paffer à l'avis le plus doux.

LEs Jugemens pafferont à l'avis le plus doux, fi le plus févere ne prévaut d'une voix, dans les procez qui fe jugeront à charge de l'appel, & de deux, dans ceux qui fe jugeront en dernier reffort.

Aprés la lecture de cét Article.

M. le P. Préfident a dit, qu'encore que l'Article doive s'entendre des Jugemens qui ne font que d'inftruction, auffi bien que de ceux qui font définitifs ; neanmoins on ne laiffera pas d'en douter, & l'on croira que l'Article ne comprend que les Jugemens définitifs.

M. Puffort a dit, que fi cela laiffoit quelque doute, l'on pouvoit mettre dans l'Article : *Soit pour l'inftruction, foit pour la condamnation définitive.*

☞ *Sur cette ouverture, le commencement de cét Article a été reformé ainfi :* Les Jugemens, foit définitifs ou d'inftruction, pafferont à l'avis, &c.

TITRE XXVI.

ARTICLE XIII.

Ordre des peines.

APrés la peine de la mort naturelle, la plus rigoureuse est celle des Galeres perpétuelles, la question avec la reserve des preuves en leur entier, les Galeres à tems, la question sans reserve des preuves, le bannissement perpétuel hors le Roïaume, le foüet, l'amende honorable, & le bannissement à tems.

Aprés la lecture de cét Article.

M. le P. Président a dit, que dans l'usage du Parlement, les Galeres perpétuelles ont toûjours passé pour une peine moindre que celle de la question ; parce que la condamnation aux Galeres assûre la vie aux condamnez, & la question peut avoir trait à la mort ; & que le peril de la mort ne peut entrer en comparaison avec une autre peine. Que quand on veut favoriser un accusé, on le condamne aux Galeres, plûtôt qu'à la question ; parce qu'il peut obtenir des Lettres de rappel des Galeres : mais la question ne le sauve jamais.

M. Pussort a dit, que la question a trait à la vie, aussi-bien qu'à la mort : qu'ainsi elle doit passer pour une peine moindre que les Galeres, qui sont sans retour, à l'égard des Juges. Qu'il doutoit que cét usage fût universel : que neanmoins l'Article sera bon, pourvû qu'il soit décidé ; & qu'il le faudra proposer au Roi.

M. le P. Président a dit, qu'il croïoit que dans toutes les Jurisdictions, la condamnation aux Galeres perpétuelles, étoit considérée comme une moindre peine que la question.

M. Talon a dit, que cela dépendoit de la prononciation, & que la question, *Manentibus indiciis* ; ou bien, *& si nihil fateatur*, étoit une peine plus forte que la simple condamnation aux Galeres : & a ajoûté, que tout ce qui avoit trait à la mort, étoit une grande peine, qu'aucuns ont estimé que, *le plus amplement informé*, étoit un avis plus rigoureux que celui des Galeres.

M. le P. Président a dit, qu'il y avoit une seconde observation à faire sur cét Article : qui est, que le bannissement perpétuel y est mis comme une peine moindre que les Galeres à tems. Cependant le bannissement perpétuel est une mort civile, qui dépoüille le condamné de la proprieté de tous ses biens : au lieu que la condamnation aux Galeres à tems, les lui conserve.

M. Pussort a dit, que dans la spéculation, le bannissement perpétuel sembloit être une peine plus grande que les Galeres à tems ; mais que dans l'effet, si l'on en laissoit le choix aux accusez, il n'y en a pas un qui balançât dans le choix de ces deux peines.

M.

M. le P. Préfident a dit, qu'il ne falloit pas examiner la qualité de la peine par la commodité ou incommodité des accufez ; ni par le choix qu'ils en peuvent faire ; mais par la nature de la condamnation, & par l'être civil, dont la privation étoit la plus grande de toutes les peines, aprés la mort naturelle. Que celui qui avoit été condamné au banniffement perpetuel, étoit privé pour jamais de fa patrie, de fes parens, & de tous fes effets civils : au lieu que le condamné aux Galeres à tems, rentroit dans tous fes droits, lors qu'il avoit achevé fon tems.

M. le Chancelier a dit, qu'il étoit contre l'honnêteté publique, qu'un homme condamné aux Galeres, pût exercer aucun Office aprés fon tems fini ; & qu'encore que cela fût de Droit, neanmoins il étoit bon de faire mention de cette incapacité dans l'Article.

☞ Sur les deux obfervations faites par M. le P. Préfident, l'on a changé l'ordre des peines établi dans cét Article. Ainfi la Queftion avec la referve des preuves, *a été mife avant* les Galeres perpétuelles ; *& l'on a mis* le banniffement perpetuel *avant* les Galeres à tems.

A l'égard de la propofition faite par M. le Chancelier, elle n'a pas été fuivie, comme étant une chofe de Droit. Le préfent Article a été rédigé de cette maniere.

A R T I C L E X I I I. Aprés la peine de la mort naturelle, la plus rigoureufe eft celle de la queftion avec la referve des preuves en leur entier, des Galeres perpétuelles, du banniffement perpétuel, de la queftion fans referve des preuves, des Galeres à tems, du foüet, de l'amende honorable, & du banniffement à tems.

A R T I C L E   XIV.

Par qui les Jugemens feront fignez.

TOus Jugemens, foit qu'ils foient rendus à la charge de l'appel, ou en dernier reffort, feront fignez par tous les Juges qui y auront affifté : à peine d'interdiction, des dommages & interêts des Parties, & de cinq cens livres d'amende : N'entendons neanmoins rien innover à l'ufage de nos Cours, dont les Arrêts feront fignez par le Rapporteur & le Préfident.

Aprés la lecture de l'Article X I V.

M. le P. Préfident a dit, que cét Article étoit bon ; mais que neanmoins il contenoit trop de peines.

☞ Nonobftant cette reflexion, le préfent Article a paffé fans changement.

TITRE XXVI.

ARTICLE XV.

Ils feront exécutez fans Pareatis.

TOus Jugemens en matiere criminelle, qui gifent en exécution, feront exécutez en tous lieux, fans permiffion ni *Pareatis*.

Lecture faite de cét Article.

M. le P. Préfident a dit, que l'on avoit examiné dans le Titre *des Decrets*, fi l'on devoit prendre un *Pareatis* pour exécuter un decret ; & que l'on avoit crû neceffaire d'élire domicile ; parce que fi celui qui eft arrêté, a quelque demande à faire, il ne fçaura à qui s'adreffer. Qu'il en étoit de même à l'égard de l'exécution d'un Jugement de condamnation.

M. Puffort a dit, qu'il y avoit grande différence entre l'exécution d'un decret, par laquelle on peut faire infulte à un homme, & l'exécution d'une condamnation qui n'emporte point de conféquence, & pour laquelle il ne faut point d'élection de domicile.

M. le P. Préfident a demandé, fi un condamné fe fauve des prifons, & eft pris hors du détroit du Siege, où s'en fera l'exécution ? & a dit qu'il fembloit neceffaire de le renvoïer devant le Juge du lieu du délit.

M. Talon a dit, qu'il n'y avoit pas d'inconvénient d'élire domicile, pourvû que cette élection n'attribuât point de Jurifdiction au Juge dans le reffort duquel elle eft faite ; mais qu'elle eft abfolument neceffaire, parce que les faifies de meubles font exécutions dans la matiere criminelle, comme dans la civile ; qu'il peut y avoir des tiers oppofans, qui ne fçauront pardevant qui fe pourvoir, fi l'on ne fait élection de domicile : qu'un Bourgeois de Paris n'ira pas chercher à Touloufe le domicile de celui qui aura fait faifir fon bien, pour en avoir main-levée ; cependant l'Article s'appliquera à ces fortes d'exécutions, comme à celles des Jugemens de condamnation à peine afflictive.

M. Puffort a dit, que l'Article ne pouvoit pas s'entendre des faifies, dont les formalitez font reglées par le Titre *des Saifies & Exécutions*, qui veut que l'on élife domicile ; parce que c'eft une exécution civile, quoi qu'elle foit émanée d'une condamnation criminelle ; mais que fi cela formoit quelque doute, l'on pouvoit ajoûter dans l'Article ces termes : *en ce qui regarde la peine*.

☞ *Sur l'addition propofée par M. Puffort, cét Article a été arrêté de cette maniere.*

ARTICLE XV. Tous Jugemens en matiere criminelle qui gifent en exécution, feront exécutez pour ce qui regarde la peine, en tous lieux, fans permiffion ni *Pareatis*.

ARTICLE XVI.

Executoire pour les frais du procez.

LEs Juges pourront décerner exécutoire contre la Partie civile, s'il y en a, pour les frais necessaires à l'instruction du procez, & l'exécution des jugemens, sans pouvoir neanmoins comprendre leurs épices, droits & vacations, ni les droits & salaires des Greffiers.

Aprés la lecture de l'Articles XVI.

M. le P. Président a dit, que cét Article seroit facile à éluder ; parce que les Juges diront toûjours, que l'éxécutoire ne comprend point leurs épices ; qu'il est neanmoins difficile d'empêcher ce desordre par quelqu'autre disposition que celle qui est dans cét Article.

☞ *Le present Article est dans l'Ordonnance.*

ARTICLE XVII.

Contre qui il sera décerné.

S'Il n'y a point de Partie civile, ou qu'elle ne puisse satisfaire aux exécutoires, les Juges en décerneront d'autres contre les Receveurs de nôtre Domaine, où il ne sera point engagé, qui les acquiteront du fond par Nous destiné à cét effet. Si nôtre Domaine est engagé, les Engagistes, leurs Receveurs & Fermiers seront contraints au payement, même au dessus du fond destiné pour les frais de Justice ; Et dans la Justice des Seigneurs, eux, leurs Receveurs & Fermiers seront pareillement contraints, & les Exécutoires exécutez par provision, nonobstant l'appel, contre les Receveurs ou Engagistes de nos Domaines, & les Seigneurs ; sauf leur recours contre la Partie civile, s'il y en a.

Lecture ayant été faite.

M. le P. Président a dit, que bien souvent, lors qu'il n'y a point de Partie civile, les affaires criminelles demeureront faute de fond.

M. Pussort a dit, que l'on y avoit pourvû par un Article, qui veut, que les Receveurs du Domaine payent les sommes necessaires pour les frais, sauf à les mettre en dépense dans le compte de l'année suivante.

M. le P. Président a dit, que l'on pourroit répeter la même chose dans cét Article.

M. Puſſort a dit, que l'Article précédent ne regardoit que l'éxécution des condamnations, & que l'autre a pourvû aux frais de l'inſtruction qui ſont plus conſiderables ; mais que neanmoins on peut étendre la diſpoſition de cét Article à celui-ci.

M. le P. Préſident a dit, que cette diſpoſition ſera d'un grand bien pour la Juſtice.

☞ *Le preſent Article eſt auſſi le XVII. dans l'Ordonnance, ſans aucun changement.*

ARTICLE XVIII.

Injonction d'éxécuter les deux Articles précédens.

ENjoignons aux premiers Juges, d'obſerver le contenu és deux précédens Articles, à peine de cent cinquante livres d'amende, à laquelle en cas de contravention, ils ſeront condamnez par les Juges ſuperieurs, ſans pouvoir être remiſe ni moderée ; & voulons que les mêmes exécutoires ſoient auſſi par eux délivrez.

Lecture faite de cét Article, il a été trouvé bon.

ARTICLE XIX.

Défenſes de tranſiger ſur les crimes capitaux.

DEffendons à toutes perſonnes de tranſiger ſur des crimes qui peuvent être punis de peine afflictive ou infamante ; à peine de conviction de l'Accuſé, & de cinq cens livres d'amende, & de pareille amende contre l'Accuſateur.

ARTICLE XX.

Injonction de les pourſuivre.

ENjoignons à nos Procureurs, & à ceux des Juſtices Seigneuriales, d'en pourſuivre la vengeance, nonobſtant toutes tranſactions, & ceſſions de droit. Voulons que ſans y avoir égard, les exécutoires leur ſoient délivrez contre la Partie civile, pour les frais neceſſaires à l'inſtruction du procez, & à l'exécution du jugement.

ARTICLE XXI.

Permis de tranfiger fur les autres crimes.

PErmettons de tranfiger fur tous autres crimes ; & en ce cas défendons à nos Procureurs, & à ceux des Seigneurs, d'en faire aucune pourfuite, & à tous Juges d'en prendre connoiffance : à peine de cinq cens livres d'amende, dépens, dommages, & interêts des Parties & d'être pris à partie en leur propre & privé nom.

Aprés la lecture de ces trois Articles.

M. le P. Préfident a dit, que le XIX. étoit nouveau & devoit être joint au XX.

Qu'à l'égard du premier, fa difpofition pouvoit être facilement éludée par une ceffion de droit, faite à une perfonne dont l'Accufé difpofera. Qu'il eft rude de faire défenfe à une Partie de s'accommoder de fes droits, qu'il ne peut pourfuivre que par action civile ; n'en aïant aucune pour la peine criminelle, ni pour la vengeance publique, dont la pourfuite réfide en la perfonne de Monfieur le Procureur Général & de fes Subftituts. Qu'ainfi cét interêt civil étant en la difpofition feule de l'Accufateur, il en peut tranfiger comme de fa chofe. Il eft vrai que dans le Droit, les Accufateurs étoient obligez de pourfuivre la vengeance des crimes : la Loi leur défendoit de tranfiger avec les Accufez ; mais c'eft parce qu'il n'y avoit point de Partie publique.

D'ailleurs les Parties ignoreront, ou feront femblant d'ignorer, que le crime aille à une peine afflictive : & ce fera un procez qu'il faudra regler.

A l'égard de l'Article XXI. il porte de même fon inconvenient, en ce que les Parties prétendront toûjours, lors qu'elles voudront tranfiger, que la peine n'ira qu'à une peine legere ; ainfi fous ce prétexte, les Procureurs du Roi auront les mains liées, & beaucoup de crimes demeureront impunis.

M. le Chancelier a dit, que foit au Confeil, foit au Sceau, il ne faifoit aucune confideration fur les accommodemens des Parties.

M. Puffort a dit, qu'il feroit à fouhaiter que les Parties civiles animaffent toûjours les procez criminels ; parce que ce font les veritables offenfez ; elles y apportent plus de chaleur, & foûtiennent davantage la preuve. Mais que comme affez fouvent la longueur des procez, les frais exceffifs, & les fatigues les confument, il ne feroit pas jufte, après un épuifement entier de leurs biens, de leur retrancher la liberté de s'accommoder. Qu'ainfi le premier Article pouvoit être reformé en ces termes : *Enjoignons à nos Procureurs, & à ceux des Seigneurs, de pourfuivre les crimes capitaux, nonobftant les tranfactions qui feront faites par les Parties.* Et en cas que l'on juge que ces termes de *crimes capitaux*, n'expliquent pas suffisamment, l'on pourroit mettre : *grands crimes.*

Et quant à l'Article XXI. il ne regarde que les Procureurs des moindres Sieges, qui par leur interêt particulier peuvent fomenter les procez, & faire plaider les Parties dans les affaires legeres, nonobstant les accommodemens qu'ils font entr'eux.

M. le Chancelier a dit, qu'il falloit laisser la liberté aux Procureurs Généraux, & à leurs Substituts, d'entreprendre ou d'abandonner la poursuite des procez criminels, & qu'ils sont obligez de faire leur devoir.

M. Talon a dit, que la cession des droits produit le même effet que les transactions, & est autorisée par l'usage.

Il est vrai qu'à Rome il étoit défendu aux Parties de transiger, à peine contre l'Accusateur d'être déclaré Calomniateur, & de conviction contre l'Accusé. Il en est autrement parmi nous, où la Partie civile n'aïant droit de poursuivre que des condamnations d'interêts civils, il est le maître de traiter de ses droits en tout état de cause, parce que l'interêt public subsiste toûjours en la personne de la Justice publique.

Cependant par un droit nouveau, on veut faire difference des crimes, & distinguer les grandes accusations d'avec les affaires legeres. Il faudra en venir à un détail, qu'il n'est pas facile de mettre dans une Ordonnance. Il est permis de transiger du crime de faux, parce qu'il semble tenir beaucoup du civil, auquel il est ordinairement incident ; cependant il peut emporter peine afflictive ou infamante ; ainsi il ne faudra pas en général leur défendre de transiger.

Le plus grand abus à cét égard, se commet dans les petites Justices, où les Seigneurs obligent leurs Procureurs de poursuivre les moindres accusations, par le seul interêt de l'amende qui leur en revient. Il est juste d'enjoindre aux Parties publiques, de faire la poursuite des grands crimes, & de les empêcher de relever les accusations de peu de conséquence, & pour matiere legere ; & ce que l'on pourroit faire à cét effet, seroit d'inserer dans l'Article, que *nonobstant la transaction, les Procureurs du Roi, & ceux des Seigneurs, seront tenus de poursuivre les prévenus de crimes capitaux, & ausquels il écherra peine afflictive,* & de leur défendre de poursuivre les autres.

M. Pussort a dit, que ce ne sera qu'une exhortation ; & que neanmoins ne se pouvant mieux faire, il falloit réduire les trois Articles en un.

☞ *Sur les observations faites par M. le P. Président, & par M. l'Avocat Général, l'on a changé la disposition de l'Article XIX. neanmoins cét Article & les deux Articles suivans ont été joints, & ils composent ensemble l'Article XIX. de ce Titre dans l'Ordonnance, en ces termes :*

ARTICLE XIX. Enjoignons à nos Procureurs, & à ceux des Seigneurs, de poursuivre incessamment ceux qui seront prévenus de crimes capitaux, ou ausquels il écherra peine afflictive, nonobstant toutes transactions & cessions de droits faites par les Parties. Et à l'égard de tous les autres, seront les transactions exécutées sans que nos Procureurs Généraux des Seigneurs puissent en faire aucune poursuite.

ARTICLE XXII.

Des dépens, en matiere criminelle.

VOulons que ce qui a été ordonné pour les dépens, en matiere civile, soit exécuté en matiere criminelle.

Lecture faite de l'Article XXII.

M. le P. Président a dit, que l'expérience faisoit voir dans la matiere civile, combien il est difficile d'exécuter cét Article. Qu'il y a des cas dans lesquels il est impossible de condamner aux dépens. Une femme demanderesse en séparation, & qui perd sa cause, ne sera pas condamnée aux dépens ; parce qu'ils ne pourront être pris que sur la communauté, dont le Mari est le maître. Qu'il y a d'autres rencontres en matiere criminelle, qui feront encore plus de peine. Une femme qui poursuit la vengeance de la mort de son mari, & qui aprés beaucoup de poursuites & de frais, n'en a pû avoir la preuve entiere contre les accusez ; ne meritera pas d'être condamnée aux dépens ; autrement la juste appréhension d'une condamnation de dépens, la pourroit rendre plus retenuë, & la preuve des crimes seroit plus difficile.

M. Pussort a dit, qu'on s'étoit bien trouvé jusqu'ici de la disposition qui oblige de condamner necessairement aux dépens. Que s'il arrivoit quelque leger inconvénient, on en retiroit d'ailleurs de tres-grands avantages. Un frere de mauvaise humeur dans une famille, la trouble ; Un grand Seigneur abuse de son autorité contre ses voisins. Avant l'Ordonnance il n'y avoit point de dépens à leur égard ; la crainte d'y être condamnez les retient à present. Ainsi l'appréhension des dépens prévient plus de mauvais procez, qu'aucun Article de l'Ordonnance. La condition d'une veuve qui poursuit la vengeance de la mort de son mari, est favorable ; mais l'innocence l'est encore plus, & il n'y a rien de si sensible, que de se voir poursuivi criminellement, lors qu'on ne se sent point coupable ; & quelque absolution qu'il survienne, un accusé souffre toûjours quelque diminution dans sa réputation, qui seroit encore plus grande si on lui ôtoit les dépens.

Ce n'est pas qu'il n'y ait des rencontres, où ils peuvent être raisonnablement compensez, & qu'il n'y ait des cas particuliers, où cét Article peut recevoir de la modification : & c'est pour cela, que le Roi a donné ordre à Messieurs les Secretaires d'Etat, d'écrire dans les Provinces à Messieurs les Premiers Présidens, & Procureurs Généraux, d'envoïer leurs memoires, non-seulement sur cét Article, mais encore sur les autres, dans l'exécution desquels il se peut rencontrer de la difficulté, afin d'y pourvoir par une seule & même Declaration.

☞ *Le présent Article a passé dans l'Ordonnance, où il est le XX.*

TITRE XXVI.

ARTICLE XXIII.

Exécution des Jugemens.

LEs Jugemens feront exécutez le même jour qu'ils auront été prononcez.

Lecture faite.

M. le P. Préfident a dit, que l'Article eft de l'ordre ; mais qu'il y a fouvent des cas où il eft neceffaire de différer. Que l'on en a un exemple dans l'affaire de *Lamière :* & que fi la Loi eft une fois écrite, on fera obligé de l'exécuter au pied de la lettre.

M. Puffort a dit, qu'il eft bon de prefcrire les chofes qui font de l'ordre. Qu'à l'égard de l'affaire de *Lamiere,* ce fut contre les regles qu'on différa l'exécution de fon Jugement ; & qu'encore que ce délai ait produit un grand bien, il ne doit pas être tiré à conféquence. D'ailleurs l'Article ne regarde pas les Juges Supérieurs.

M. le P. Préfident a dit, que l'Article ne regle pas dans quel tems le Jugement doit être prononcé.

M. Puffort a dit, que cela doit dépendre de l'arbitrage des Juges.

☞ *Cét Article eft le* XXI. *de ce Titre dans l'Ordonnance.*

ARTICLE XXIV.

Dés condamnez à l'amende honorable qui refufent d'obéir.

SI les condamnez à l'amende honorable, refufent d'obéir à la Juftice, les Juges feront tenus de leur en faire trois injonctions, aprés lefquelles pourront les condamner en plus grande peine.

ARTICLE XXV.

Des femmes enceintes, condamnées.

SI quelque femme, devant ou aprés avoir été condamnée à mort, paroît ou declare être enceinte, les Juges ordonneront qu'elle fera vifitée par Matrones, qui feront nommées d'office, & qui feront leur rapport dans les formes prefcrites au Titre *des Experts,* par nôtre Ordonnance du mois d'Avril 1667. & fi elle fe trouve enceinte, l'exécution fera différée jufqu'aprés fon accouchement.

ARTICLE

ARTICLE XXVI.

Sacrement de Confession sera offert.

LE Sacrement de Confession sera offert aux condamnez à mort, & ils seront assistez d'un Ecclesiastique jusqu'au lieu du supplice.

Lecture faite de ces trois Articles.

☞ *Ils ont été trouvez bons, & ils sont les XXII. XXIII. & XXIV. dans l'Ordonnance.*

TITRE XXVII.

Des Appellations.

Ce Titre est
le XXVI.
de l'Ordon-
nance.

ARTICLE I.

Où ressortissent les appellations.

Toutes appellations de Sentences préparatoires, interlocutoires, & diffinitives, de quelque qualité qu'elles soient, seront directement portées en nos Cours, chacune à son égard, dans les accusations pour crimes qui meritent peine afflictive ; & pour les autres crimes, à nos Cours, ou à nos Baillifs & Sénéchaux, au choix & option des accusez.

Lecture faite de l'Article I.

M. le P. Président a dit, que cét Article étoit conforme au 163. de l'Ordonnance de 1539. mais que depuis il y a eu une Declaration du 21. Novembre 1541. par laquelle, sur les remontrances qui furent faites par Monsieur le Procureur Général Brulart, de la part du Parlement, la disposition de l'Article a été restreinte aux appellations des condamnations à peine afflictive, qu'on a voulu être portées *rectà* au Parlement. Et à l'égard des cas où il n'y a point de peine afflictive, il est dit, que les Parties se pourvoiront pardevant les Juges ordinaires du Ressort. Qu'il y a des Edits & Reglemens portez au Grand Conseil, qui ont laissé aux Parties la liberté du choix.

Ordonnance Criminelle. K k

M. Puſſort a dit , qu'il n'y a point de diſpoſition plus incertaine dans toute l'Ordonnance , que celle de l'Article dont il s'agit ; car d'un côté l'on pouvoit dire contre la diſpoſition , que le XXII. Article de l'Edit de Crémieu laiſſe la liberté aux Parties de ſe pourvoir par appel , aux Baillifs & Sénéchaux , ou au Parlement , ſoit que l'appel ſoit d'une Sentence portant peine afflictive , ou non. Depuis le Roi François I. fit un Edit à Angoulême , en 1541. pour l'interprétation de l'Article 163. de l'Ordonnance de 1539. par lequel il declara , que ſon intention étoit , que les appellations ſeulement de peine afflictive , d'amende honorable , banniſſement & ſervice public , fuſſent relevées ſans moïen , au Parlement ; Et à l'égard des autres , aux Juges Roïaux reſſortiſſans nuëment au Parlement. Cet Edit fut regiſtré au Parlement , en 1542. avec une modification , portant qu'il ſeroit à l'option des pauvres priſonniers , appellans de l'empriſonnement & longue détention de leur perſonne , ou du refus ou déni de droit , d'appeller nuëment au Parlement.

Cette attribution de reſſort leur a été confirmée par l'Edit de 1551. par la Declaration de Compiegne , de 1553. qui en interprétant l'Edit de 1551. porte , que toutes les appellations des Sieges Roïaux , à la reſerve de ceux qui vont à peine afflictive , reſſortiront pardevant les Lieutenans Criminels. Par l'Edit de Henri II. en 1554. regiſtré au Parlement en la même année , qui veut que les Lieutenans Criminels , outre la connoiſſance des cauſes d'appel reſſortiſſans en leur Siege , connoiſſent des cauſes d'appel criminelles , qui viendront des Sieges particuliers , dont le Jugement n'excedera vingt-cinq livres envers le Roi , & autant envers la Partie. Et enfin par la Declaration de 1620. regiſtrée au Grand Conſeil , qui ordonne , que les Lieutenans Criminels des Préſidiaux , joüiront du Reſſort qui leur eſt attribué , nonobſtant tous empêchemens.

On ajoûte , que c'eſt l'uſage de tous les Parlemens , & principalement de ceux de Paris , Toulouſe & Bourdeaux ; en ſorte que ſi on ôte aux Lieutenans Criminels toutes les appellations , ils ne ſeroient plus Juges du reſſort : les Prevôts , & les moindres Juges des Seigneurs leur ſeront égaux ; & l'on mettra une extrême différence entre les Lieutenans Civils , & eux ; encore que quand on a partagé leurs fonctions , on n'y ait fait aucune différence , & que l'on ait mis d'un côté , tout ce qui regarde le civil , & tout le criminel de l'autre.

L'on dit de plus , que le public ſe trouve notablement intereſſé à maintenir la Juriſdiction des Lieutenans Criminels , par la neceſſité d'empêcher que l'on ne vienne des extrémitez du reſſort d'un Parlement , pour la pourſuite d'une appellation en une affaire legere , & qui pourroit être promptement terminée par le Lieutenant Criminel : au lieu qu'il faudra des années entieres dans les Parlemens , à cauſe du grand nombre & de l'importance des affaires qui y ſont portées : d'autant plus , que les Lieutenans Criminels veillent à la conduite des Juges des Seigneurs , qui ſont dans leur reſſort. Ils empêchent les vexations qu'ils peuvent faire , & les rendent plus retenus , auſſi bien que les Seigneurs qui les protegent.

On peut dire au contraire pour la difpofition de l'Article , qu'elle eſt conforme à celle du 163. Article de l'Ordonnance de 1539. qu'il eſt vrai qu'il a été reformé par la Déclaration de 1541. mais que ce n'a été qu'en partie , & aprés deux années d'éxécution. Que la poffeffion des Lieutenans Criminels eſt incertaine , & il eſt demeuré en la liberté des Parties de relever leur appel pardevant eux , ou au Parlement, conformément à l'Article XXII. de l'Édit de Crémieu. Mais que l'on devoit eſperer, que le public profitera davantage, en lui fauvant ce degré de Jurifdiction , qu'en le conſervant. Car fi les Parties s'opiniâtrent dans la pourſuite d'un procez, elles ne s'arrêteront pas à la Sentence du Lieutenant Criminel, non plus qu'à celle du premier Juge : & en ce cas, l'Article fauvera bien du tems & des frais aux Parties ; & fi elles ont plus de facilité, elles acquiefceront au Jugement du premier Juge, fans paffer plus avant : d'autant plus, que par l'Article VI. du Titre, *des Sentences & Jugemens*, il eſt porté , que les condamnations pécuniaires feront éxécutées par provifion , juſqu'aux fommes qui y font portées.

Qu'il n'y avoit pas d'apparence de laiffer la liberté du choix aux Parties ; parce que cela ne peut produire que de la confufion ; en ce que l'une fe pourroit pourvoir au Lieutenant Criminel, & l'autre au Parlement. Que ces dernieres confiderations , pour ôter la multiplicité des degrez, l'avoient emporté fur les raifons contraires, & avoient fervi de fondement à l'Article.

M. Talon a dit , que l'Article feroit tres-bon, s'il ne reformoit que les appellations des Jugemens définitifs , & encore de ceux qui vont à peine afflictive ; mais qu'il comprend même les Jugemens qui fe rendent dans l'inftruction , & pour affaires legeres. Que cependant, il feroit à fouhaiter, que l'on laifsât aux Parties la liberté de fe pourvoir pardevant les Lieutenans Criminels , lors qu'il s'agit d'inftruction , comme pour l'appellation d'une permiffion d'informer. Qu'un premier Juge voulant favorifer un Accufateur, qui fera une perfonne puiffante , décretera prife de corps contre l'Accufé qui demeurera long-tems dans les prifons : & fouvent fon procez lui pourra être fait par le premier Juge avant qu'il ait eu le tems d'obtenir un Arrêt d'élargiffement ; & que le Parlement ne defiroit d'étendre fon pouvoir & fa Jurifdiction , qu'autant qu'il étoit neceffaire au bien de la Juftice.

M. Puffort a dit , qu'il n'y avoit point de diftinction à faire entre les Jugemens d'inftruction , & définitifs, par les raifons qu'il a marquées. Cela feroit bon, fi l'on attribuoit aux Lieutenans Criminels le pouvoir de faire l'inftruction en dernier reffort ; mais que tant que les Parties pourront appeller , elles ne s'en tiendront jamais à un fecond Jugement , non plus dans les Sentences d'inftruction, que dans les définitives.

☞ *L'on n'a fait aucun chanhement à cét Article, qui eſt auffi le I. dans l'Ordonnance.*

ARTICLE II.

Où sera porté l'appel des instructions.

LEs appellations de permission d'informer, des décrets, & de toutes autres instructions, seront portées à l'Audiance de la Tournelle de nos Cours de Parlement, & à l'Audiance de nos autres Cours.

Cét Article a été trouvé bon.

☞ *Dans la revision des Articles, on a retranché ces mots : de la Tournelle, & de Parlement ; & voici de quelle maniere cét Article a été arrété.*

ARTICLE II. Les appellations de permission d'informer, des décrets, & de toutes autres instructions, seront porté s à l'Audiance de nos Cours & Juges.

ARTICLE III.

Cét appel ne sera suspensif.

AUcune appellation ne pourra empêcher ou retarder l'éxécution des décrets, l'instruction & le jugement.

Cét Article a été trouvé bon.

ARTICLE IV.

Défenses aux Cours de surseoir l'instruction.

DEffendons à nos Cours de donner aucunes défenses ou surséances de continuer l'instruction des procez criminels, sans voir les charges & informations, & sans conclusions de nos Procureurs Généraux, dont il sera fait mention dans les Arrêts. Déclarons nulles toutes celles qui pourront être données : Voulons que sans y avoir égard, ni qu'il soit besoin de demander mainlevée, l'instruction soit continuée, & les Parties qui les auront obtenuës, & leurs Procureurs condamnez chacun en cent livres d'amende, applicable moitié à la Partie, & moitié aux pauvres, qui ne pourront être remises ni moderées.

Lecture faite de cét Article.

M. le P. Président a dit, qu'on accordoit facilement des défenses contre un ajournement perfonnel, fans voir les informations , & que cela terminoit beaucoup de petites affaires , dont on ne parloit plus aprés que la premiere chaleur eft arrêtée par des deffenfes.

M. Puffort a dit, que fouvent les Lieutenans Criminels ne décernent que des ajournemens perfonnels, pour engager une Partie puiffante à fe prefenter ; & ainfi il eft dangereux de donner des défenfes fans voir les informations.

M. le P. Préfident a dit, que l'Article caufera bien des frais & des vexations. Que l'Accufé qui obtient des défenfes au Parlement contre un ajournement perfonnel, fatisfait en quelque façon à ce décret ; parce qu'il fait toûjours fa compatution au Greffe du Parlement ; & ainfi il fe reprefente à Juftice, quoique ce ne foit pas devant le Juge qui a décerné l'ajournement perfonnel. Qu'avant que d'avoir obtenu un Arrêt, portant que les charges feront apportées, les Parties fe feront confumées en frais, & le procés même fera fait par recolement & confrontation.

M. Puffort a dit, que fouvent les Lieutenans Criminels les plus verfez dans leurs Charges, n'entendent d'abord que les témoins qui chargent le moins l'Accufé, pour ôter aux Parties (qui trouvent moïen d'avoir communication de tout) la connoiffance des plus fortes charges ; qu'ils entendent enfuite les autres témoins.

M. Talon a dit, que les défenfes s'accordent non feulement fur le vû des informations ; mais encore fur l'interrogatoire de l'Accufé, & quelquefois fur la plainte de l'Accufé.

M. Puffort a dit, que ces fortes de furféances ne font pas de fort grande utilité, & que neanmoins il propofera au Roi la difficulté.

☞ *Enfuite de l'obfervation faite par M. le P. Préfident fur cét Article, on ya inferé cette claufe :* fi ce n'eft qu'il n'y ait un ajournement perfonnel, *avant ces mots :* Déclarons nulles toutes celles, &c. *On n'y a pas fait d'autre changement.*

ARTICLE V.

Quand les procez criminels pourront être évoquez.

LÉs procez criminels pendant pardevant les Juges des lieux, ne pourront être évoquez par nos Cours, fi ce n'eft qu'elles connoiffent, aprés avoir vû les charges, que la matiere eft legere, & ne merite une plus ample inftruction : auquel cas pourront les évoquer, à la charge de les juger fur le champ à l'Audiance, & faire mention par l'Arrêt des charges & informations : le tout à peine de nullité.

Lecture faite de l'Article V.

M. le P. Préfident a dit, que l'Article étoit contraire à un Reglement qui avoit été fait à la Grand'Chambre , pour la Tournelle , fur ce qui y fut repreſenté, que le grand nombre de cauſes dont le rôle étoit chargé, ne per-mettoit pas qu'on les pût expédier toutes ; qu'ainſi l'on étoit obligé d'ap-pointer celles qui reſtoient ; & que comme il ne s'agiſſoit que de matiere le-gere, l'on évoquoit le principal, & ſur le vû des pieces, l'on tiroit les Par-ties d'affaire, comme on l'auroit pû faire à l'Audiance. Qu'à preſent que les Audiances ſont plus chargées d'affaires qu'elles ne l'étoient ci-devant, il ſem-bloit qu'il y avoit encore plus de neceſſité de le faire.

M. Talon a dit, que pour la plus grande expédition & ſoulagement des Parties, on auroit été obligé de continuer de prendre des appointemens ſur le rôle de la Tournelle criminelle.

M. Puſſort a dit, que le Roi avoit défendu ces ſortes d'appointemens dans la matiere civile ; parce qu'il avoit crû que la Juſtice ſe rendoit mieux à l'Audiance, que ſur le vû des pieces : particulierement dans les affaires le-geres, & que cela regardoit beaucoup plus les Parlemens des Provinces, que celui de Paris. Qu'il avoit crû juſqu'à preſent, que toutes les cauſes du rôle de la Tournelle ſe terminoient à l'Audience ; mais ſi cela ne ſe peut, il fau-dra que le Roi y pourvoïe.

M. le Préſident le Coigneux a dit, qu'il reſtoit plus de cauſes à juger aprés le tems du rôle fini, qu'il n'y en avoit eu de jugées. Que la premiere heure de l'Audiance ſe conſumoit à terminer les appointemens, & les cauſes d'inſtruction ; qu'enſuite on jugeoit les autres affaires. Que les grandes cau-ſes, comme les appellations comme d'abus, & les Requêtes Civiles, emportoient beaucoup de tems, & ne s'appointoient jamais ; mais on les remettoit à un autre rôle.

M. Puſſort a dit, que l'on pouvoit donner des Audiances extraordinaires de relevée.

M. Talon a dit, que l'on donnoit autant d'Audiances que l'on en pou-voit tenir. Qu'on ne pouvoit pas en matiere criminelle, juger ſur le champ toutes les cauſes qui étoient évoquées : que ſouvent même l'on évoquoit les procez, & pour certaines conſiderations, l'on ordonnoit qu'ils ſeroient faits au Parlement à mêmes frais qu'on l'auroit pû faire ſur les lieux.

M. le P. Préſident a dit, qu'il étoit difficile de juger toutes les cauſes à l'Audiance : qu'à peine les Audiances pourroient fournir aux ſeules Re-quêtes Civiles, quand on n'y plaideroit point d'autres cauſes. Qu'il ſça-voit, qu'en un ſeul jour, on avoit ſcellé plus de quatre-vingt Requêtes Civiles au petit Sceau, & que ce nombre ne peut être expédié en pluſieurs années, dans toutes les Audiances qui ſont deſtinées pour ces ſortes de cauſes.

M. Puſſort a dit, qu'à l'avenir il y aura peu de Requêtes Civiles par la difficulté qu'il y a de les obtenir ; & que même dans les Compagnies ſeme-ſtres, où elles étoient frequentes, il s'en trouve tres-peu.

M. Talon a dit, qu'on entérinoit beaucoup plus de Requêtes Civiles, depuis l'Ordonnance de 1667. qu'auparavant ; parce que le moindre dé-faut de la forme donne ouverture à preſent, au lieu que ci-devant il falloit que le fond & la forme concouruſſent enſemble, pour en ordonner l'enté-rinement.

☞ *Nonobstant ces observations, on n'a fait aucun changement en cét Article.*

ARTICLE VI.

Quand l'accusé & son procez seront envoïez aux Cours.

SI la Sentence renduë par le Juge des lieux, porte condamnation de peine corporelle, des Galeres, de bannissement à perpétuité ou à tems, ou amende honorable, soit qu'il y en ait appel ou non, l'accusé & son procez seront envoïez ensemble, & sûrement, en nos Cours. Défendons aux Greffiers de les envoïer séparément, à peine d'interdiction, & de cinq cens livres d'amende.

Lecture faite de l'Article.

M. le P. Président a dit, qu'on a coûtume d'ordonner les chemins pour prison, à celui qui est appellant de bannissement à tems.

M. Pussort a dit qu'on peut ôter le mot : *à tems.*

☞ *On a fait le retranchement proposé par M. Pussort, sans aucun autre changement.*

ARTICLE VII.

Extension de l'Article précédent.

S'Il y a plusieurs accusez d'un même crime, ils seront envoïez en nos Cours, encore qu'il n'y en ait eu qu'un qui ait été jugé.

Aprés la lecture faite de cét Article.

M. Talon a dit, que l'usage de toutes les Jurisdictions, est, que quand il y a deux accusez d'un même crime, dont l'un est condamné, & l'autre absous, on les amene tous deux ; parce qu'il les faut confronter l'un à l'autre.

M. Pussort a dit, que puisque c'est l'usage, il le faut proposer au Roi.

☞ *L'on n'a fait aucun changement dans cét Article ; mais sur l'observation de M. le P. Président, on a dressé un Article nouveau, qui est le VIII. dans l'Ordonnance. Il est conçû en ces termes.*

ARTICLE VIII. Le même sera pratiqué, si l'un a été condamné, & l'autre absous.

ARTICLE VIII.

Ce qui sera fait aprés l'arrivée de l'accusé & du procez.

INcontinent aprés l'arrivée de l'accusé & du procez, aux geoles des prisons, le Greffier de la geole, ou le Geolier sera tenu de remettre le procez au Greffier de nos Cours, qui en avertira le Président pour le distribuer.

Lecture faite de cét Article.

☞ *Il a été trouvé bon, & il est le I X. dans l'Ordonnance.*

ARTICLE IX.

A qui les procez seront remis.

LEs Substituts de nos Procureurs Généraux ne prendront au Greffe aucune information, ni procez : Voulons qu'ils soient mis entre les mains de nos Procureurs Généraux, pour y prendre des conclusions, s'il y échoit, ou de nos Avocats Généraux, si l'affaire est portée à l'Audiance.

Lecture faite de cét Article.

M. le P. Président a dit, que les Substituts sont établis par l'Edit de création de 1586. regiftré au Parlement, pour prendre les informations, & pour en faire leur rapport à Monfieur le Procureur Général, qui autrefois les diftribuoit. Qu'il y a inconvénient de part & d'autre ; & comme cela regarde la Charge de Monfieur le Procureur Général, il pourra mieux que personne expliquer ce qui en est.

M. le Procureur Général a dit, qu'il voudroit pouvoir satisfaire à tout ; mais que le grand nombre d'affaires l'oblige à se faire soulager par ses Substituts. Que c'est un abus que les Substituts se chargent des procez sans son ordre : c'est à quoi l'Article remedie ; mais qu'il semble le charger de voir toutes les informations, ce qui n'est pas possible. Qu'il seroit peut-être plus à propos qu'il pût les diftribuer sur une requête, à tel de ses Substituts qu'il jugeroit à propos, lors qu'elles seront portées au Greffe.

M. Pussort a dit, que l'intention du Roi, n'a pas été d'obliger Monsieur le Procureur Général de voir toutes les informations ; mais seulement d'empêcher, en s'en chargeant au Greffe, pour les diftribuer à ses Substituts, que les Parties n'en chargeassent celui qu'elles voudroient.

M. le Procureur Général a repris, que cela seroit bon ; mais qu'il en demeureroit toûjours chargé au Greffe, quoi qu'elles fussent passées en d'autres mains que les siennes.　　　　　　　　　　　　　　　　　　　　　　　　M.

M. le Préfident le Coigneux a dit, que l'ufage de la Tournelle étoit, qu'aprés que le Préfident avoir fait la diftribution aux Confeillers, ils choififfoient tel Subftitut qu'ils vouloient, pour leur remettre les informations ; mais qu'il y avoit un bien plus grand abus, qui étoit que la Partie faifant prendre les informations par tel Subftitut que bon lui fembloit, elle avoit aifément communication du fecret du procez.

M. le Chancelier a dit, que l'on pouvoit mettre dans l'Article, *qu'aucun Subftitut ne fe chargera d'une information, fi elle ne lui eft diftribuée par Monfieur le Procureur Général.*

M. le P. Préfident a dit, que les informations venoient par deux voyes au Parquet : l'une quand les Subftituts les prennent au Greffe avant la diftribution, pour voir s'il y a appel *à minimâ*, à interjetter, ou quelqu'autre procédure à faire ; Et l'autre, aprés qu'elles ont été diftribuées aux Confeillers, qui les leur mettent entre les mains. Mais que cela fe fait par le commerce & l'entremife des Clercs, qui en font de grands abus : que c'eft ce que l'Article a voulu reformer.

M. Puffort a dit, que Monfieur le Procureur Général fe chargera des informations au Greffe, & qu'il en fera la diftribution à fes Subftituts, qui s'en chargeront fur fon regiftre.

☞ *La premiere partie de cét Article a été mife à la fin. Outre ce changement, l'on a ajoûté au commencément, que les informations & procez feront diftribués par les Procureurs Généraux à leurs Subftituts. Cét Article eft le X. dans l'Ordonnance, de cette manière.*

ARTICLE X. Les informations & procez criminels feront diftribuez par nos Procureurs Généraux à leurs Subftituts, pour fur leur rapport y prendre des conclufions, s'il y échoit ; ou mis és mains de nos Avocats Généraux, fi l'affaire eft portée à l'Audiance, fans que les Subftituts puiffent les prendre au Greffe, avant qu'ils leur aïent été diftribyez.

ARTICLE X.

Ce qui fera fait, fi la Sentence n'ordonne pas de peine afflictive.

SI la Sentence dont eft appel, n'ordonne pas de peine afflictive, banniffement, ou amende honorable, & qu'il n'y en ait appel interjetté par nos Procureurs, ou ceux des Juftices Seigneuriales, le procez fera envoïé au Greffe de nos Cours, par le Greffier du premier Juge, trois jours aprés le commandement qui lui en fera fait, s'il eft demeurant dans le lieu de l'établiffement de nos Cours; dans la huitaine, s'il eft hors du lieu, ou dans la diftance de dix lieuës ; & s'il eft plus éloigné, le délai fera augmenté d'un jour pour dix lieuës : à peine d'interdiction contre le Greffier, & de cinq cens

livres d'amende ; & les délais & procédures preſcrites par nôtre
Ordonnance du mois d'Avril 1667. ſeront obſervées pour les pré-
ſentations.

Lecture faite de cét Article.

M. le P. Préſident a dit, qu'il faut ajoûter : *mais ſeulement par les Parties
civiles.*

M. Puſſort a dit, que l'obſervation étoit bonne.

☞ *L'addition propoſée par M. le P. Préſident a été faite aprés ces mots :
Ou ceux des Juſtices Seigneuriales. C'eſt le ſeul changement qui ait été fait dans
cét Article, qui eſt le XI. de l'Ordonnance.*

A R T I C L E XI.

Comment ils ſeront diſtribuez.

SI les procez de la qualité mentionnée en l'Article précédent,
ſont introduits en nos Cours de Parlement, ils ſeront diſtribuez ainſi que les procez civils.

A R T I C L E XII.

*Ce qui ſera fait, ſi les Procureurs du Roi, ou des Seigneurs ſont
appellans.*

SI nos Procureurs des lieux, ou des Juſtices Seigneuriales ſont
appellans, les accuſez, s'ils ſont priſonniers, & leurs procez
ſeront envoïez en nos Cours ; & s'ils ont été élargis depuis la prononciation de la Sentence, & avant l'appel, ils ſeront tenus de ſe
rendre en état lors du Jugement du procez, en nos Cours, ainſi
qu'il ſera par elles ordonné.

A R T I C L E XIII.

Exécutoires pour la conduite des priſonniers.

LEs exécutoires ſeront délivrez par nos Cours, à ceux qui auront conduit les priſonniers, ou porté le procez.

ARTICLE XIV.

Comme ils feront interrogez.

LEs accufez feront interrogez en nos Cours, fur la felette, ou derriere le Bureau, lors du Jugement du procez.

ARTICLE XV.

L'exécution fera renvoïée fur les lieux.

SI les Arrêts rendus fur l'appel d'une Sentence, portent condamnation de peine afflictive, les condamnez feront renvoïez fur les lieux, fous bonne & fûre garde, aux frais de ceux qui en feront tenus, pour y être les Arrêts exécutez ; s'il n'eft autrement ordonné par nos Cours, pour des confiderations particulieres.

Lecture faite de ces cinq Articles.

☞ *Ils ont été trouvez bons, & l'on n'y a fait aucun changement. Ils font les XII. XIII. XIV. XV. & XVI. de ce Titre dans l'Ordonnance.*

TITRE XXVIII.

Des Procédures à l'effet de purger la memoire d'un défunt.

Ce Titre eft le XXVII. de l'Ordonnance.

ARTICLE I.

Quelles perfonnes font reçûës à purger la memoire d'un condamné.

LA veuve, les enfans & les parens d'un condamné par Sentence de contumace, qui fera décédé avant les cinq ans, à compter du jour de fon exécution, pourront appeller de la Sentence ; & fi la condamnation de contumace eft par Arrêt ou Ju-

gement en dernier reſſort, ils ſe pourvoiront pardevant les mêmes
Cours ou Juges qui l'auront rendu.

Aprés la lecture de l'Article I.

M. le P. Préſident a dit, qu'il y avoit trois états à conſiderer, pour purger
la memoire d'un défunt : Le premier, ſi l'accuſé décede avant le Jugement de
contumace ; l'autre, ſi le condamné décede pendant le cours des cinq années ;
& le troiſiéme, s'il décede aprés les cinq années. Que l'Article ne parle que du
ſecond état, qui eſt du décés aprés la condamnation, & avant les cinq ans ;
mais qu'il ne regle pas de quelle ſorte ſe fera l'inſtruction en ce cas-là : ſi l'on
convertira l'information en enquête, & ſi l'on permettra l'enquête reſpective ;
car comme les crimes s'éteignent par la mort, c'eſt une inſtruction toute nouvelle à faire ; & ces choſes meritent bien d'être expliquées.

M. Puſſort a dit, que le crime étant éteint par la mort de l'accuſé, & ſa memoire n'étant point bleſſée par aucune condamnation, ces queſtions n'étoient
plus de la matiere criminelle ; & que ne reſtant aux heritiers qu'une action en
dommages & interêts, c'eſt à eux de l'intenter & de l'inſtruire par les voïes
qu'ils aviſeront ; & qu'il dépendra de l'arbitrage du Juge, d'admettre la preuve
de part & d'autre, & de leur permettre à cét effet l'enquête reſpective.

M. le P. Préſident a repliqué, que l'Article s'entend d'un accuſé qui eſt mort
aprés la condamnation, & devant les cinq années de la contumace ; mais qu'il
croit qu'en ce cas auſſi, le Juge doit permettre aux Parties une enquête reſpective.

☞ *Cét Article a paſſé ſans aucun changement.*

ARTICLE II.

Comment elles ſeront reçûës à la purger aprés les cinq ans.

AUcun ne ſera reçû à purger la memoire d'un défunt, aprés
les cinq années de la contumace expirées, ſans obtenir nos
Lettres en nôtre grande Chancellerie.

ARTICLE III.

Ce qui ſera fait en vertu des Lettres.

NOs Procureurs, & les Parties civiles, s'il y en a, ſeront aſſignez en vertu des Lettres dont leur ſera baillé copie, & ſera
procedé dans les délais preſcrits pour les affaires civiles.

ARTICLE IV.

Frais de Juſtice, & amende.

AVant de faire aucune procédure, les frais de Juſtice feront acquitez, & l'amende conſignée.

ARTICLE V.

Sur quelles pieces le Jugement ſera rendu.

LE Jugement des inſtances à l'effet de purger la memoire d'un défunt, ſera rendu ſur les charges, informations, procédures, & pieces, ſur leſquelles la condamnation par contumace ſera intervenuë.

Ces Articles ont été trouvez bons, & l'on n'y a fait aucun changement.

ARTICLE VI.

Des pieces qui ſeront produites de nouveau.

POurront les Parties reſpectivement produire de nouveau telles pieces que bon leur ſemblera, & les attacher à une requête qui ſera ſignifiée à la Partie, & copie baillée de la requête & pieces.

ARTICLE VII.

Comment il y ſera répondu.

LEs Parties y répondront par autre requête, qui ſera pareillement ſignifiée, & copie baillée de la requête & des pieces qui y ſeront attachées, dans les délais ordonnez pour la matiere civile, ſi ce n'eſt qu'ils ſoient prorogez par les Juges.

Sur ces deux Articles.

M. le P. Préſident a dit, que ces requêtes produiront le même effet que les appointemens ; mais que cela a été dit ailleurs, & qu'il ſembloit que l'on avoit obmis dans l'Article, de faire mention de l'abrogation de l'appointement.

M. Puſſort a dit, qu'on pouvoit l'y ajoûter.

☞ *Sur cette propofition, l'on a ajoûté à la fin de l'Article V I. fans qu'il puiffe être pris aucun appointement.*

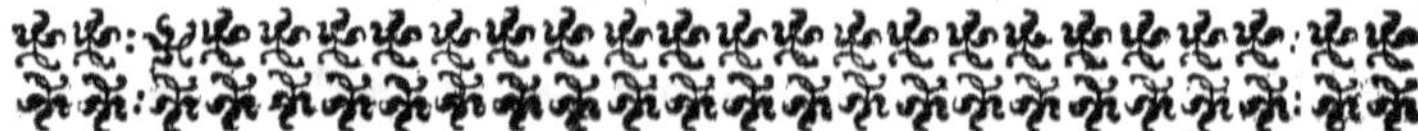

T I T R E XXIX.

Des Faits juftificatifs.

ARTICLE I.

Quand on peut être reçû en faits juftificatifs.

DEfendons à tous Juges, même à nos Cours, d'ordonner la preuve d'aucuns faits juftificatifs, ni d'entendre aucuns témoins pour y parvenir, qu'aprés la vifite du procez.

ARTICLE II.

Quels faits feront reçûs en preuve.

L'Accufé ne fera point reçû à faire preuve d'autres faits juftificatifs, que de ceux qui auront été choifis par les Juges, du nombre de ceux que l'accufé aura articulez dans les interrogatoires & confrontations.

ARTICLE III.

Ils feront inferez dans le Jugement.

LEs faits feront inferez dans les mêmes Jugemens qui en ordonneront la preuve.

ARTICLE IV.

Prononciation du Jugement, & nomination des témoins.

LE Jugement qui ordonnera la preuve des faits juftificatifs, fera prononcé inceffamment à l'accufé par le Juge, & au plus tard dans les vingt-quatre heures ; & sera interpellé de nommer les témoins par lesquels il entend les justifier : ce qu'il sera tenu de faire sur le champ, autrement il n'y sera plus reçû.

ARTICLE V.

L'Accusé ne sera élargi pendant l'instruction.

APrés que l'accusé aura nommé une fois les témoins, il ne pourra plus en nommer d'autres, & ne sera point élargi pendant l'instruction de la preuve des faits justificatifs.

ARTICLE VI.

Comment les témoins seront assignez & oüis.

LEs témoins seront assignez à la requête de nos Procureurs ou de ceux des Seigneurs, & oüis d'office par le Juge.

ARTICLE VII.

Par qui les frais de la preuve seront avancez.

L'Accusé sera tenu de consigner au Greffe la somme qui sera ordonnée par le Juge, pour fournir aux frais de la preuve des faits justificatifs, s'il peut le faire : autrement les frais seront avancez par la Partie civile, s'il y en a ; sinon par Nous, ou par les Engagistes de nos domaines, ou par les Seigneurs Hauts-Justiciers, chacun à son égard.

ARTICLE VIII.

A qui l'enquête sera communiquée.

L'Enquête étant achevée, elle sera communiquée à nos Procureurs ou à ceux des Seigneurs, pour donner leurs conclusions, & à la Partie civile, s'il y en a ; & sera jointe au procez.

ARTICLE IX.

Requêtes & pieces pourront être données sur l'enquête.

LEs Parties pourront donner leurs requêtes, ausquelles elles ajoûteront telles pieces qu'elles aviseront sur le fait de l'enquête ; lesquelles requêtes & pieces feront fignifiées refpectivement, & copies baillées, fans que pour raifon de ce, il foit befoin de prendre aucun reglement, ni de faire une plus ample inftruction.

ARTICLE X.

Extenfion de ce qui eft ordonné pour les Préfidiaux.

TOut ce qui eft prefcrit par nôtre prefente Ordonnance, pour les Préfidiaux, fera obfervé dans les principaux Bailliages & Sénéchauffées des Provinces où il n'y a point de Préfidial.

Lecture faite de tous ces Articles.

Ce Titre a été trouvé bon, à la referve du dernier Article, par lequel on attribuoit aux Baillifs de Bourgogne & de Provence, un pouvoir entierement contraire à leur inftitution ; & que l'obfervation en avoit été faite dans l'une des Conferences précédentes.

☞ *Le dernier Article de ce Titre a été fupprimé.*

FIN.